そのままの気持ちを顔や体一杯に
出すのが子どもの頃。
体の表情も豊かだったような気がします。
体が「表現する」ということを
生徒たちにもう一度思い出させましょう！

感情を出しっぱなしにしてはいけないけれど，
体一杯に出すことも，押さえることも大切。
コントロールできるように！

その手がかりはこの本に！

体で語る世界

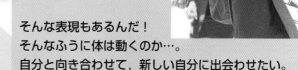

そんな表現もあるんだ！
そんなふうに体は動くのか…。
自分と向き合わせて，新しい自分に出会わせたい。

そうして…

誰もがいつまでもダンスを楽しむ力を
身につけさせるために…。

明日からトライ！
ダンスの授業

体 から溢れる気持ち・思いのこもった体

表現・ダンスの世界では「ある動きを効率よく，正しくできること」がすなわち学習の目標とはならない。動きのめざす方向が「記録」や「点数」,「型」ではないからである。ではいったいダンスでめざす「よい動き」とはなんだろう。

キーワードは「多様」と「極限」。生徒の多様な個性を楽しく引き出す一方で，「手抜きでない動き」「隙のない体」とはどういうことなのかを知らせたい。極限に挑戦している，入魂の「よい動き」を引き出したい。

▼対極の動きの連続「走る－跳ぶ－転がる」

「走る－跳ぶ，走る－跳ぶ・跳ぶ－転がる」という短いひと流れの中に，自分なりの思いを込めよう！

フワリ…
洗濯物

決まった～！
スリーポイント
シュート

多様に
いろいろ

「みんな違ってみんないい」を楽しもう！

捻れて跳んで
暴れるコイルバネ

力を入れたときと，抜いたときではまったく違うジャンプが生まれる。回転したり，空中で何回か形を変えたり…など，イメージを思い浮かべるといろいろな「跳ぶ」が見つかる。また，イメージを思い浮かべて「跳ぶ」と体に隙がなくなる。

●創る学習のための　1時間の授業の流れ

ダンス ウォームアップ	先生と一緒に 動きながら 課題をつかむ	グループで イメージや 動きの交換	グループで まとめる	見せ合い・交流
心と体をほぐす	自分のアイデアを探す	アイデアを出し合う	表現を工夫する	成果を確かめる

挑みかかる野生

「襲いかかる」「挑みかかる」という言葉からこんな動きが出てくる。おなかにグッと足をひきつけ，ねらいを定める。気持ちがこもると，体中の力を結集できる。

極限まで ギリギリ

関わり合って，もっと広がる表現の世界

　１人ではできないことが，みんなと一緒だと数倍の力となる。球技だって個人の技術が上達するだけではゲームにならない。仲間の気配を感じ，息を合わせ，同じ気持ちで空間を共有するから，スポーツは楽しい。

　ギュッと集まる－そして広がる，１人と大勢，止まっている数人と動く数人など，ただそれだけでなにか表現が見えてくる。そんな「群」のおもしろさを，理屈や説明でなく，体の感覚やお互いを見合う体験を通して教えたい。また，グループの自主的・創造的な活動を促すため，教師は決して生徒に任せきりにしない。活動の仕方を示すアドバイスの言葉を適切にかけて，自主性を支える。

▼群（集団）の動き「彫刻を創ろう」
●１時間の学習の進め方
❶ダンス・ウォームアップ

今日の課題
（ホワイトボード）

今日のダンスキーワード
（ホワイトボード）

Today's DKW
身体が痛い
ところまで.

手をつないで
大きな円になろう

手をつないだ
ままゆっくり捻ってみよう

心を込めて
手をつなぐ

❷課題を動いてみよう

低い彫刻→クルッと回って立ち上がって中腰の彫刻→少し走って高い彫刻

極限まで

２人でイメージをもって

「スポーツの彫刻」
を創ってみよう！

「恋の彫刻」
に挑戦！

❸グループで「○○の彫刻」を創ろう

ブレインストーミング

シンプルにひと流れを動いてみよう
2人でやった「ひと流れ」と同じよ
（低い彫刻→クルッと回って立ち上がって
中腰の彫刻→少し走って高い彫刻）

動きながらグループで工夫することにより，動きが多様化する

❹見せ合い

いよいよ発表… その間に先生は音楽を選ぶ

1回通してみるよ！
リハーサルするよ!!

「おばさんのタイムセール」

気持ちのこもったみんなの体

「考える世界遺産」

…1列になるのも群だね

多様に

イメージが見つかると
群も多様に！

「バーゲン会場のおばさん」

…高さを変えてみたら

時間と空間を超えて拡がるダンスの世界

舞踊文化の交流と融合

人類は，イメージと動きのさまざまな結びつきを通し，ダンスを創りあげてきました。「創作活動」はすべてのダンス（舞踊文化）に共通しています。伝統と創造をくり返し，ジャンルを超えてさまざまに融合することで，ダンスの世界はどんどん進化しています。

芸術的形成

完成された舞台芸術
洗練された動き
高度な表現技法

能

歌舞伎

感動

自文化

阿波踊り

伝承

酔い

鹿踊

エイサー

提供：うるま市役所 秘書広報課

人々が集い交流
リズミカルな動きの
反復と変化

民俗的発生

琉球舞踊

よさこい

ヒップホップダンス（ブレイクダンス）

フラダンス

バレエ

モダンダンス

目覚め

創造

社交ダンス

踊る

異文化

楽しみ

フラメンコ

フォークダンス

見せ合うことの価値

フォークダンス

創作ダンス

現代的なリズムの
ダンス

学校行事に広がるダンス
運動会や文化祭，クラスや
学年の交流会など

運動部活動や地域の活動へと広がるダンス

共有し合う学び

はじめに

　本書は，ダンスの授業に楽しく易しく取り組んでいくための指導書です。これまでダンスの授業は，やったことがなかった，または，やってみたけれどあまりうまくいかなかった……でも，「明日からダンスの授業に思いきってトライしてみよう」という先生方，また，「体育の先生になるために実践的なダンスの授業を学びたい」という学生の皆さんに手に取って役立てていただくことを強く願って作りました。

＊

　新学習指導要領においては，「主体的で対話的な深い学び」の実現に向けた授業改善が求められています。仲間と力を合わせて自分たちが表したい動きを作り踊るダンスは，まさに主体的で対話的，探究的な学習を中心とした指導が求められている運動領域です。ダンス学習を通して子どもたちが心身を解放して意欲的に活動し，新たな発見をして成長する姿を多くの先生方が認めています。しかし一方で，その技能面での評価や学習目標の与え方などに難しさを感じ，ダンスの学習指導に不安を抱いている先生方もたくさんいらっしゃると聞きます。

　全国ダンス・表現運動授業研究会では，長年にわたり仮説検証的な実践研究を積み重ね，わかりやすく，多くの先生が取り組みやすい授業づくりをめざしてきました。私たちが提案する授業は，ダンスの基本となる表現技能を押さえつつ生徒の個性を最大限に引き出す内容と方法であり，体育学習の理論に裏打ちされた課題解決型の学習指導です。各校種の教員が集まって模擬授業と研究協議を行い，学校現場に持ち帰って実践実証を繰り返し，時には互いの授業を観察し合い，何度も検討を重ねてきた確かな成果です。

　初版の発行から10年を経て，さらに実践実証を重ねてバージョンアップした授業をぜひ皆様にお知らせしたいと思い，このたびの改訂に至りました。

＊

　運動が好きな体育の先生であれば，ダンスがあまり得意ではない，あるいは，初めて指導する先生でも，本書をお読みいただければ，ダンスの授業もきっとうまくいくはずです。本書を皆様の授業づくりにお役立ていただき，多くの生徒にダンスの楽しさを味わわせていただければ幸いです。

　さあ，「明日からトライ！　ダンスの授業」です。

令和3年9月
全国ダンス・表現運動授業研究会

　本書は，どの章から読んでもお使いいただけるようになっています。各章の実践例には，すぐに授業を実践できるように毎時の指導案に効果的な「指導の言葉」を掲載しています。左ページの指導案で授業の進め方の全体像をつかんだら，右ページの解説で「ここが大切」という要点を読んで理解を深めてください。

*

[第Ⅰ部　入門編]

　第1章「ここから始めるダンスの授業」は，中・高校で初めてダンスを学習する生徒，初めてダンスの授業を担当する先生に，まずはここから取り組んで欲しい基礎・基本の単元例です。収録した授業動画の特設サイトにアクセスできるQRコードを各ページに記載しましたので，指導案と併せてご利用ください。「すぐに役立つ授業のコツ」や生徒をダンスの世界へと誘う「ダンスウォームアップ」で楽しく授業が展開できます。

[第Ⅱ部　基礎・応用編]

　第4～7章には，誰でも簡単に取り組める「現代的なリズムのダンス」や「フォークダンス」のほか，次の段階の学習や長い単元に取り組む生徒・先生のための「いろいろな題材」と「クラス作品・運動会・部活動などに広げるアイデア集」を掲載しました。学習段階や目標に応じてお試しいただければと思います。

[第Ⅲ部　理論編]

　第8章「知っておきたいダンス学習指導の基礎・基本」には，学習指導理論をわかりやすくまとめました。「ダンスとは何か」「ダンス学習の目標」などを生徒たちにやさしく説明できると，技能だけでなく知識・理解も深まるでしょう。また，学習の目標と内容・評価の関係について解説していますので，ダンスの評価をどうするかでお悩みの先生は必見です。

　最後に，生徒の学習の支えとなり，評価にも活用できる学習カードや創作ノートの例を掲載しました。これを参考に，目的に応じて使いやすく作り直してご利用いただきたいと思います。

*

[主な用語の解説]

　本書では，ダンス創作学習の手がかりとなる「題材」と，その題材を使って学習する内容「課題」を区別して用いています。たとえば，「走る―止まる」を題材に，「緩急の変化」をつけて動くという運動技能や，イメージをかけ合わせた「ひと流れの動き」を作るという創作技能を学ぶことが課題です。この課題に沿って学習を展開するのが「ダンスの課題解決学習」です。

　「ひと流れの動き」とは，ひと息で動ける長さの動きのまとまりのことです。それを繰り返したり，いくつかつなげたりして，「はじめ―なか―おわり」のように構成すると「ひとまとまりの表現」になります。本書では，このようにして1時間の授業でさっと創った踊りを「小作品」と呼びます。さらに主題の展開に沿って起伏をつけたり，上演効果を工夫したりして表現を練り上げたものを「作品」としました。

第1章
ここから始める
ダンスの授業
——6時間の単元例

授業動画は
こちらから

この章では，中学校や高校で初めてダンスを学ぶ，
中学・高校生のための6時間の単元計画を紹介しています。
私たち研究会のメンバーが，現場で何回も実践し，
手直しをしながら作ってきたものです。
初めてダンスの授業に挑戦しようと考えている先生方にも，
おすすめの内容になっています。
学習指導案を少し詳しく作り，
その右ページで，学習指導のポイントなどを紹介しています。
また，指導案だけでは伝わりきらない，声かけのタイミングや，
生徒の反応を見ていただけるように，授業動画を特設サイトで
視聴できるようにしましたが，ほとんどこの学習指導案通りに行ったものです。
併せてご活用いただければと思います。

1 オリエンテーションと リズムに乗って踊ってみよう♪

ダンスキーワード（DKW）

ダイナミック

❶ 学習の目標

1時間目

1. ダンスの授業での，学習の目標や約束，授業の予定を理解する。
2. だんだん短くなる追い込むリズムの刻みの楽しさを味わい，仲間と呼吸を合わせて踊る。
3. ダンスの授業では，ダイナミックに大きく動くことが大切だということをつかむ。

❷ 学習の進め方

	学習活動	指導の要点と言葉かけ
導入	**1. 集 合** （5分） 　教室と同じ座席順だと自然な雰囲気で始められる。導入の授業は，縦列，通常のグループなど，すでにできているグループで行うのもよい。 **2. ダンスのオリエンテーション** （15分） (1)ダンスの歴史と種類を整理する ①近くの人と話し合いながら，プリントに自分たちの知っているダンスを書き込む。 ②ホワイトボードにも板書し，クラス全体で考えながら，出てきたダンスを分類し整理していく。 すべて説明するのではなく，いくつか分類してみて，ダンスの世界が幅広いことを知らせたい（口絵，第8章1 2 が参考になる）。 (2)目標や約束を確認する ■ダンス授業の3つの目標＆約束 1. 恥ずかしがらずに堂々と！ 2. 思いきり体を動かそう！ 3. 仲間の表現や意見を認めて楽しもう！ 生徒が本当にそうだな，と思える具体的な事例を交えて話す。 (3)学習カードについて確認する ・単元の見通しをもつ。 ・記入の仕方を知る。	・これからダンスの授業を始めます。初めてダンスに挑戦する人のほうが多いと思うので，みんなで一緒に勉強していきましょう。 ・「オリエンテーション」のプリント（右ページ参照）に書き込みながら進めていきます。 ・まず，みんなの知っているダンスを挙げてみよう。近くの人と知っているダンスの名前をできるだけたくさん挙げてごらん。 ・では，この列の人に聞いていこうかな？ ・みんなで，一緒に考えながら整理してみよう。上が芸術家のダンス。スポーツだとトップアスリートの卓越した技に感動することあるよね？（ワールドカップやオリンピックのワンシーンなどを例に）そのダンス版。下はみんなが集まって踊るダンス。スポーツでは「スポーツフォアオール」と言いますね。ダンスにもみんなのダンスがあります。左が日本の文化。右が外国の文化。こうやって分けたら，どこに入るかな？ ・授業では，これらのどれか1つのダンスの練習をするのではなく，ここに挙げた「ダンス」の共通の要素を使って自分で創るダンスを中心に学んでいきます。 ・1番目の目標は，「恥ずかしがらずに堂々と！」——もじもじすると見ているほうも恥ずかしいんだよ。 ・2番目は，体育の大事な目標でもある「思いきり体を動かそう！」です——筋肉痛になるくらい踏ん張ったり，ジャンプしたり！　体一杯の動きに挑戦しよう。 ・3番目も，本当に大事な目標です。ダンスではお互いに動きを提案し合うから，認め合う空気が大事。友達の動きを見て「おかしいんじゃないの？」とか「それ，つまんない」なんて言ったら，その場の空気を壊すことになる。誰かが提案したら「それやってみよう！」と言おう。 ・ヤジは厳禁。褒める言葉に言い換えよう。 ・「しんぶんし」「走る—止まる」「集まる—とび散る」「スポーツいろいろ」——いろいろなことにチャレンジしようね。そして，毎時間ダンスが上手になるための大事な「ダンスキーワード」を学んでいこう。

● 学習の進め方のポイント

　この授業では，「ダンス」に初めて出会う生徒のもっている「決まったことを覚えて踊る」「きちんと踊らなければならない」加えて「あまり激しく動かない」というダンスのイメージを変えて，「自分たちがすでに知っていたりできたりすることを生かせばいいんだ！」「ドキドキ，ハアハアするくらいまで動くんだ！」と思わせたい。また「恥ずかしい」「かっこよくできない！」などの不安を取り除けるように，「あまり細かいことを気にしないで，楽しく思いっきり動くこと」を「ダイナミック」というキーワードとして教えたい。

　オリエンテーションでは，ダンスの歴史や種類についても伝えておこう。口絵や第8章の①②③を読んで理解しておくと授業での話がしやすくなる。1時間目では「約束ごとをしっかり」「授業の見通しをもつ」，そして「次からの授業を楽しみに思う」ように指導したい。

● オリエンテーションのプリント

ダンス単元オリエンテーション　　　　　　　1年　　組　　番　氏名 _____

1．ダンスとは……

　　　　　　　　　　芸術家のダンス（スポーツだったらトップアスリート）

・どんなダンスを知っていますか？
・みんなと出し合って左の図に入れてみよう。

日本 ——————————————————— 外国

　　　　　　　みんなのダンス（スポーツフォアオール）

2．この授業の目標＆約束ごと

① _____ 堂々と！　　　② _____ 体を動かそう！
　補足：芸能人を見てごらん！　　補足：気持ちいいし，心を打つ表現の原則だね
　　　　　　　　　　　　　　　　　　　　汗をかく，筋肉痛になる，ドキドキ，ハアハアする

③仲間の _____ や _____ を認めて楽しもう！
　補足：禁句「あいつ変じゃない？」→ 言い換え「あいつの表現，個性的！」「芸術的」
　＊おまけの約束：（　口　）でおしゃべりしないで（　体　）でおしゃべりしよう。
　　特に先生の声【ヒントや指示】や合図がかかったときは口を閉じて，（　目　）で聴こう！

☆Q　成績は，どうやってつくの？
　A　3つの目標と約束，その時間のキーワードについて，どのくらいできているかを，評価します。
　　おもに，毎時間の作品，毎時間の取り組み，毎時間のカード。

3．服　装　短パン，学年Tシャツですっきりと。寒いときはジャージ。セーターはなし。
4．持ち物　鉛筆。毎時間簡単な学習カードを出してもらいます。

オリエンテーション

プリントに書き込みながら

展開	3. 課題をつかむ　　　　　　　（10分） ・先生と一緒にリズムに乗って踊る。 (1) 座ったまま 8844221111 のリズムをつかむ（3つくらいの例で） 　8844221111 という追い込んでいくリズムの刻みは，どんな動きでも，うまくいかなくても，みんなで楽しく踊れる。	・上で拍手8回・下で拍手8回，上4・下4，上・2・下2，上下・上下。 ・隣の人の肩をたたく。右の人8回・左の人8回，右4・左4，右2・左2，1・1・1・1。ずっとこのリズムで動くよ。 ・今日は，いろんな動きをこの「8・8・4・4・2・2・1・1・1・1」のリズムで動いてみるよ。 ・今日のダンスキーワード（DKW）は，「ダイナミック」。 ・では，音楽をかけてみんなで動いてみよう。 ・あなたはどんな動きがやってみたいかな？　1つは自分のアイデア探してね。
	(2) 先生が提案する動きを見ながら，みんなで音楽に合わせて動く ♪「Rising Sun」／EXILE ♪「やってみよう」／WANIMA　など  先生の動きを真似て 4. グループごとに1つ（できれば2つ）新しい8・8・4・4……の動きを見つける 　　　　　　　　　　　　　　　（10分） (1) 上下で拍手＋サイドステップ＋オリジナルを合わせて踊ってみる ・音楽をかけておく。 (2) リハーサルをする ・今日の学習のポイントを確認する。 ・音楽に合わせて通してみる。	・わからなくなっても今日は絶対止まらない。困ったらジョギングしててもいいから止まらないで1曲分踊り続けようね（動きの例は右ページ参照）。 ・それでは，みんなも1種類だけでいいから動きを提案してね。 ・こういう思わずやっている動き（思わず頭をかいたり，汗を拭いても動きになるという感じを見せる）でもできるよ。 ・グループを回って，誰かが思わずやった動きを「それいいね」と一緒にやってみる。 ・アイデアが出たら，「もう少しダイナミックにできるかな？」と1歩チャレンジするよう目標を確認する。 ・スタンスは広く！　手足は遠くまで伸ばす！　指先も！　目も遠くを見る！　高いときは高く，低いときは低く（実際にその姿勢にしながら），とにかく今日は，どうしたら動きが大きくなるかな？　と思いながら動こう。 ・グループオリジナルの動きを入れて通してみよう。
まとめ	5. 見せ合い・ひと言感想の交換　（5分） 〈クラスの雰囲気によっていずれかの方法で行う〉 ○全員で思いきり踊る ・見ていた先生が大きな拍手とひとこと感想を伝える。 ○半分のグループずつ発表する ・見ていた仲間から，ひとこと感想を伝える。	・1・2，3・4，5・6グループがペアで見せ合おう。さあ，どのグループが一番ダイナミックかな？ ・あとでよかったところを伝えられるように，よく見てあげよう。 ・踊る人は恥ずかしがらずに堂々と。 ・見る人は大きな拍手。 　それでは，拍手の練習をするよ。 　見合う学習での「大きな拍手の練習」は，お互いを応援し合う雰囲気づくりとして有効である。このくらい大きな拍手をもらうとうれしい，ということを知らせたい。
	6. 授業の振り返り・まとめ　　（5分） ・学習カードに記入する。 ・次回の持ち物の確認をする。	・今日のダンスキーワード（DKW）は何だっけ？ ・次回は新聞紙を2〜3枚持ってこよう。

●ダンスへの導入の工夫

　「ダンス」に距離感を感じている生徒が入りやすいよう，体育の授業でよくやる準備運動のような動きから，リズムに合わせてみると，安心して取り組める。先生の例で一緒に動きながら，他にどんな動きがあるかなと問いかける。高さ（上・下），方向（右・左，前・後）を変化させる例や，移動の例，体の一部を動かす例などを選んでおく。

〈簡単で楽しい運動の例〉

- 弾みながら，頭の上で拍手，脚の下で拍手
- シュワッチ（斜め上に右腕を伸ばす，左）
- レインボー（両腕を伸ばして虹を描く，右から左へ，左から右へ）
- アキレス腱（伸ばし，体側の伸展など）
- 首・肩・腕・脚・腰の動きでリズムをとる。
- サイドステップ（両手を大きく広げて，腰を低く）やクロスステップ，スキップ
- 「○○になって歩く」（キョンシー，ゴキブリ，ヘビ，モデル）
- 最近流行のダンスや，お笑いのコミカルな動きも1つくらい例に。

●グループへのアドバイス

〈グループの活動の状態によって〉

- どんどん動きが出ているグループ
  - 「素晴らしい！」と心から褒める。
- 動きが見つからないグループ
  - 「なければ前後屈にしよう」「○○君，今やった動きいいね。それでいこう！」と思わずやった動きを拾い出し，よさを評価する，など。
- その場で，腕や手だけを使った動きをしているグループ
  - 「今日のDKWは何だっけ？」と目標を確認し，「もう1つ上に伸びられる？」「足も踏み出したら？」と極限を引き出す。
- 対比する動きの変化が見つからないグループ
  - 「今の動きが上だったら？　下だよね？」「同じほうに8回やって反対にしてみよう」

■音楽の選び方

　ビートのはっきりしているものを選ぶ。初めは，あまり速くないテンポで，ジョギングするくらいの速さが動きやすい。
　生徒が好きな曲や耳慣れた曲は気持ちが乗って楽しくなる。しかし，速い16ビートやゆっくり過ぎるヒップホップの曲はリズムがとりにくく，弾む動きになりにくい場合がある。

みんなで一緒に——間に合わない！　でも思わず笑顔……

グループで工夫

■掲示の工夫

　板書や掲示で流れやねらい，練習の仕方などを掲示しておいたほうが，グループ活動が進めやすい。また，オリジナルの動きの例を絵などで入れて掲示しておくと，何も浮かんでこないグループが安心する。

　・「上下・前後・右左って反対にできるよね」

●いろいろな扱い方で……

- 1曲通して踊る感じを味わうために
  - 初めと終わりにみんなで揃えて踊る。
  - 全員で同じ動きをする部分（ユニゾン）を入れて，気持ちを盛り上げる（授業動画参照）。
  - 「手を横に振りながらジャンプ・拍手・集まる——とび散る」くらいの動きで，拍手や声を出すと，がんばれる。
- 単元を通して毎時間のウォームアップに毎回同じ動きを行ってもよいし，慣れてきたら曲を変えたり，新しい動きをプラスすることもできる。
- 現代的なリズムのダンスの導入に（P50参照）。

〔中村なおみ〕

2 2時間目──ものを手がかりに 「ひと流れの動き」の体験 ──しんぶんし

1 学習の目標

2時間目

1. ダンスの既成概念（あまり動かない，難しい）を変える。
2. 体をエネルギッシュに使う。
3. 新聞紙に意識を集中させ，恥ずかしい気持ちをもつ隙を作らず思いきり動けるようにする。

2 学習の進め方

	学習活動	指導の要点と言葉かけ
導入	1. 集　合　　　　　　　　（3分） ⑴前回の学習を振り返る 2. ダンスウォームアップ　（7分） ⑴座ったままストレッチ ⑵立ち上がってストレッチ いつものようにストレッチ ⑶離して─キャッチ ・1人で→2人組で。 ・その場で→走って投げ上げ交換。 	・「8421」のリズムのときの皆さんの学習カードから紹介しますね。 「友達と笑顔になれた」「ちょっと恥ずかしかった」「疲れたー」など ・新聞紙を両手で持って上に伸びよう→右に曲げる→左にも曲げる→グルッと回して上に伸びる……手を離して，頭でキャッチ，できるかな？　手ではなく頭で受け止めるよ。 ・新聞紙の長いほうをしっかりまたいで，アキレス腱を伸ばす，前後左右に上体を曲げる，肩入れなど。 ・肩の高さで腕を前に伸ばして，新聞紙を持つ。 　手を離してキャッチ→手をたたいて→クルッと回って。 ・2人組で相手の新聞紙をキャッチできるかな？ 　交換してキャッチ→手をたたいて→回って→3歩離れて。 ・今度は，リーダーについて走って行って，投げ上げて相手と交換してキャッチ。 　（NGルール確認：頭より下に投げるのはなしね！） ・リーダーチェンジしながら 　やさしく交換→困らせるようにフェイントをかけて→2人で勝負！ 段階を追って，少しずつ難しい動きにチャレンジさせる。
展開	3. 課題をつかむ　　　　　（15分） ⑴先生の新聞紙の動きを見ながら動く ⑵ひと流れの例を動く ・体の隅々まで伸ばすひと流れ。 ・体を大きく使うひと流れ（2回くらい）。	・新聞紙をよく見ててね。 　（座ったまま）両手を大きく開いてピンと張って示す。 ・試しに新聞紙の端を小さく揺らす。 　（端っこを小さく震わせたら，生徒が手を震わせる！　このリアクションがきたらOK）うまい！　じゃ，本番。 ・床にペタ，端っこペラ，こっちもペロッ，真ん中つまむよ，上に伸びていくー，ねじねじねじねじ……ポキ・ポキッ！ ・フワーッフワーッ，クシャクシャクシャポーン，コロンコロンコロン，最後はどんな形？

●学習の進め方のポイント

　初めは，他の種目と同じようなストレッチを新聞紙を使ってやってみよう。そして，少しゲーム感覚で新聞紙キャッチ。できそうなことに挑戦しながら，「しんぶんしになる！」まで連れていく。

　素早くダンスの世界へ！──あまり考え込ませずに，遊びながら新しい動きを発見することを目標としたい。

風を切って走る

●「やってみよう！」と思わせる導入の工夫
〈ウォームアップでは〉

● 「ダンス」も他の種目の準備運動として行っているストレッチや，安心できるような動きから始める。新聞紙をまたいでアキレス腱伸ばしや，持って前後屈，体側を伸ばす等。

● できそうで，経験のないような動きに段階的に挑戦させていく。腕を肩の高さにしてしっかり前に伸ばし，パッと手を離してキャッチ。これに，少しずつ新しい動きを加えていくと声かけで動きに変化が出る。

・拍手してキャッチ→クルッと回ってキャッチ。
・2人組でもできるかな？
・移動してもできる？　2人組で走って投げ上げ，やさしく交換→フェイント交換。

　次の展開のきっかけになるように，体一杯に動かしてしまうことが大事！

しんぶんしになる！

2人組でジャンプ

たちの新しい発見を喜び，楽しんで認める姿勢が必要となる。

● 「遊びごころ」と「おふざけ」は違う──先生と一緒に動く課題から新しい動きを発見することがこの学習のおもしろさだ。ユニークな発見はぜひ褒めたいが，課題から大きくそれていてよい動きの発見につながらない場合は，「今日のDKWは何だっけ？」という修正が必要となる。

●ひと流れを体にしみ込ませるには？

● 流れを切らずに，途中であれこれ注意をせず，一気に動かしてみたほうがよい。

● 「ひと流れ」をあまり長くしない（20秒前後）。
・短ければ作りやすいし，できたものを何回も繰り返して練習できる。
・先生と一緒に2回くらいは繰り返して課題を動き，「体の感覚」にしみこませよう。

● 太鼓は，強くたたきすぎると命令的になるので，伴奏するように（歌うように）緩急をつけてたたくとよい。動きの始まり，終わりはわかりやすくしたい。

●声のかけ方のコツ

● 「こうやってやりなさい！」ではなく「これ，できるかな？」「どうやってみる？」と問いかけるように声をかける。そして，先生が子ども

〈先生と一緒に課題を動く〉

● 「みんながしんぶんしになるんだよ！」と言っても，生徒が恥ずかしがってやってくれずに最初の部分でつまずいてしまったとしたら，教師自身がもっと自信をもってガキ大将になって楽しもう。しんぶんしの真似をさせようとしても，みんなが動き出さない雰囲気で1人だけやるのは恥ずかしいものである。「しんぶんしになって！」で反応のないクラスは，「手を開いて！もっとピーンと張って。そう，これがその状態」「では，これは？（端のほうを少しだけ震わせる）」ピクッときたらしめたもの。「そう！　いい反応だね」と褒めながら次へ。

● 「新聞紙をよく見て動こうね！」と言ったほうが，「しんぶんしになって」と言うより有効。したがって，教師は新聞紙の動きがめだつように，はっきりと見せよう。

| 展

開 | 4. 2人組でお互いを動かす　　　（5分）
⑴2人組になり，ジャンケンをする
⑵しんぶんし役と先生役で動かし合う
・勝ち（しんぶんし役），負け（先生役）
・交替

5. 2人が気に入った動きをつなげてひと流れの動きにする　　　（8分）
⑴ダンスキーワードとひと流れづくりのルールを確認する

　　　　「ひと流れ」（板書する）

〈元気な感じならば〉
♪「RED SUN」／TAK MATSUMOTO／『すぽると! MEMORIAL ～ Sweat and Tears ～』
〈風に飛ばされる感じならば〉
♪「プロペラ自転車」／『魔女の宅急便サントラ音楽集』　など

⑵2人組でのひと流れづくり

⑶リハーサルを行う

⑷ラスト3分通して踊る | ・何回か交替してチャレンジしながら，だんだんに動きを大きくさせていく。

・気に入った動きを3つくらいつなげてみよう。
　さっき先生と一緒に「クシャクシャ……」（新聞紙を使って見せながら）ってやったくらいの長さです。
・これを「ひと流れ」と言います。
・音楽で「フレーズ」とか「サビの部分」なんて言いますよね。それと同じだと考えるとわかりやすいかな？
・ダンスでは「メリハリのある印象的な動きの連続」を「ひと流れ」と言います。

・ひと流れづくりのルール
　①ダイナミック→ジャンプするところは必ず入れる。
　②新聞紙は2人とも持っていても，1人が持っていても，いらなくなったら両方持たなくてもOK！　新聞紙を持たなくてもいいけど，しんぶんしらしい動きを探すよ。
〈グループを回って指導〉
・はい，初めのポーズで構えてね。
　（曲を流し，約20～30秒の長さで音を絞る） |
| ま

と

め | 6. 見せ合い・ひと言感想の交換　　　（7分）
⑴見せ合いのルール確認

ペアグループで見せ合い

⑵見せ合うポイントの確認

⑶拍手の練習
⑷見せ合う
　　1グループ
　　2グループ

7. 授業の振り返り・まとめ　　　（5分）
・学習カードへの記入。 |

・ペアグループを組む。
・1グループは壁に下がり，もう1グループはフロアで発表する。
・クラス全体が一斉にスタート。
・終わったグループはポーズで待つ。

・今日のダンスキーワード（DKW）は，何だっけ？
・大きな広い場所を使っている？
・ダイナミックなジャンプが入っている？
・しんぶんしらしい動きかな？

・いいところを具体的に見つけて，ひと言感想で伝えてね。
・出だしのポーズ，あのグループ素敵にできてる，いいね！全部終わるまで，ポーズで待っててね。

・あっという間に動きの芸術ができたね。 |

●課題をつかむ　先生と一緒に動こうで…

- 最初から，恥ずかしくなく大胆に動ける子のほうが少なくて当たり前だ。そして，筋力の差がある（男女の差もあれば，発達の個人差もある）。1人ひとりが自分なりに精一杯の「ダイナミック」をめざすよう助言する。
- 「新聞紙を持って走る」と言っても，自由に走れないクラスは，「自由に走る」を他の種目やこれまでの学習で経験させていない場合が多い。ぜひ，いろいろな所を自分の意思で自由に走ったり，友達をよけたりという走りをボールゲームの準備運動などで経験させておいてほしい。
- 何回か交替してチャレンジしつつ，だんだんに動きを大きくしていければよいと思う。

●「ひと流れ」とは？

　今後の「踊る・創る・観る」といったダンスのまるごとを学習するベースになる。よく「何秒ですか？」「何拍ですか？」と聞かれるのだが，何秒や何カウントではなく，「集中して一気に動ける長さ」と理解してほしい。ダンスは，「こうやって動く」を学ぶのではなく，「どうやって動きたいか」を自らと向かい合って探っていく学習である。したがって，自分の心地よい呼吸や間合いで動くことが大切。しかし長くなりすぎると，創るのも，繰り返し練習することも限られた時間ではできなくなるので，経験的に言えば約20秒前後が集中して動けるほどよい長さだ。

　説明する前に，「合唱コンクールで○組はどんな曲を歌った？　ちょっと歌ってみて」とワンフレーズ歌わせてみるなど，知っている歌を歌ってみて，短くても心に残るフレーズという短いまとまりがあることを知らせるのは，効果的である。

　初回の「しんぶんし」では，2人組で出し合ったアイデアを2つから3つつないでみれば，すぐに自分たちなりの動きの組み合わせができることを知らせる。ただし，「思いっきりのジャンプを1つは入れてね」という条件をつけたほうが，ダイナミックな変化のある動きになっていく。できれば，最初の段階では，「きれいに」「きちんと」「かっこよく」よりも，その生徒なりの体一杯を体験させていきたい。細かいことは，それができてからでよい。

■グループへの指導——よい活動をしているグループを見つけ褒める言葉でよい方向に引き上げる指導

　教師がよい活動をしているグループを見つける目をもてるようになる必要がある。
〈よい活動とは？〉
　第1段階
　　興味をもって夢中になっていたり，2人が協力し合っている（多少動きが小さくなっていたとしても，その活動を認めたい）。
　第2段階
　　大きな動きで精一杯動く部分を入れている。生徒いわく「体を張った」「恥を捨てた」動き。
　第3段階
　　ひと流れ感がある。初めと終わりがあって，メリハリ（緩急，空間や体の動きが大きい）がある。

　ユニークな発見は，どんどん褒めたい。しかし，それが「ダイナミック」「ひと流れ」から外れている場合は，「今日のDKWは？」と確認をしよう。

●新聞紙の扱い方

　以下の3つのパターンが考えられるが，生徒が一番やりやすいものを選ばせたほうがよい。
〈1人が持って1人が動かす〉
　新聞紙を持っている生徒があまり動いていない。
⇨「持っている人も，ダイナミック！　2人が同じくらい動くのよ」
〈2人とも新聞紙を持って動く〉
　「新聞紙をどうするか？」と考えてしまっていたり，ただただ新聞紙を振り回しているだけで体の動きが小さい。
⇨「新聞紙の動きをよく見るんだったよね？」
〈2人とも新聞紙を持たずに動く〉
　何もなくても動けるという段階は，ダンスの世界に入っている生徒たちだと考えてよい。

■リハーサルが終わって

- 「え?!　もう終わり」と言ったら……
　　「長すぎよ～，ササ～ッと速く動くところを作ってごらん」
- 「まだ，最後までできてな～い」と言ったら……
　　「短かったのならば，どこか気に入ったところを2～3回くらい繰り返せば？」

■もう1歩高めるために

- 途中でわからなくなったグループに……
　　「ほーら口ばっかりグループは合わなかったりわからなくなったりするよ。ラスト3分練習でピッタリ息を合わせよう」
- どこが最後かわからないグループに……
　　「ラストはどうやって終わるの？　今から3分だけ最後の練習するから決めてね」

〔中村なおみ〕

3 走る─止まる

❶ 学習の目標

3 時間目

1. 思いきり走りピタッと止まる中からたくさんのイメージを見つける。
2. 仲間と動きを提案し合って短い作品を創る。

❷ 学習の進め方

	学習活動	指導の要点と言葉かけ
導入	**1. 集　合**　　　　　　　　　　（3分） ⑴前回の学習を振り返る **2. ダンスウォームアップ**　　　（7分） 　8 8 4 4 2 2 1 1 1 1	・最初に，しんぶんしのときのみんなのカードから，少し紹介しましょう。 ・○○さん「恥ずかしくてとても困った」──そうか，そうだよね。でもきっと今日はもっと大丈夫になるよ。 ・◇◇くん「△△がすごく元気でうまかった」──そうだったね。今日もがんばってください。 ・1 時間目にやったリズムのダンスです。ダイナミックに，止まらないでいくよ。
展開	**3. 課題をつかむ**　　　　　　　（15分） ⑴板書を見ながら，ひと流れを確認する ・「メリハリ」を体感する。 　思いきり拍手して，先生の合図でピタッと止める。 ⑵その場でひと流れを動く ・立ち上がってその場足踏みでひと流れ。 ・止まる・止まる・止まるはポーズ 3 つ。 ⑶体育館全体を使ってひと流れを動く（2 回くらい） ・極限まで体を使って。 　ここはとにかく，極限を引き出す言葉をかける。 　「ピタ！」「もっと速く」	「走─止─走─止─走─止・止・止」 〈今日のひと流れは……〉 ・走る─止まる─走る─止まる─走る─止まる・止まる・止まる。 ・この「止まる・止まる・止まる」って何だろうね。 ・そして，今日のダンスキーワードは「メリハリ」。 ・メリハリの意味わかる人？ ・そう，授業中と休み時間とか，遊びと真剣とか，しっかり分けることだね。このひと流れでは，止まるのか走っているのか，はっきりと区別をつけられるといいですね。 ・では，まずみんなの拍手で「メリハリ」をやってみましょう。 ・さあ集中して，こっちを向いていて。 ・あ，誰かなあ，もう 1 度，ピタッといこうよ。 ・いいねえ，止まったとき，なんか聞こえない？（余韻） ・太鼓の合図でひと流れ（1 回目は，足踏み止まるができればよい）。 ・止まる・止まる・止まるは，どうしたらいいと思う？ ・そう，ポーズを 3 つ，うんと形を変えてほしい。（示範）上の方，下の方，思いきり足を開くとかね。 ・もう 1 度ひと流れ，思いきりメリハリをつけてやってみよう。 ・集中して，しゃべらない，視線も止めて。いいね！ ・ではいよいよ体育館全体に思いきりスピード出していくよ。 ・ひと流れを続けていくよ。 　思いきりスピード出してピタッ（太鼓）。 ・いいね。止まるとき，ジャンプして止まるとか，振り返って止まったりするのもダイナミックでいいね。 　（必要なら止・止・止を抜き出して）

学習の進め方のポイント

3時間目の「走る―止まる」は，これまでの2時間で，ダンスの世界に近づけた生徒たちに，ダンスの授業や作品を仲間と作っていく基本的な進め方を伝える時間としても，位置づけて考えたい。

● ウォームアップ……体と心を弾ませる。
● 課題を知る……毎時間課題がある。教師と一緒に極限まで動きながら，イメージをもって自分の動きを見つける。
● 仲間と小さな作品に……1人ひとりが提案者となり，仲間とつないでいく。
● 見せ合う…毎回，お互いに見合って学ぶ。

しっかり課題をつかませるための学習の段階

体育館に生徒が広がらない状態のうちに，しっかり，ひと流れの長さとメリハリを確認すると広がってからスムーズに指示が通る。この時間は次のように進めるとよい。

〈段階1〉ホワイトボードに貼ったひと流れを声に出して頭に入れる。
〈段階2〉ホワイトボードの前で，座ったまま，手拍子で，教師に集中させてピタッとメリハリつける練習。
〈段階3〉その場足踏みでひと流れを確認し，「止まる」では，思いきり体を変えてポーズをするということを体でつかませる。
〈段階4〉体育館に思いきり走ってひと流れ。

ひと流れの長さはどれくらい？

走りが長すぎると，気持ちのよいひと流れがつかめない。全体のひと流れでおよそ20〜25秒。DVDでは，その場足踏みでは20秒弱，体育館に走り出すと25秒。それぞれのイメージをかけ合わせていくと，もう少しかかっている。そのときの生徒の動きを見て，調整しよう。生徒の動き出しが鈍ければ，少し長くなるだろう。教師自身が動いてみると，短く思いきり動くと気持ちよいことがわかる。

■課題やダンスキーワードを色画用紙で用意
学習の進め方を生徒と共有するために，その日の課題やダンスキーワードに加えて，約束ごとや授業の進行を，いつでも貼れるようにしておくとよい。マグネットを裏につけて，色画用紙で作っておけば，毎時間使える。

ホワイトボードを有効活用しよう

先生と手拍子で，メリハリを確認

体育館に広がって思いきり走ってピタッ！

動きとイメージをつなぐヒント

教師はまず極限を引き出していくが，その動きのドリルばかりになってしまわないように，イメージをかけ合わせていく。2〜3つのイメージを先生から提案し，実際に一緒に動くと，イメージによって，いろいろな「走る―止まる」が見つけられることがつかめてくる。初心者のうちは，ゆっくりしたイメージよりも，スピードのあるもののほうが，安心して取り組める。指導案（P16）の「暴走族」や，追われる何かから逃げる，というような声をかけていく。

	⑷イメージをかけ合わせながら ・先生のイメージ例で。 ・動きを多様にしていく。 時間が押したり，あまり集中できなければ，忍者は省略することもある。	・大きな音をたてて，暴走族のようにひと流れ（太鼓を大きくたたく）。最後はどうなる？　ぶつかった？ ・誰かに追われるスパイや，忍者のように足音をたてずに素早く走るひと流れ（太鼓を小さく）。もっと低くならないと見つかる。
	⑸自分の思ったイメージで ・座って先生のほうを向き，説明を聞く。 ・自分のイメージをもって動く。 困ってしまう生徒は必ずいるので，教師からお助けイメージを出す。	・じゃあ，その場に座ってください。 ・今度はみんなが思いつくことをやってみよう。 　どんなイメージが出てきますか？　何でも「走る―止まる」になるよ。 ・遅刻しそうな朝？　ファッションショー？　マッチョな人？　ゲームの世界？　逃げる泥棒？　台風？――さあ，思いついたものを1つ，さっとやってみよう。 ・思いつかない人は，さっきの暴走族でOK。 ・いくよ。（太鼓をたたく）よーい，はい！
展 開	4．3人組でイメージと動きを交換する （5分） ・3人組を作って，座る。 ・リーダーをしっかり確認する。 ・順にリーダーとなり，残りのメンバーはリーダーを真似する形で，動きながら行う。 余裕があれば，このように褒めると，作品の最初と最後は大事という感覚がつかめていく。	・では，近くの人と3人組（うまくいかないなら4人でもよい）。 ・今日は，背の高い人から1番，2番，3番。 ・決まった？　1番手を上げて，2番手を上げて，3番！　はい，OK。 ・1番になった人がイメージを言ってから動き，仲間はしっかり真似してついていきます。 ・1番さんいいかな，みんなも立って。よーい！　はい。（太鼓で，ひと流れを引っ張る） ・いいね，じゃ2番さん。よーい！　そう，あのグループのように，スタート時点からダンスに入っているのが素晴らしい。はい（太鼓）。 ・3番さんいくよ（太鼓）。 ・では，4番。4番さんがいないところは，3つやったうち一番気に入ったのをもう1度やろう。よーい，はい（太鼓）。
	5．グループで気に入ったものを1つ選んで工夫する　（10分） ⑴DKWの確認をする ⑵リハーサルを行う ⑶題名が決まったら，紙とホワイトボードに題名を書く	・誰のが一番よかった？　どれか1つを選んでもう少し練習してみよう。 ・見せ合うときには先生が太鼓をたたかないので，メリハリのついた声を出しながらやってください。 　※テーマが決まらないグループには，3人の出したイメージをたずねて，全部つなげてもいい等のアドバイスも。 　※メリハリがつくように，アドバイスする。
ま と め	6．3～4グループずつ見せ合い　（5分） ・3つか4つずつで3交替。 まだ，照れがある場合は，前時のように，3つずつのグループでお互いに発表（教師の合図で交替，見るグループは壁側から）なども。	・今日は3つずつ発表しよう。 ・見る人の約束は？　仲間の個性や表現を認めて楽しもうだね。 ・拍手を思いきり！ ・それから，先に終わったグループは大変だけど最後のポーズで止まって待っていてください。 ・最初は，「電子レンジの卵」「ラッシュアワー」「スパイ大作戦」の3つです！　適当なBGMがあればかけるとよい。（3つとも終わったときに）……はい拍手。
	7．授業の振り返り・まとめ　（5分） ・学習カードへの記入。	・メリハリよく表現できた？ ・自分たちのイメージに合ったダンスになった？ ・どのグループの作品が気に入った？

リーダーに続け……とにかく真似をしてついていこう

●リーダーに続け……
──みんなが提案者になり，認め合う学習

　ダンスの学習におけるグループの相談は，動きながらリーダーに続け……が基本。必ず自分の動きやイメージを短くても仲間に動きで伝え，仲間はとりあえず無条件に真似することでそれを認めていく。これを繰り返すことで動きやイメージを提案し合う基本ができる。

　初心者の段階なので，教師が太鼓で合図を出し引っ張る（1番リーダーさん，スタート，太鼓でひと流れ。……2番リーダーさんに交替，スタート……）。もしも，全体にかなり動けると思える学級であれば，「今度は先生が太鼓をたたかないから，今度のリーダーさんが"ハッ"とか"それっ"とか声を出して自分たちのタイミングでやってみよう」と，生徒のイメージに合わせたタイミングで，「走る─止まる」ができるように導いていくこともできる。逆に，なかなか動きが出てこない，戸惑っている学級であれば，発表のときも，先生が太鼓で合図を出していくのも，安心感があってよい。

グループでは動き
ながら相談

題名が決まったら書きに来よう

〔宮本乙女〕

4 集まる─とび散る

■1 学習の目標

4 時間目

1. ダイナミックに空間を変化させる。
2. みんなで動くおもしろさに気づく。

■2 学習の進め方

<table>
<tr><th colspan="2">学習活動</th><th>指導の要点と言葉かけ</th></tr>
<tr><td rowspan="2">導入</td><td>1.　集　合　　　　　　　　　　　（3分）
⑴学習カードから前回の振り返り

2.　ダンスウォームアップ　　　　（7分）
・ウォームアップ
「グルグルジャンプ」</td><td>人数集めゲームのように先生の声かけで動く。
〈ルール〉
①笛が鳴ったらピタッと止まって耳をすます。
②太鼓の音の回数の人数で集まって，グルグル回ってジャンプ。
　人数が集まらなかったら，あきらめてその人数でOK。
・（笛ピッピピピ）軽いジョギング！
・（太鼓トントントン）3人でグルグルジャンプ！
・（笛ピッピピピ）スキップ！
・（太鼓トントントントン）4人でグルグルジャンプ！
・（笛ピッピピピ）次は今まで組んだことのない人を必ず入れるよ。じゃあサイドステップ！
・（太鼓トントントントントントン）6人でグルグルジャンプ！</td></tr>
<tr></tr>
<tr><td rowspan="2">展開</td><td>3.　課題をつかむ　　　　　　　（10分）
⑴板書を見ながらひと流れを確認
・声に出しながら，動く伴奏をするように先生と一緒に読んでみる。

・立ち上がってその場でとび散るの練習。
・短い助走と転がった後のピタ！がポイント。極限を引き出すように2回くらい行う。

⑵6人グループで
・まずひと流れを軽く動く。
　集まってひと流れを動いてみる。
・集まる。
・外向きに短い助走でジャンプ。
・すぐに集まる。
・外向きに遠くまでダッシュしてジャンプ。</td><td>・6人組のまま集合させる。

・ギュッと集まる─パッととび散る，素早く集まる─もっと遠くに広がってジャンプ！　転がる！　ピタ！
・どう？　とび散るってどうやるの？　1人じゃとび散れないね。
・今日のダンスキーワードは「群の変化」。ムレじゃなく，グンと読んでください。集団の表現です。いままでの課題と少し違って，みんなでやらないとうまくいかない。
・最初にとび出す練習だけやっておこう。ダイナミックにね。
・ダダッと助走でジャンプ！　勢いよく転がってピタ！　転がり出た瞬間がシャッターチャンスだよ！　（示範）
・いいねー。でももう20cmは高くとび出して，最後はピタッと止まって。

・さっきの6人組でやります。集まって。
・（太鼓）ギュッと集まるダダッととび散る，すぐ集まってもっとギュッと集まったら今度は遠くまで行くよ─走ってとび散ってピタ！
・うまい。これがひと流れです。今度はもっとダイナミックに体を使って一気にいきます。
・さあ，集まって。みんな，内側向いてるけど，ちょっと工夫してみよう。外を向くとか，思いきりつながってるとか。まわりのグループちょっと見てごらん。
・いくよ（太鼓）ギュッと集まるダダッと………ピタ！</td></tr>
<tr></tr>
</table>

●学習の進め方のポイント

「集まる─とび散る」は，「群」を生かすことの楽しさを知る題材である。

グループの人数が増えるので，これまでより少し長く各グループに関わる時間を作ることができ，アドバイスがしやすくなる。集まることの安心感がある課題なので，生徒たちがやるべきことをつかめれば，自分たちで進める楽しさを味わうことができる。

最初に動きの極限を引き出すことは大事だが，イメージが出てからのほうが楽しく工夫していけるので，あまり前半をていねいにやりすぎず，グループ活動の時間を確保したい。

●こんなときには……

● ウォームアップで，人数集めをするときに，男女が別々になってしまう。

⇨ この段階では，中学生では男女別になってしまうのがふつう。無理に一緒にならなくてもよいと考えよう。

● 課題のひと流れを動くとき，体育館に広がると，なかなか声が届かない。

⇨ 広がる前に，よくひと流れを頭に入れさせる。

● 生徒から出てきたイメージ ●

キンニク／やまたのおろち／噴水／ミスターパワー／ヒーローまさかの逆転／パニクレディブル／がらがらくじ引き／ネバーランド／雪やこんこ／はと／ぎんなん／シンクロナイズドスイミング／花火／炭酸／ポップコーン／ごきげんよう／風船／けんか／なぐりあい／ファン／沸騰したお湯／群衆／スパイ

⇨ 教師が動き，さまざまな方向から声をかける。特に，集中できないグループがあれば，その近くから太鼓をたたくとよい。

● 集まるときにまわりにお尻を向けているグループばかり。

⇨ 最初はよしとして，2回目には声をかけてみる。「みんな中心向いてるだけ？」

● ブレインストーミングが進まない。

⇨ 短い時間にたくさんイメージを出すことが大事だと伝えよう。

⇨ お助けイメージ（ヒント）を，教師のほうで作っておくのもよい。上記の生徒から出てきたイメージなどからうまくいきそうなものを6〜7つ選んで紙に書いておき，必要に応じてホワイトボードに貼る。

課題──ギュッと集まって

とび散って

ウォームアップ──グルグル回ってとび散る

転がった！

	⑶先生のイメージ例で動く ・イメージ例「火山の大爆発」。 ・時間のゆとりがあれば，もう1つ，やわらかなイメージの「落ち葉が舞い散る」などに挑戦してもよい。	・では，ダンスだから，イメージをもって踊ります。 ・最初は，先生の案で，火山の大爆発でやってみます。 ・(太鼓) 足を踏み鳴らして集まる，いくよ，バーンと爆発，またすぐ集まって，爆発第2弾は，もっと遠くまで！ ・最後は冷えて固まる。
展	⑷自分の思いついたイメージで動く ・6人ずつ集まったら座り，先生のほうを向き，説明を聞く。 ・自分のイメージを動く。	・他に何か「集まる─とび散る」ものを思い浮かべて。 花火？ 野次馬？ カラスの群れ？ 落ち葉？ タンポポ？ ・自分の見つけたイメージでやってみてほしい。仲間と相談しないで1人ひとり思い浮かべて，それとなく集まってやってみるよ。何も浮かばない人は，カラスの群れでやってみようか。 ・さあ，自分のイメージを思い浮かべて集まって。 ・(太鼓) ギュッと集まる。とび散る。すぐに集まる！　さあ，遠くまで行ってとび散るよー。
開	4. イメージを出し合う　　　　(5分) ・A4の紙に書き出していく。 グループを回り，発言を促す。  ブレインストーミング ・ホワイトボードに貼り，ざっと見る。	・「集まる─とび散る」で，どんなこと思いつく？ 6人組でイメージを書き出そう。できるだけいっぱい。制限タイム2分。出た意見は，却下しないでどんどん書きます。多いほどいいよ。これ，「ブレインストーミング」と言います。 ・このグループたくさん出ているね。いいですね。 ・1人1つは出したかな？ ・はい，2分。いろいろ出ましたよ。 ・では，動きになりそうなものに○をつけて前に貼りに来てください。 ・集まり方とび散り方が，タイトルによって違うよね。 どっちにとぼうか，全方向か，一方向か，次に集まるのはどこがいいか。
	5. グループで1つの題名をつけて工夫する　　　　　　　　　　(15分) ⑴DKWを確認する ⑵リハーサルを行う ・リハーサルは，ダイナミックに大きく踊る。	・ダイナミックに空間を変化できそうなものを選ぶといいですね。 ・あの時計で，○○分になったら，リハーサルするからね。 ・このひと流れ，短いから，2回くらい繰り返してもいいですよ。 ・さあ，空間をうんと大きくダイナミックに変化させてね。 ・リハーサル用意，あ，最初の集まり方いいね，もっとはっきりポーズを見せて。
ま	6. 見せ合い・意見交換　　　　(5分) ・3グループくらいずつ発表。 ・題名を先生がアナウンスし，いっぺんにスタートする。 ・時間によって，2グループずつの発表なども。	・2回に分けて，3グループずつ発表しましょう。
と め	7. 授業の振り返り・まとめ　　(5分) ・学習カードへの記入。	・ダイナミックに踊れた？ ・タイトルにふさわしい空間の変化ができた？ ・どのグループの作品が気に入った？

●グループへのアドバイス

　短い時間でなるべくたくさんのグループに関わりたい。そのため，まず停滞しているグループを見つけ，そこから声をかけ，短い時間で1回りする。できているグループにも褒める言葉を短くかけていく。

　グループ活動にかける言葉は，2種類を意識しておくとよい。まずは，活動を応援する言葉。次に，グループが活動を始めたら，作品をよりよくする言葉（極限と多様を引き出す）をかけていくとよい。

●活動を応援する言葉

〈グループの活動の仕方を知らせていく〉

　座り込まないという原則をいろいろな方法で，伝えるとよい——「立って動きながら相談しよう」「できたところまで見せて」。教師もそばで真似して動いてみて，少ない動きでもふくらませるように助言。

〈みんなが提案者になるように促す〉

　「1人1つ提案してみよう。Aさんは？　それでまず動いてみたら？」「出た案は却下しないで試してみよう」

〈動けそうなイメージを提案する〉

　それでも行き詰まっていたら，「浮かばない？さっきのバーゲンか嵐はどう？」動きやすそうなものを複数提案。

●作品をよりよくする言葉

〈極限を具体的に引き出す〉

　「もっと大きく跳ぶ」「何度も繰り返して強調」「止まるならピタッと5秒」「ここはもっと思いきって遠くに離れたほうが，空間が広がってかっこいいと思う」

〈イメージの言葉で多様性を引き出す〉

　他のグループとの違いも出るように。

　「何度も繰り返して強調」「クラッカーなら一方向に爆発する」「野次馬ならもっと移動してから散る？」「花火だったら2度目はスターマインのように時間差ではじけるとか」

〈プラス，ゆとりがあれば作品としての見栄えを〉

　「お客さんには，ゴールシーンは真横から見せたらよく見えるんじゃないかな？」「みんなで円になってお客にお尻を向けても見えないよ」「最

グループのイメージによって，多様な「集まる—とび散る」が生まれてくる

後のポーズは決めておこう」「ここが一番素敵だからもっと見せよう」「誰か，1人こっち側から見てみたらどう？」

〔宮本乙女〕

5 5時間目──身近な生活や日常動作を手がかりに
スポーツいろいろ①
──感動の瞬間

ダンスキーワード（DKW）

**デッサン
デフォルメ**

■1 学習の目標

5-6 時間目

1. 浮かんだイメージを次々と体で動く。
2. 「繰り返し」「大げさに」等，よいところを変形して表現を強調する。

■2 学習の進め方

	学習活動	指導の要点と言葉かけ
導入	**1. 集　合**　　　　　　　　　（5分） ⑴学習カードから前回の振り返り ⑵本時の課題を知る	・前回まで「しんぶんし」とか，「走る─止まる」「集まる─とび散る」いろいろやってきましたね。 ・今日は「スポーツ」をダンスにしてみたいと思います。
展開	**2. 課題をつかむ①　スポーツのデッサン （イメージと動きの交換）**　　（15分） ⑴ブレインストーミングでイメージを広げる ・思いつく限りのスポーツを挙げる。 　近くの3人組の相談タイム30秒を入れてもよい。 ダンスキーワード（DKW） 「デッサン」 そのものの特徴を捉えてすぐに動く ⑵各自好きなスポーツを選んでデッサン 　　　　　　　　　　　　（10秒×2回） ⑶3人組でリーダーに続いて動き，仲間のデッサンした動きを共有 ・先生の合図で次々にリーダー交替。 ・1人10〜20秒程度でデッサン，合図で交替×2回くらい。 ♪「超ワールドサッカー presents FOOTBALL ANTHEMS - Ultra World Beats」などスポーツイベントのテーマ曲でアップテンポのものは使いやすい。 ♪「ワタリドリ」／ Alexandros	・スポーツと言ったらどんなものがあるかな？　思いつく限りたくさん挙げてみよう。 ※生徒から出たものを次々と板書。必要に応じてつけ足す。生徒から出ないとき，偏った種目のときは「個人種目はどうかな？」「武道もあるよね」「季節ものは？」などの視点を助言して気づかせる。 ・いろいろなスポーツを「デッサン」してみよう。デッサンとは，そのものの特徴を捉えてすぐに動くことです。 ・印象的なシーンを思いつくまま次々と動くよ。 （示範：バスケットのドリブルシュートをあちこち移動しながら4〜5回繰り返す） ・1つか2つ，やってみたいスポーツを心に決めよう。迷ったらジョギングか水泳の個人メドレーで。 ・近くの3人組で，リーダーの選んだスポーツの動きを真似てついていくよ。 ・リーダーさんはメンバーに種目を伝えて。同じ動きを何度も繰り返してもいいし，次々変えてもいい。10秒くらいですぐ交替するから，どんどん動いてね。笛の合図で交替。 ・条件です。 　条件：①絶対に止まらない。 　　　　②必ず移動しながら動く。 ※動けない生徒と一緒に動いたり，よい動きを見つけたらすかさず褒めて活動を支援する。 ・2回目はさっきやったスポーツでも，別のでもいいよ。

🔵 イメージを広げ共有するブレインストーミング

　生徒1人ひとりが自分のお気に入りのスポーツを見つけられるように，初めに全員で「どんなスポーツがあるか」意見交換（ブレインストーミング）してイメージを広げ，共有するとよい。

　全体では発言しにくいので，3～4人の小グループの中で気軽に意見を出し合った後，「グループで出た意見」として発表させるとスムーズ。生徒から出た意見に「動きになりやすい」スポーツを加える。個人種目，集団種目，対人種目によって群の表現が異なるので，それぞれから種目を見つけられるように促す。

🔵 デッサンにどう取り組ませるか

　「デッサン」は表したいイメージ・テーマを動きに変換する創作ダンス学習に必要な基礎技能。対象の特徴を捉えて，思いつくまま即興的に動けばよい。そのためには，日頃からさまざまな事象をよく観察し，特徴を頭と心で理解していることが大切。

　イメージの世界に没入して踊ることに抵抗のある中高生にとって「スポーツ」は体育の経験を生かし，知っている動きの特徴をデッサンすればよいので取り組みやすい題材。動きにしやすい題材としては他に「遊園地」「お料理」などがある。

　出来事や試合はこびを忠実に再現したりジェスチャーに終始したりすると，ダンスというより無言劇のようになってしまう。そこで，特に印象的なシーン，イメージ，動きを取り上げ，短い動きを何度も繰り返して動き続けるよう指導する。1種目10～20秒程度。長すぎるとアイデアに行き詰まる。着目点や捉え方，動きの表わし方には個性が出る。イメージしたことが見る人に伝わるよう，精一杯大きく，はっきりと動くことが重要。

■動きを工夫しやすいスポーツ例

　球技全般のほか，次のようなものが考えられる。
- 短距離走……抜きつ抜かれつ（巻き戻し），ゴールの瞬間（スロー）
- シンクロ……行進（1列），入水（カノン*），脚上げ（輪）
- 相撲……四股踏み，2人組～全員で突っ張り
- ボクシング……パンチ（速く遅く，繰り返し，大げさに，大勢で）
- サーフィン……バランス，転覆（スロー，カノン），波の役もいい
- スカイダイビング……落下（あちこちに），空中遊泳（スロー）
- ロッククライミング……床を登る，転がって墜落　　など

*P25 参照。

近くの人とブレインストーミング

全体でブレインストーミング

クロール

サッカー

テニス・グラウンドストローク

ラグビー

展開	3. 課題をつかむ② デフォルメ （5分） ・動きのデフォルメのやり方を知る。  デフォルメを知らせるカード ダンスキーワード（DKW） 「デフォルメ」 ・繰り返し ・スローモーション ・大げさに ・みんなで	・どうしたらスポーツのデッサンがダンスになるのかな？ ・ダンスキーワードは「デフォルメ」，変形という意味です。ピカソの絵はデフォルメの代表。横顔では1つしか見えないはずの目をいくつも描いたりして印象的なところを強調しているね。 （掲示：ピカソの絵，動きのデフォルメ方法） ・動きで言うと，プロ野球ニュースの珍プレー集ってよくやるでしょう？ 何度も繰り返して笑いとるよね？（取り損ねたボールがぶつかるシーンなど） 〈他に動きのデフォルメの方法は〉 ・ヒットの直前にスローになったり，一瞬止まるとか。 ・そして大げさに，大きくね（動作つき）。 ・あとは，大勢で同じ動きをしてみると迫力出るよね。 ・連続写真もできる。 ・他にどんな方法があるかな？
	4. グループでスポーツのデフォルメの工夫 （15分） (1)DKWを確認する ・3人組を2つ合体して6人組に（3人組のままでもよいが，人数が多いほうができることが増える）。 (2)リハーサルを行う	・さっきやった中でおもしろかったスポーツを1つ決めたら，黒板のところに○つけて。特に印象的なシーンを中心に感動の瞬間をデフォルメしよう。30秒くらいにまとめてね。最長でも1分までで。 〈グループに応じてアドバイス〉 ・何が一番伝えたい？ 感動の一瞬はどこ？ ・そこをもう1度繰り返してごらん。 ・短くていいから大事なところをもっとアピール！ ・役割分担しすぎて（球技にありがち）インパクトが少なくなっているときは，全員で攻めるとか客席に向かって進むなどが効果的。 ・ボウリングのピンは止まってないで踊って待ってたら？ ・スローは思いきりスローにしないと見えないよ。
まとめ	5. できたところまで通す（発表のつもりで） （5分） ・題名とメンバーを記入して出す。 ※濃く，フルネームで書くように指示（それを貼って次の時間のプログラムにすると便利）。 6. 授業の振り返り・まとめ （5分） ・学習カードへの記入。	・今日，できたところまで1回通そう。思いきり体を使って。 ・音楽が始まったらスタートね。よーい！ ・内容にふさわしい題名をつけよう。 ・効果的なデフォルメが工夫できたかな？ ・今日創った動きを忘れないようにメモしておこう。 ・次回は，15分くらい練習して，ミニ発表会です。

●デフォルメの視点……教師が押さえておきたい助言のポイント

時間性の変形	空間性の変形	集団性の変形	その他
・繰り返し ・ストップモーション ・スローモーション ・早送り・巻き戻し ・コマ送り ・リズムを変えて	・特大スケール ・高く・低く ・向きを変えて ・移動を加えて ・その場で ・進行方向を変えて	・全員一緒に（ユニゾン） ・順番に追いかける（カノン） ・左右対称に（シンメトリー） ・バラバラに（ランダム） ・1人違う動き（ソロと群）	・強—弱 ・曲—直 ・動きを加えて ・部分だけの動き ・擬人化 　（物に感情をもたせて）

■デフォルメの指導
　デフォルメの説明の際には，繰り返しやスローモーションなど具体的で明確な動作の示範を。グループ指導では，生徒の見つけた動きに，「みんなでやってみたら？」「違う向きにしたらどう？」とヒントを与え，アイデアを引き出すとよい。

●作品化のポイント

- スポーツの試合はこびを順番にだらだら表すのではなく，一番表したい場面・特徴的な動きを1つに絞り，それを表すのに必要な前後の場面をつけ足すだけで「感動の瞬間」が伝わるよい作品になる。「30秒作品」という条件設定があれば焦点を絞りやすくなる（結果的に1分でもOK）。
- 一番表したい場面・動きを中心にデフォルメを工夫する。1回のデフォルメで十分強調できないときは，同じ場面を何度も繰り返す，1回目，2回目，3回目とだんだん激しく，多様に変化させるなどの展開で「はこび」ができる。
- 最後に印象的な始まり方と終わり方を決める。

●グループ指導のポイント

〈1回目〉

　グループ活動への助言では，サッと全体を見回って，まずは生徒が見つけたデフォルメのアイデアを「なるほどね」「いいアイデアだね」と認め，自信をもって活動が進められるように促す。

　アイデアが出ないグループには選んだスポーツのどんな場面を強調したいのか聞き，それに応じたデフォルメの方法を提案するとよい。

〈2回目〉

　多くのシーンを表そうとしているグループには，一番表したいシーンだけを強調するよう促す。

　一通りできたグループには，もっと極端にデフォルメするよう助言して動きを大きくさせたり，空間の使い方にも変化をつけさせると作品がいっそうよくなる。

もっと激しく極端にデフォルメしてね（大げさ）

連続写真のように（カノン）野球

いっせいに同じ動きで（ユニゾン）弓道

〔中村恭子〕

6

6時間目──見せ合う楽しみ
スポーツいろいろ②
──ミニ発表会

■1 学習の目標

5-6時間目

1. デフォルメで特徴を強調して，感動を伝える小作品にまとめる。
2. 伝えたいことを「思いきり」体を使ってアピールする。

■2 学習の進め方

	学習活動	指導の要点と言葉かけ
導入	**1. 集　合**　　　　　　　　（5分） ⑴学習カードから前回の振り返り ⑵課題の確認 ┌─────────────────┐ │　　ダンスキーワード（DKW）　　│ │　　「デッサン」「デフォルメ」　　│ └─────────────────┘ **2. ダンスウォームアップ─スポーツの復習**　　　　　　　　　　　（5分） ・先生の言葉かけと示範に合わせてグループで動く。 　※BGMの音量は小さめに。 　♪ P22参照。	・前回は各グループでおもしろいスポーツシーンがデフォルメできたね。 （掲示：黒板に前回の題名を貼りつける） ・今日は作品を仕上げてミニ発表会をします。30秒〜1分の作品でいいから，スポーツの特徴をさらに大きく大げさに思いきりデフォルメしよう。感動の瞬間をぐっと伝えるために精一杯大きく体を使って表現してね。 ・スローでボクシング，グーッと伸びるパンチ，思いきりよけて。バレーボールのレシーブ，右だ，左だ，走ってアタック！次はモーグルだよ，大ジャンプ！　違う形でジャンプ！ ・生徒の作品にない種目を選んで，精一杯の動きを引き出す。
展開	**3. グループでの作品づくり**　（15分） ⑴前時に決めた動きを踊って思いだす ⑵もっと極端にデフォルメして強調 ⑶繰り返し通して練習 **4. リハーサル**　　　　　　（5分） 〔1分間で燃えつきよう！〕 **5. ミニ発表会**　　　　　（10分） ・プログラム順に並ぶ。 ・前のグループが終わったら，拍手の間に移動してすぐスタンバイする約束。	・まず，前回やった一番の見所を思い出して1回動いてみよう。どんな感じで始まるんだった？　いくよ，せーの。 〈グループを回る。詰まっているところからアドバイス〉 　・一番伝えたいのは何？　それを大事に思いきり体を使って。 　・さらに極端にデフォルメしてみたら？　何回も，大げさに。 ・リハーサルします。最初と最後の確認をしてね。 ・音楽が鳴ったら自分たちのタイミングで始めてください。 ・デッサン，デフォルメを意識して，思いきり動こう。 ・さあ，30秒でも1分でも燃え尽きるように発表するよ。 ・見るときの約束──「大きな拍手で応援すること」「よい動き，工夫した表現を見つけよう」 ・踊るときの約束──「恥ずかしがらずに堂々と」「思いきり体を動かそう」
まとめ	**6. 授業の振り返り・まとめ**　（10分） ・各グループへの感想（代表者）。 ・学習カードへの記入。	・どのグループもデフォルメで強調できていたかな？ ・○○グループのどんなところがよかったのかな？ （全グループ対して感想を言ってもらえるように問いかける）

● 発表会の進め方

発表の場所は体育館の奥半分を使って，見る人はセンターラインから後ろで鑑賞（舞台がついている体育館でもフロアのほうが広くて思いきり動ける。三角コーン等を用いて舞台範囲を仕切るとよい）。

発表の順番は似たものが続かないように選んで，題名カードをホワイトボードに貼っておく。発表順に客席に並ばせておくと，交替がスムーズ。前のグループが終わったら，速やかにスタンバイするルールで。

グループごとに着席して鑑賞

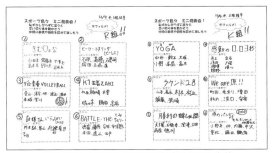

プログラムを印刷して事前に配布するのも有効

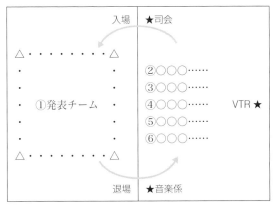

学習カードに発表会の感想を記入

● 鑑賞と評価

〈鑑賞・評価の観点〉

学習の目標と作品づくりのダンスキーワードを示す。「スポーツいろいろ」の場合は，

①表したい部分を効果的にデフォルメできたか。
②思いきり大きく体を使って表現できたか。

発表前にもう1度確認しておくと，発表者も鑑賞者も目標をもって集中できる。

〈評価（意見交換）はリアルタイムに〉

各発表後に大きな拍手。すべての発表後に各グループ代表1人にいずれか1作品のよかった点について感想を言ってもらう。先生からの講評も忘れずに。時間があれば，VTR鑑賞で自分の発表を客観的に見るのも大変有効。

● 授業展開のバリエーション

● デフォルメを理論的に進めることが難しい対象の場合——3人組でリーダーに続いてデッサンを楽しんだ後，メンバーが選んだ3つのスポーツを単純につないで少し見栄えを工夫して見せ合うだけでもよい。デッサン中に教師の言葉がけで，繰り返し，大げさ，スローモーション

などのデフォルメを理屈抜きで体験させる。これなら1時間で終わる展開が気楽にできる。その際のダンスキーワードは「デッサン」だけで。

● VTRを撮り，時間があれば他クラスの作品も鑑賞させたい。優秀賞を投票するとモチベーションも高まる。

● グループ作品をメドレーでつなげて，最初と最後を教師が演出し，クラス作品にするのもおもしろい。

● さらに発展させて，クラス代表作を全員で踊り，クラスメドレーで運動会の学年作品にすることもできる。

● 進んだ段階で行う発表会であれば，各グループの代表者で司会，音楽係，VTR撮影係などを分担し，発表会運営を体験させるのもよい。

・○番，カーリングチームです（スタンバイ）。
・スタンバイを確認後，VTR録画，音入れ。

〔中村恭子〕

❖授業動画の活用の仕方❖

　本書の第1章「ここから始めるダンスの授業──6時間の単元例」は，6時間すべての授業を実際に行い，収録しました。紹介した6時間の授業は特設サイトで視聴できます。各ページに記載されたQRコードを読み取り，特設サイトにアクセスしてください。

https://www.taishukan.co.jp/item/kaitei_dancenojugyo/

　動画は，1時間目から通して見ることもできますし，各時間を単独で見ることもできます。ダイジェストなので，それぞれの時間で，先生方に伝えたいところを長めに映像として残すように工夫をしています。動画でカットされている部分は，本書第1章各授業の学習の進め方をご参照ください。

　また，授業者は第1章の執筆者3人です。教師によって，声の調子や褒め方，示範のやり方など，それぞれであることがわかると思います。生徒は舞踊を専門としない大学生ですが，中学・高校生を想定して進めています。私たちが実際の中学・高校生を教えるよりはマネジメントに費やす部分が少なく，スムーズに進んでいる印象をもたれるかもしれませんね。

　動画はあくまでも学習の進め方の参考にしていただき，実際の指導場面では対象とする生徒たちの様子や先生の個性を出しながら，トライしていただければうれしく思います。

■1時間目──オリエンテーションとリズムに乗って踊ってみよう♪
　オリエンテーションの解説の様子や，リズムダンスをどのように導入するかを少していねいに扱っています。

■2時間目──しんぶんし
　新聞紙で遊んで心をほぐしていく導入。先生がどのようなひと流れを提案しているかご覧ください。

■3時間目──走る─止まる
　3人組でリーダーに続いて真似をしながら，動きやイメージを広げるというダンスの話し合いの仕方。これがこの先グループで動きながら考えるという進め方の基礎になります。

■4時間目──集まる─とび散る
　1グループの人数が増えるため，グループ数が少し減り，教師が短い時間でそれぞれのグループを回って進みたい方向を確かめ，キーワードを思い出させながら，グループの活動を活性化していくところがポイントになります。

■5・6時間目──スポーツいろいろ
　初めてイメージから導入していく授業です。好きなスポーツをデッサンしたらそれをどのようにして小さなダンスの作品にしていくのか，「デフォルメ」をどのように説明しているかご覧ください。最後は発表会になります。簡単な授業内発表会のマネジメントにも注目ください。

ONE POINT COLUMN

第 2 章
すぐに役立つ授業のコツ

この章は，授業を始める前に，
または授業を始めてみて困ったときに，
開いてみていただきたい章です。
ダンスの授業の進め方を想定して
内容を 1 から 9 まで並べてみましたが，
どのタイトルから読んでいただいても
わかるようになっています。
長年，小学校から高校までの現場で
ダンスの実践を継続している教師が
提案をしていますので，確かなコツではありますが，
皆さんの個性と，対象としている子どもたち，
または体育館などの施設環境の様子に応じて，
取り入れていただければと思います。

1 授業を成立させる生徒との約束ごと

ポイント ••

1. 生徒1人ひとりが進んで取り組むための約束。
2. ダンスでめざすべきよい動きがどんなものなのかを知らせる約束。
3. 友達と認め合う空気を作るための約束。

•••

■1 約束ごとの設定

授業を成立させる約束には，いろいろな示し方が考えられる。学習の段階や年齢に応じた工夫も必要である。体育の授業全般に通じる，授業規律の確立は必要であるが，ここでは，ダンスの授業の特徴に応じた工夫を考えてみたい。

(1)創作ダンス

球技などでは，とるべき行動として，ゲームでの勝利に向かってチームで協力して作戦を立て，自分の精一杯を尽くすことがイメージしやすいと思う。ダンスも実際は，よりよい表現に向かって自分の精一杯の動きで練習したり創ったりしていくので，それをイメージしやすいように言語化するとよい。

中学校で初めてダンスを学習する生徒たちには，どのように行動すればよいのかをわかりやすく説明するために，筆者は次のような約束を示している。

例
- 恥ずかしがらずに堂々と。
- 思いきり体を動かそう。
- 仲間の表現や個性を認めて楽しもう。

また，1度ダンスを経験して，すでに，多くの生徒が恥ずかしがらずに参加できている段階，また，教師の言葉にも十分集中できると判断できる学年の生徒には，ダンス学習の内容にも触れるような示し方をしている。

例
- 体の意識を高め，極限まで使おう。
- イメージに独自の動きを見つけよう。
- 自分からたくさん提案しよう。

(2)フォークダンス

フォークダンスでは，それぞれのダンスのもつ文化的な背景を理解して楽しむことが大事になってくる。また活動の形態として，グループでの練習に重点を置くのであれば，グループ活動の仕方について，約束を示すことも有効である。

例
- 踊りの生まれた文化や踊り方の特徴を捉えて楽しく踊ろう。
- グループで協力し合って練習しよう。

(3)現代的なリズムのダンス

現代的なリズムのダンスには，リズムの要素や交流の要素などが加わってくるが，学習内容や対象とする生徒に応じて，教師の願いをわかりやすい言葉で示していくとよい。まずは「踊り続ける」ということを示して進めた例である。

例
- リズムに乗って踊り続けよう。
- 仲間と協力してオリジナルな踊りを提案しよう。

■2 約束ごとの徹底

生徒に約束ごとを徹底するために，オリエンテーションで，具体的にどんな行動が求められているかを説明する。また，毎時間の学習カードでその達成状況を自分で振り返ってチェックする，授業時間はいつでも黒板に約束ごとを貼っておくなど，生徒が常に合い言葉のようにそれを確認するような環境を作っておくとよい。

また，おまけの約束として「先生の声や太鼓にすぐ集中しよう」というようなルールを示すことも，よい授業づくりにつながる。

〔宮本乙女〕

2 授業を支える場の工夫

1. 課題提示をわかりやすくする工夫。
2. 生徒同士がイメージを共有できるようにする工夫。
3. 生徒が動きやすくなるちょっとした気遣いや工夫。

•••

◼1 課題提示の工夫

　授業を盛り上げるには，その時間に「何を学ぶのか」「何を求められているのか」を生徒がしっかり理解する必要がある。これは，どのダンスの授業でも共通である。まず大事なのは課題の示し方。

　いろいろな示し方が考えられるが，「できるだけ短時間で，わかりやすく」が大原則。

・板書する。
・掲示物を作っておいて貼る。

　これを学習の場面や段階に応じて使い分けたい。今日の課題がはっきりわかれば，生徒たちのやる気も出る。生徒にわかりやすくするには，ビジュアルの工夫も大きい。絵や写真など，効果的に視覚に訴えるもので引きつけることも考えよう。

◼2 イメージを共有する

　創作ダンスの学習では，イメージをもった動き，気持ちのこもった動きを引き出したい。自分の動きがどんなイメージに広がっていくか，特に中学高校で初めてダンスを学習する生徒たちにはわかりづらいものである（これは教師も同じ！）。

　そこで，教師と一緒に課題を動く練習をしながら，自分たちで見つけたイメージを書き出してみることが学習の有効なステップとなる。そのときの雰囲気づくりが大事なポイントの1つ。

・見つけたイメージはどんどん書く。
・短い時間で，たくさん書くのがよい。
・みんなで見つけたイメージはみんなのもの。
・どんなイメージでも OK。

　書き上げたイメージは，みんなが見えるように掲示する。困ったらいつでも見に来られるという安心感から，生徒の授業への取り組みが変わって

くるはずである。もちろん，紙やペンを準備することや，それを渡すタイミングも授業のリズムを崩さないように考えること。

◼3 生徒が動きやすい場を作る

(1)授業場所の有効活用

　ダンスの学習は体育館で行うことが多いと思うが，場合によっては武道場なども使われるだろう。どのような場所でも，そこにあるものが，動きの開発やイメージづくりに使えるという意識を教師は常にもっておこう。

　例えば，体育館の床に引いてあるライン。直線だけではないはずである。曲線の意識や円を作るのにも活用できる。また，体育館の壁やステージの段差なども意識しておくと，動きの幅が広げられたり，アドバイスのヒントになったりする。ただ，いつも安全面の配慮は忘れないように。

(2)発表を楽しく

　人前で踊ることに徐々に慣れていけるよう，発表の方法にも工夫が必要である。初めての授業では，見られているという意識をせずに発表できるよう全員でいっせいに本番を。生徒の様子を見ながら，半分ずつお互いに見合う方法や，2グループがペアになってお互いの作品を見合う方法などで，鑑賞の視点も育てていきたい。

(3)物の準備

　細かいことだが，音楽を使うときのデッキの置き場所。教師が使いやすく，生徒にちゃんと聞こえ，動いても音がとばない場所を選ぶこと。

　新聞紙など物を使うときは，後片づけのことまで考えて，生徒が動く時間を確保しよう。

〔栗原知子〕

③ 意欲を引き出す言葉がけ

ポイント

1. 否定的な言葉は使わない。肯定的な言葉に言い換えを。
2. 体の感覚に響く言葉やイメージがパッと浮かぶ言葉で。
3. グループ創作のアドバイスでは，教師の意見を押しつけない。

生徒がイメージや動きを引き出す手がかりは教師の言葉による部分が大きい。そこで指導過程ごとに言葉がけのポイントと具体例をまとめてみた。

■ ウォームアップ

ウォームアップはノリが大切。とにかく細かいことにこだわらず，楽しく踊り続けられるように。

例

- 左右どちらの足からでもいいよ。
- 腕はどんな動きでも OK。
- 迷ったらスキップでつなぐ。　等

先に言葉で説明するより実際に動きながら真似させるのがよい。曲で踊り始めたあとは，次の動きを少し早めに声がけしてリードするのがコツ。ジャンプなど，力のいる動きのときには声にアクセントをつけて。

■ 課題提示

ひと流れに抑揚をもたせて歌うように伝え，感覚をつかませよう。また，ダンスキーワードを利用して授業のポイントを印象的に。

■ 極限化・多様化の練習

思いっきりの動きや動きのバリエーションを追求する段階では，体と心に響く言葉で。

例

- あと 5cm 高く跳べるかな？
- ピタッと止まる，目も息も止める。
- 体のどこかが痛いくらい捻ろう。
- 足音がたたないように走ろう。
- 指の先で空気をやさしくかき混ぜるように。　等

手本となる動きがわかるよう，うまくできた生徒を褒めるのもよい。

例

- ○○さんだけ高いポーズだから目立っていいね。
- ○○さんは手先まで意識が行き渡っていて素敵。

- ○○君の全速力，すごくいい。　等

極限の動きを長く練習しすぎるとかえってイメージが湧きにくくなる場合があるので，常にイメージに関する問いかけを忘れずに。

例

- 何が爆発しているのかな？
- 曲線を描いて走るとどんな気分？　等

■ 生徒のイメージで練習

イメージが浮かばなくて活動が停滞することがないよう，助け船を用意。

例

- 思い浮かばない人は "○○" でやってみよう。
- わからなくなったらスキップで板書のヒントを見に来よう。　等

■ グループ創作

短い時間の中で素早く "褒めポイント" と "作品をさらによくするためのアドバイス" を見つけ出して伝えたい。

例

- その動きおもしろい！　もう 1 回繰り返して印象づけて。
- 1 人ひとりは大きく動けていていいよ。でも，みんなで輪になるとその動きが他の人からはよく見えないの。体の向きを工夫してみて。　等

※グループ活動時の言葉がけについては「第 8 章 ⑤ グループ活動の指導」に詳しいので参照のこと。

■ リハーサル

発表前に今日の学習のポイントをもう 1 度確認。

例

- 今日はダイナミックがポイントだったよね。
- 初めと終わりのポーズではしっかり止まろう。
- 「ここだけは決める」ところをグループの人と再確認。　等

〔熊谷昌子〕

4 動き・イメージを引き出すための伴奏

ポイント
1. 生徒がどんどん動きたくなる音楽や太鼓のリズム。
2. 大きく動けるようにする具体的な声かけ。
3. イメージを広げるための口伴奏。

授業の初めから，ノリのよい音楽をかけ，楽しい雰囲気を作ってしまうこともダンス授業への壁を低くする1つの方法。そのために，教師は常にアンテナを張って，生徒の好みや流行も取り入れる柔軟性をもっていたい。

1 創作ダンス

⑴リズム太鼓を使う

今日の課題を教師と一緒に動いて練習するときや，生徒からイメージを引き出すときに，力強い助っ人になるのがリズム太鼓。ただ，ホイッスルと同じで，音を鳴らせばよいというのではない。たたき方にはコツがあり，練習が必要である。

　例
- リズム：均一（トントントントントン）

　　　　3拍子（トントトトントト）

　　　　スキップ（トントトトン　トントトトン）

　　　　序破急（トントントントトトトドドドン）

- 速さ：速い・遅い
- 音の大きさ：大きい（強い）・小さい（弱い）
- 音の種類（たたく場所）：太鼓の側面や床をたたく

いろいろ組み合わせ，場面や学習の内容によって使い分けることがポイントである。また，「止まる」の合図，教師が指示を出すきっかけとしても使える。

ただ，使ってみると実感することだが，特にダンスの指導に慣れない教師がやりがちなのが，太鼓をたたきながら，同時に声で指示を出してしまうこと。少しずらすのがコツである。まずはいろいろ試してみて有効な音を見つけよう。

⑵イメージを広げる口伴奏

イメージをもった動きを引き出すときは，口伴奏も効果的である。太鼓と併用すると，動きへと自然に導きやすい。動きに合った口伴奏を生徒にも考えさせ，声を出しながら動いてみることもイメージと動きをつなげるのに役に立つ。

　例
- 「強い風が吹いてきた！　ビュー　ビュー」
- 「やさしい風　そよそよ，サァ〜〜」　等

同じ「風」のイメージでも口伴奏の使い方で動きが変わってくる。自分で声に出すことで，生徒も体で感じて動けるようになる。

ただ，いずれの場合も教師の教材研究（どんな言葉や口伴奏で，どんな動きが引き出せるか）は欠かせない。本書では，それぞれの題材の進め方のページに具体的な言葉がたくさん載せてある。実践して，生徒の反応をしっかり受け止めよう。

2 フォークダンス

音楽が大きな位置を占めるフォークダンスでは，まず教師がよく音楽を聴き込んで，体に浸透させておくこと。そのうえで生徒にも，特徴的なリズム，繰り返し，曲の変化などを実感させたい。

そのためには，全体の流れをつかませるための音源，部分を練習するための少し速さを調節した音源などを用意しておくことも有効である。また，動きの練習には口伴奏やリズム太鼓も活用できる。

3 現代的なリズムのダンス

現代的なリズムのダンスでは，音楽のもつリズムにいかに身を委ねられるかがポイントとなる。リズムに乗るのが難しい生徒もいるので，生徒たちの好みにも配慮しながら，簡単な，リズムのとりやすい曲から取り組んでいくとよいだろう。

〔栗原知子〕

5 苦手な教師のための「動きの示範」

ポイント ••
1. 動きのポイントをつかませるための示範。
2. 生徒が思いつかない動きの示範。
3. ありきたりの動きや体を変えるための示範。
••

　創作ダンスの授業では，教師の動きやイメージを押しつけるのではなく，できるだけ生徒から引き出す指導を心がけたい。最初から示範するとオリジナリティーのある動きを引き出すのが難しくなるし，ダンスの苦手な教師は示範することに抵抗があるだろう。しかし，動きを見せることは視覚的にポイントをつかませるのにとても有効である。ここでは，どんなときにどんなふうに示範したらよいかを考えてみたい。

■ 示範を見せるタイミング
⑴生徒たちの動きをよく見る

　最初からたくさんのことを要求せず，まずはやらせてみること。みんな同じ動きをしていたり，動きが小さかったり，きちんと止まれていなかったりといろいろ。それでも最初は何も言わず我慢し，ひと流れを2回くらいやらせてみる。

⑵動きの多様化と極限

　いくら言葉で言っても生徒たちの動きがなかなか変わらないとき，一部分だけを抜き出して精一杯の力でやらせてみることがある。例えば，「走る―止まる」の場合，「走る―止まる―走る―止まる―走る―止・止・止」のひと流れから「止・止・止」だけを抜き出してその場で示範を見せる。高さを変える，向きを変える，1歩踏み出すなどあらかじめポーズを3つ考えておき，それをスムーズに行えるとよいだろう。

⑶生徒から出た動きをよりダイナミックに

　グループ活動中のアドバイスのとき，生徒がやっている動きを抜き出し，「それとても素敵。こんなふうにもう1歩大きく踏み出せる？」と動いてみせるのもよい。教師が思いついた動きを与えるのではなく，生徒から出た動きを生かすようにする。

■ どんな動きの示範が有効か
⑴メリハリが肝心

　動きのメリハリは，どの授業においても絶対につかませたいポイントである。特に，ピタッと止まることや大きく力強く踊ることなどは，経験が浅い生徒に要求するのは難しい。そんなときに一瞬の動きでクルッと回ってパッと止まったり，素早く走ってピタッと止まったりすると，メリハリのある動きはかっこいいと感じるはず。教師と同じようにできていなくても，生徒の体が変わっていくことが大切。

⑵おもしろいがかっこいい

　足を高く上げたり，体の柔軟性が必要な動きは，繰り返し練習しないとできない。ダンスの苦手な教師にも難しいだろう。生徒もそんな動きを見せられたら，萎縮してしまう。動きの示範としては，あくまでも生徒に「ちょっとやってみたいな」「私にもできそうだな」と感じさせる動きが有効である。足を広げる，体を捻る，アンバランスな格好など，変な形や動きを堂々と見せることでダンスのおもしろさを感じてくれるだろう。教師が恥ずかしがっていると生徒は乗ってこないので，教師にも思いきりが必要。

　動きの示範は，1時間の中で1回か2回で十分。ダンスが苦手な教師でもポイントを押さえれば示範も簡単にできる。

〔藤田久美子〕

6 心をほぐすグルーピングのポイント

ポイント
1. ある程度人間関係を考慮し，心を開けるグループづくりを。
2. 違う人と組むと発想が広がることを生徒に伝える。
3. 生徒の状況や学習内容により，グループの人数や発表の仕方に工夫を。

■ グルーピングの方法

体育授業におけるグルーピングは，技術レベルを基準に考えることが原則だが，ダンスの場合，同じグループになる人との人間関係がパフォーマンスに大きく影響するという意味で，グルーピングには配慮が必要となる。ある程度人間関係を考慮し，グループの中で心を開いて思いきり動ける環境を作りたい。

(1)仲良し2人組を基本として

2人組のウォームアップでパートナーをどんどん替えていき，曲終わりに一緒になった人を基本にグループを組む方法がある。パートナーには“一緒になってもいいな”と思う人を選ぶことが多いので，その2人組を基本に2ペア集まって4人組，3ペア集まって6人組を作ると活動がスムーズにはこびやすい。

この方法でいつも同じメンバーが集まってしまう場合は，「親しい人と踊るのは安心だけれど，いつも発想が似てしまうよね。違う人と組むと新しいアイデアが生まれて楽しいよ」とクラス全体に声がけするとよい。

(2)偶然集まったメンバーで組む

鳴った太鼓の数だけ素早く人数を集め，8×4拍程度短く踊ることを繰り返すウォームアップで，最後に一緒になった生徒同士をグループにする方法がある。この方法だと，その日に学習する内容に都合のよい人数分の太鼓を最後に鳴らせば，ウォームアップが終わると同時にグループ分けができていることになる。また，床に置いたフラフープの輪に逃げ込む鬼ごっこをウォームアップにすると，6〜7人のグループを作ることができる。

どちらの方法も偶然そばにいた人と組む可能性が大きく，グループが固定化しがちなクラスでは新しい人と組むチャンスが開ける。

(3)踊りたいイメージが一緒の人と組む

単元最後のグループ作品は長い時間をかけて創り，踊り込むことになるので，自分がやってみたいと思う内容・イメージに取り組めるのが理想的。提示されたいくつかのイメージの中からやってみたいものを選び，グループを組む方法がある。

例
- 「激しい」「流れるような」「鋭い」の3つの中から一番やってみたいものを選ぼう。
- 「激しい」を選んだ人の中で5〜7人組を作るよ。

■ グループの人数

大人数のグループで発言をしたり意見をまとめることは誰にとっても難しい。グループ活動を円滑に進めるための要領をつかむには，ある程度時間や慣れが必要。したがってグループの人数は単元の進み具合や学習する内容を考慮して適切に指示する必要がある。基本的には少人数から少しずつグループを大きくしていくのがよい。

中学校で初めてダンスの授業に取り組む生徒であれば，単元最初の「しんぶんし」は気軽に意見を言いやすい2人組。その後，グループの人数を1人ずつ増やして，「集まる─とび散る」では5人程度。最後の発表会では6人程度のグループが適当であろう。

ダンス単元が2〜3度目の生徒であればグループ活動も上手に進められると思うが，それでもグループ全員が積極的な参加姿勢を崩さずにまとまるには7〜8人が限度と思われる。

〔熊谷昌子〕

7 動きを引き立てる音楽の選び方

ポイント

1. 心身を解放して踊る楽しさをわからせる。
2. 起伏のあるひと流れやダイナミックな動きを引き出す。
3. 表現したい内容やイメージをふくらませる。

1 ウォームアップで

　心身を解放し，仲間づくりをねらうウォームアップでは，心拍数を上げ，体も心も弾む速さ（ランニングぐらい）のシンプルなアップビートの音楽が望ましい。できるだけ変拍子のない，単純な刻みのもの。あまりゆっくりだと，「ハッと我に返る時間」ができてしまう。

　また，変拍子が入ると心地よくリズムに酔う気持ちがそがれてしまう。そのとき流行っている歌やアニメソングなどだと，声を出して歌いながら動けるので楽しさや一体感も味わえる。

2 動きの引き出し——デッサンタイムで

　3人組で次々とイメージをデッサンしていくときなど（スポーツ，お仕事，夏の○○，など）に，それぞれのイメージが湧きやすいラテンのリズムやパーカッション，ハウス系など，速いビートの音を小さく流す。

　音の刻みに動きを入れ込むのでなく，あくまでも自由に動くためのBGMとして。音を小さく流しながら，太鼓やホイッスルなどで，ダイナミックな動きやメリハリのある動きを引き出していく。

3 表現したい内容やイメージを引き出す BGM

　できあがりつつある小作品のイメージ，題名にできるだけ近い感じの音楽を日頃から集めておくと，限られた授業時間の中で有効に使える。

　映画やアニメなどのサウンドトラック，CMに使われている音楽を集めたもの，ゲームミュージックなどが使いやすい。

　例えば，「スリル，追いつ追われつ，危機一髪」などの題名には，アクションもの，刑事ものなど

のサントラで使えそうなものがたくさんある。

　「スポーツいろいろ，感動の一瞬」などのスポーツを題材にした場合には，TVのスポーツニュースなどで使われている音楽を集めたCDや，ワールドカップ・アンセム，オリンピックのファンファーレを集めたCDなどもある。

　そのほか，アニメのサントラは，「夏の思い出，17歳の日記，私は○○」など，喜怒哀楽を主題にした作品や質感の違う動きのBGMとして便利に使える。体育祭や発表会などで統一テーマをもった連作などに挑戦するときにも重宝する。

4 選　　曲

　CDを入手した際，一通り聞いてみて曲調をメモし（速く激しい，楽しくウキウキ，寂しい，静かな等，最低3通りくらい持っているとよい），授業の際パッと流せるようにしておくと便利。イメージが湧き出しそうな音をいくつか選んで，MDなどに編集しておく。

　最初のイントロ部分が印象的な音楽は，特に初心の生徒の小作品づくりの際に使いやすい。

5 初心の生徒に向けて

　音楽に合わせてダンスを創るのでなく，自分たちのオリジナルのひと流れを引き立て，表現に入り込めるような音楽を効果的に使うことが大切である。作品のできあがりに応じて教師が臨機応変に対応できるよう，事前に十分準備しておきたい。

〔君和田雅子〕

8 生徒と共有する評価・評定のアイデア

ポイント ••

1. 単元，毎時間の初めに目標やねらいを示し，習得すべき内容を明確にする。
2. 学習記録をフィードバックの材料として役立てる。
3. 毎授業の細やかな観察を評定に生かす。

••

■1 毎時間後の学習記録の利用

単元，毎時間の初めに目標やねらいを示し，どれだけ近づけたか評価することは体育の他種目と共通するところだが，パフォーマンスをタイムや回数など客観的な数値にできないぶん，よりはっきり"望ましい動き・活動"の内容を示し，評価を生徒にフィードバックする必要がある。そこで，授業後に記入するプリントやノートをうまく利用するとよい。

(1)生徒の自己評価の手立てとして

「ピタッと止まることができましたか？」「思いっきり跳んで転がるとどんなイメージが湧きましたか？」等の問いかけで自分の活動を確認させることは大切。言葉によって活動を振り返ることにより，授業を受ける際に目標を意識したり，動きながらイメージすることが習慣化していく。さらに，体で習得したダンスの運動技能をより深く理解することができる。

(2)生徒同士の相互評価の場として

ともに学習している仲間からの肯定や賞賛は大きな励みになる。そこで，記録用紙の中に"今日のMVPは誰？""グループ活動で印象に残ったのは誰のどんな言葉？"等の問いかけを入れると全体の活動が活発化する。記録を通して目が行き届かなかったグループ活動の様子がつかめる場合もある。

(3)授業の内容をよくする資料として

記録は生徒のフィードバックに役立つと同時に，教師へのメッセージでもある。"今日の授業で印象に残った先生の話は何ですか？""今日の授業でうまくいかなかったり，やりづらかったところはどこですか？"等の問いかけへの反応から授業の改善点を見つけ出し，内容の向上につなげたい。

■2 発表会の作品を相互評価する

単元最後の発表会作品は，成果の集大成と言える。お互いの作品を真剣に鑑賞し合えるよう鑑賞の際にはいくつかの観点を提示し，数値で相互評価させている。観点は「思いっきりの動きができているか」「作品の主題を表す動きを工夫しているか」「空間の使い方に工夫があるか」「踊り込まれているか」等。

これらの観点はグループ創作途中の時間にあらかじめ提示し，"よい作品"の基準を明確化するようにしている。

■3 評定をつける

精一杯の表現をしている生徒に評定をつけるのは難しい作業だが，だからこそ普段からの細かい観察を通してブレのない評定をつけたいと思っている。筆者の場合は，毎回の授業の様子を各個人について，「目立ってよく活動した」「よく活動した」「不活発であった」の3段階で記録をとっている。授業の途中で「○○さんの動きおもしろい！」「○○さんは動き出す前から気持ちが入っているね」などと名前を出して褒めると，生徒にとってはダンスにおいて何がよしとされるのかがはっきりし，教師にとっては印象に残るので記録をつけやすい。

毎時間の評価の総合点は評定をつけるうえで5割の比率としている。残りの5割は，最後の発表会作品について，生徒と同じ観点でグループ点を，おのおのの技能について個人点をつけている。

評定のつけ方は学校の状況や他種目との関係などでさまざまなパターンがあるだろう。実態に応じて工夫されたい。

〔熊谷昌子〕

体験を深める学習カードの生かし方

ポイント ・・・

1. 毎回授業内で書いて提出できるような記述欄にし，授業を振り返ることができるようにする。
2. 教師にとっては授業の評価となり，生徒を理解し関係を作ることができる。
3. 次の授業の始まりに読み，生徒の学びや発見を共有することができる。

・・・

■ オリエンテーションおよび単元のまとめに活用

　学習カードを使って，オリエンテーションができるように工夫しておくことも可能だ。オリエンテーションの内容，学習の約束，ノートの記入の仕方，予定されている授業の見通し，これらをノートに掲載すれば，オリエンテーションで活用することもできる。また，毎回の授業で書いた自分の記述を読ませ，学習内容を振り返るなど，復習やまとめに使うこともできる。

■ 毎回の授業で，短い時間で必ず記述させる

　あまり複雑な内容にせず，感想，今日の題名や一緒に活動した友達などをさっと書かせる程度にする。可能ならば，生徒同士の相互評価の欄もあると，「仲間の表現を認め合おう」という目標をより意識させることができ，しっかり見合おうとする姿勢ができてくる。

　また中学生にとっては，知識として学んでいくことがその後の学習の深まりとなる。ダンスキーワードの記入欄も作成しておき，授業の終わりに体験と用語を結びつけて記憶させておきたい。

■ 教師が授業の評価を受け止め，振り返る

　その日のうちに，さっと読んでおきたい。生徒の記述から，学習指導のよかった点，修正すべき点を振り返ることができる。生徒が楽しく意欲的に学べたか？ ねらいとすることが理解されていたか？ 仲間の表現を評価しているか？ など，授業の活動だけではつかみ取れない情報を得ることができる。読みながら，できあがったグループでのひと流れの動きや題名を思い出し，特筆すべきことをメモしておくと評定の際の参考になる。

■ 教師の生徒理解および関係づくり

　授業中に全員に声をかけることはできないとしても，ノートには一言メッセージを書くことができる。苦手意識をもっている生徒には，早い時期に応援や成果を認めるコメントを書いておくと，目を向けてもらっているという安心感から意欲をもてるようになる。気になる生徒に，ていねいに声をかけてやれる場でもある。

■ 授業の初めに読み，クラスで学びを共有

　授業のねらいとなることを自分なりの言葉で記述してあるものを選び，クラス全体で共有し合いたい。例えば，「走る―止まる」の課題で「みんなの題名がいろいろあって，すごいと思った」を読み，「仲間の表現を認め合えていていいね」と一言つけ加える。そうすると，教師が「仲間の表現を認め合いなさい！」と言うよりも，生徒にとっては受け入れやすいのではないかと思う。

　他にも，「とっても恥ずかしかった」「なんか動きがいつも同じになっちゃう」なども読んでおくと共感する他の生徒も安心する。少し乱暴な文字で書かれていても，「今日は体を張った」「しんぶんし，おもしろい！」といった率直な感想は取り上げたい。

　また，共有する方法として，付箋に感想を書いて1枚のプリントに整理し，印刷，配布して読み合うなどの方法もある。

■ 作品づくりの記録を残すグループノート

　個人ばかりでなく，単元のまとめで取り組む作品づくりでは，グループの活動を忘れないように書いておくことができる。

〔中村なおみ〕

第3章
あっという間に
ダンスの世界へ
──ダンスウォームアップ

この章では，ダンスの授業に短い時間を使って踊る
ウォームアップを紹介しています。
ダンスのウォームアップも，他のスポーツで体を温めるために
コートをランニングしたり，使う筋肉を伸ばしたり，
また，必要な技能を引き出す動きを取り出して
繰り返したりすることと同じ原理で作ることができます。
生徒の心と体をほぐして，
その時間のダンスの学習に，スムーズに入れるように，
ウォームアップをしてみましょう。
ここでは，音楽のリズムから，ゲームから，
体に身につけさせたい動きの手がかりを入れて，
また，ゆっくりと体を目覚めさせたり……と，
いろいろな視点や方向をもって作った事例を紹介します。
先生方なりに，工夫を加えて生徒と楽しんでみてください。

1 リズムに乗って 「何でもダンス」で ノリノリパレード

🔲 ウォームアップのねらい

1. 陽気なサンバのリズムに乗って，全身を弾ませて楽しく踊り続ける。
2. どんな動きでもいいので，元気にノリノリで踊ればダンスになることを知る。
3. リーダーを交替しながら，仲間の動きを見てすぐに真似し合う活動に慣れる。

🔲 進め方

	学習活動	指導の要点と言葉かけ
導入	1. 先生と一緒にいろいろな動きを曲に乗って踊る　　　　　　　　（3分） ・自分の好きな動きを見つける。 2. 3人組「リーダーに続け」で踊りパレードする　　　　　　　　（3分） ♪「ケツメンサンバ」／ケツメイシ ♪「希望の唄」／ Funky Monkey Babys ♪「はなうたキャラバン」／ナオト・インティライミ　など	・サンバのリズムに乗って「何でもダンス」を踊りましょう。 ・「ノリノリ」「見てすぐ真似る」ことが大事です。 ・先生の「何でもダンス」を真似して元気よく踊ってみよう。 ・他にどんな動きで踊りたい？　自由に踊ってみよう。 ・今度は先生の代わりに3人組でリーダーを真似して踊ってね。 ・動きが思いつかなかったら，さっき先生と一緒に踊った動きでもいいよ。いいなと思ったら隣のグループの動きを真似してもいい。走るだけでもいいから，止まらずに踊り続けてね。 ・後の人は完璧でなくていいから，見たらすぐに真似するよ。 ・体育館中どこへ行ってもいいです。どんな動きでもいいから，思いきって大きくノリノリに踊ってパレードしよう。 ・先生の笛の合図でリーダー交替です。

● 指導のポイント

「ダンスって難しそう」と思っている生徒に，どんな動きでもダンスになること，何でも思いついた動きを大きくノリノリで踊ればいいことを理解させ，創作学習へとつなげたい。明るく弾んで踊れる曲なら何でもいいが，陽気なサンバのリズムなら楽しい気分で踊れるのでお薦め。仲間と思いついた動きを交換し合うことで，体の動きでのコミュニケーションができるようになる。

初めは教師がリードして，「見てすぐ真似る」練習から。その際，誰でもできるような簡単な動きを何度も繰り返して（8カウント×4回くらい）全員が真似できるのを待つ。身近なものの模倣や流行りのお笑いネタなども取り入れて，「そんなのでもいいんだ」と安心させたい。動きはゆっくりから倍速にしたり，方向を変えたり，高さに変化をつけたりして見せると，簡単にバリエーションが増やせることを知らせることもできる。

教師と一緒にいくつかの動きを踊った続きで「他にどんな動きで踊りたい？」と問いかけ，各

■教師の動きの例

・両手を頭上で左右に大きく振りながらスキップ
・両手を糸巻きでぐるぐる回しながら横へ歩き，4歩目拍手
・ホップしながら反対足を高く蹴り上げ，両手も上に
・平泳ぎ，バスケットのドリブルなどスポーツの動き
・カニ歩き，ニワトリ，ゴリラなど動物の真似
・腕を回す，胸を震わせる，お尻を振る，床に転がる　など

「リーダーに続け」で思い思いに踊り歩く

自の発想で踊るように促す。すぐに思いつかなくても，「どう動こう？」と意識するだけで有効。

3人組の活動では，動きを思いつかない生徒のために，教師や他グループの真似でもいいことを伝えておくと安心して取り組める。各グループのそばに行って一緒に真似して踊り，「おもしろい！」「ノリノリだね」「もっと大きく」などと声をかけて盛り上げ，自信と意欲を引き出す。

〔中村恭子〕

2 動きの手がかりを入れて
探し物は何ですか？

■ ウォームアップのねらい

1. 学んでいく動きの手がかり（「走る―止まる」「集まる―とび散る」，体の高さの変化など）をウォームアップの中で自然に体感する。
2. リズムに乗って楽しみながら，体を極限まで使いきる。

■ 進め方

<table>
<tr><th colspan="2">学習活動</th><th>指導の要点と言葉かけ</th></tr>
<tr>
<td rowspan="2">導入</td>
<td>
2人組になって，円周に並ぶ。
1. ダンスウォームアップの説明を聞き，各パートを覚える　　　　　　　（3分）
・Bパートの動きを先生と一緒に動く。

・Aパートの動きを先生と一緒に動く。

・Cパートの動きを先生と一緒に動く。
〈ボックスステップ〉
</td>
<td>
・見ながらすぐできる動きで1曲踊りきってみよう。
・まずは，ABCの3つのパートを覚えよう。
・〈Bパート〉2人組で手をつないで回って，くっついてお互いが遠くに離れるようにジャンプ。
・〈Aパート〉円周上を右に7歩走って，ジャンプ，左にも同じ。円の中に走ってピタッと止まる。外に走ってピタッと。高く止まる，低く止まる，クルッと回ってもピタッと止まる。
・〈Cパート〉次のは，ボックスステップと言って，少しダンスっぽいステップだ。右足を前に出して，左足を右足の前にクロス，右足を斜め後ろに，左足を元の位置に戻す。これでボックスステップ完成！（教師は同じ方向ばかりを向いて示範せず，いろいろな向きで見せながら，みんなで一緒に動く）。
</td>
</tr>
<tr>
<td>
2. みんなで1曲踊る　　　　　　　（5分）

♪「夢の中へ」／井上陽水
</td>
<td>
・これを繰り返せばすぐに1曲踊れます。上手にできなくても，掛け声をかけながら元気よく踊ろう。
・探し物をするダンスだから，止まったときは「探している」視線を大切に（先生も一緒に動きながら，慣れてきた2番くらいから，もう1歩大きく！　元気に声も出そうなど，動きをより大きくするように声をかけていく）。
</td>
</tr>
</table>

● 動きのヒント

Aパート（♪歌の部分）「走る―跳ぶ」「走る―止まる」
①円周上を右に7歩走って，8拍目でジャンプ（8拍），左へ同様（8拍）。円の中心に向かって走る―止まる，円の外に向かって走る―止まる（8拍）。高いポーズ―低いポーズ―クルッと回って中腰のポーズ（8拍）。

Bパート（♪ふふっふーの部分）「集まる―とび散る」
①2人組で手をつないで回る（8拍，反対に8拍）。
②くっついてグッと押し合う，とび散る（16拍）。

Cパート（♪前奏や間奏の部分）「ボックスステップ」
（説明は上の進め方参照。）

● 指導のポイント

ウォームアップの隊形は，列になって教師対生徒が対面して行うばかりでなく，多様な空間感覚を養うため，いろいろなバリエーションを選びたい。このウォームアップでは，全員で円形になって仲間の顔を見ながら，掛け声をかけながら動きたい。途中での2人組は最初に決めておき，1曲の間そのままのほうが安心して踊れる。慣れているクラスならパートナーチェンジも可能だ。

● 音楽の選び方

初めて行う生徒には，ジョギングぐらいの速さが動きやすい。また，生徒の好きな音楽を事前に調査しておき，選んで使うこともできる。耳慣れた音楽のフレーズを生かして，全員が一緒に踊る部分があると気持ちも乗ってくる。

〔中村なおみ〕

③ イメージをもって
サクラ
イメージをもって

■ ウォームアップのねらい

1. 今まで学習した題材「走る—止まる」「伸びる—縮む」「集まる—
   とび散る」の復習とイメージをかけ合わせる。
2. 決まった動きや流れの中に自分らしさを出す。

■ 進め方

学習活動	指導の要点と言葉かけ
1. 桜の木の表情をみんなで確認する（3分）	・桜にはどんな表情がある？ 　風に揺れる，花が咲く，花びらが散る，風に舞う。
・2人組を作る。	・近くの人と2人組になって，2人で桜の木を作るよ。背の高い人は高い枝，背の低い人は低い枝ね。どんなふうに枝が伸びてる？
・2人組でひと流れを動く。	・2人で息を合わせてゆっくり風に揺れる。
導	・ゆっくり形を変えながら，「伸びる—縮む」だよ。高い人は低い枝に，低い人は高い枝に。交替して繰り返す。
入	・2人が少しサッと離れて，引き寄せられるように小走りで近寄って背中合わせで走って回る。
	・パッとジャンプして離れる。
	・離れたら，1人ひとりで春風になっていろいろな所に飛んでいこう。高い所や低い所，渦を巻く，舞い上がる，勢いよく，ゆったりと，など。
	・流れを止めないように動こう。2人で感じ合って動こう。
2. 曲を流してひと流れを動く （3分）	・1曲踊ってみるよ。春風になった後は合図するから，近くの人とパッと桜の木を作ってね。ひと流れを繰り返して動いてみるよ。

● イメージの裏にある運動の要素
〈イメージのひと流れ〉
　①桜の木が風に揺れる。
　②いろいろな形のさくらの木。
　③強い風が吹いてパッと花びらが散る。
　④春風になって飛んでいく。
〈運動のひと流れ〉
　①揺れる。
　②伸びる—縮む。
　③離れる—くっつく—パッとジャンプ。
　④走る—止まる，回る，ジャンプなど。

● 指導のポイント
　ウォームアップは，リズムに乗って楽しくもい
いが，たまには今までの題材の復習と応用をかね

■学習を支援する環境の工夫
　初めに桜のイメージをふくらませて，イメージをしっかりもって踊ることが大切。桜の咲く季節に行うと実際に目で見ることができるので効果的。音楽は，やさしくゆったりとした流れるような曲で。

て雰囲気のあるものに挑戦させたい。イメージは苦手な生徒も多いので，ある程度決められた動きや流れがあると安心する。その中で，どんな形なのか，どんなふうに咲いて散るのか，どんなふうに風が吹くのかを工夫させたい。人数をだんだん増やしたり，ひと流れを3回くらい繰り返したら，最後は全員で中央に集まって桜の木，バラバラに伸びる—縮む，全員で沈んでパッと満開の花。とすると，ちょっとしたクラス作品のようになるので，いくらでもアレンジは可能。　〔藤田久美子〕

ダイナミックなチャレンジ技で

跳び越す，振り回す，上に乗る

■1 ウォームアップのねらい

1. 2人組でできるおもしろい造形や動きを探す。
2. 関わり合う動きから心身をほぐし，コミュニケーションを図る。

■2 進め方

	学習活動	指導の要点と言葉かけ
導 入	1. 2人組で「窓を 　つくろう」(2分) ・押し合って，体側を伸ばして，床にも，天井にも，背中にしょってブリッジ。 ・いろいろなところで作る窓。  窓をつくろう	・相手の体を大事に扱ってね。2人で息を合わせて。 ・床や手足，体中を使って窓を作るよ。 ・片手を離していろんなところでバランスをとってみよう。 ・相手に体重を預けて脱力してみよう。
	2. 2人組でジャンプ！　　　(2分) ・両手で，垂直に「高くジャンプ！」 ・水平に：相手をグッと引き寄せてジャンプで位置交換。 ・片手で：せーの！ 片手で……せーの！ 3. バランス・ジャンプ・組み合わせて　(2分) ・背中合わせでバランス。 ・跳び越して・跳び越して・回る・ジャンプ。 	・しっかり手をつないで，タイミング合わせてね！ ・跳ぶ人は上から，相手の手を鉄棒のつもりでグッと押してね，跳ばす人はタイミング合わせてボーンと持ち上げます。子どものときしてもらった「高い高い！」のつもりで。振り回す，振り回される感じを味わって。 ・「せーの！」と声を出して。引き寄せるタイミングと跳ぶタイミングがうまく合うと気持ちいいね。 ・相手の腰と自分の腰をしっかり合わせてバランスのとれるところを探してね。 ・途中で切らずに連続してやってみよう。

背中合わせでいろいろバランス

跳び越して・跳び越して・回る・ジャンプ

●指導のポイント

相手の体重を利用することでいろいろな動きの可能性が広がるので，導入に有効である。丹田（お

へその下）にグッと力を入れる。バランス／オフバランスのスリルが楽しめる。

男子の指導の場合，力がしっかり入るので，脱力したり振り回したりいろいろとチャレンジしても。窓から始めて毎回1種類ずつ増やしていってもよいし，1時間使っていろいろと発見させても。BGMでちょっと明るく楽しい音楽を小さくかけておく。

■学習を支援する環境の工夫

この場面での2人組は，同じくらいの体格で組めると望ましい。無理やり引っ張ったり，力のかけ方を誤ったりするとけがにつながるので，最初の「窓」のところでていねいにバランスのとり方，脱力して相手に体重を預ける・支えるを体感させるとよい。無理のないようにできる範囲で。

〔君和田雅子〕

5 リズムに乗って
チアダンスのように

■1 ウォームアップのねらい

1. メリハリをつけてリズミカルに楽しく元気よく。
2. チアリーダーのお姉さんみたいにかっこよく，笑顔で！

■2 進め方

	学習活動	指導の要点と言葉かけ
導入	1. ダンスウォームアップの流れを聞き，6つのパートを先生と一緒に動く（3分） ♪「Follow Me」／E-girls ・Aパート：足を大きく横に開き，右重心で右を向き腕をクルクルと回す（6拍）。拍手2回（2拍）。左向きで繰り返す。右横に歩き腕を斜め上でクルクル回しながら（6拍）拍手2回（2拍）。左方向へもう1度。 ・Bパート：左手腰，右手を右腰の横で回しながら，右からサイドステップ（12拍）右手を上に突き上げながら両足ジャンプ（右回り）（4拍）左足から反対に。 ・Cパート：前に左足からランニング4拍，腕を開き左腰を前と後ろに出す（2拍×2）元の方向へ4拍ランニング，腕を開き，腰を前と後ろに出す。（2拍×2）左右に。 ・Dパート：足を開き，かかとを左右に動かしながらリズムをとる。（8拍×2） ・Eパート：両腕を腰にして脚の振り上げ，左脚からラインダンスのように腿を上げて脚を上げることを繰り返す（8拍）。右脚も（8拍）。 ・Fパート：4拍ごとにメリハリのあるポーズをする。（16拍） 2. みんなで踊る（5分） 	・見ながらすぐできる動きで1曲踊りきってみよう。 ・まずは6つのパートを覚えよう。 　※教師が選んだ曲によってA〜Fを取捨選択して使用するとよい。 ・ポンポンを持ってるように。 ・回して回して回して拍手（パンパン） ・回して回して回して拍手（パンパン） ・歩いて歩いて歩いて拍手（パンパン） ・歩いて歩いて歩いて拍手（パンパン）　　　[Aパート32拍] ・（片腕を）回して回して回して回して回して回して（12拍）4つ跳ぶ（4拍）。逆の手で繰り返すよ（16拍）。　　　[Bパート32拍] ・前に走って，腰を出す（前・後）。今来たほうに同じように戻るよ。横に走って腰を出す（左・右）。今来たほうに戻る。　　　[Cパート32拍] ・楽しくリズムに乗って！ ・腕も自分の好きなところで。　　　[Dパート16拍] ・ラインダンスみたいに片脚ずつ脚を上げるよ。腿上げて脚を伸ばす，繰り返し。脚を替えてもう1回。　　　[Eパート16拍]  ・チアリーダーのおねえさんみたいにかっこいいポーズを決めてみて。 ・メリハリをつけて。視線を生かそう！　　　[Fパート16拍]

●指導のポイント

簡単な4〜6つの動きの連続を何回も繰り返す。ポンポンがあると心がウキウキする。友達と向かい合って行っても楽しい。自分たちで動きを足すのもよい。

■「Follow Me」／E-girls の場合の例

```
1番  A  B  C  DE  DE  FD  D （間奏）
              (サビ)(サビ)
2番  A  B  C  DE  DE  FD  D （間奏）
         DE  DE  FD  DE  F
```

〔津田博子〕

6 ヒップホップ気分でお掃除

日常動作を手がかりに

■1 ウォームアップのねらい

1. ヒップホップ調の曲に合わせ，全身を大きく弾ませて踊る。
2. 仲間と関わりながら，自由に空間を移動する。
3. 掃除のような日常動作がダンスの動きになることを知る。

■2 進め方

	学習活動	指導の要点と言葉かけ
導入	1. 掃除の動きを思い出しながら各動作を覚える　　　　　　　　　　（2分） ・その場で各動作を教師と一緒にサッと動く。	・ヒップホップ気分でお掃除しましょう。掃除ってどんなことする？ ・ハタキかけってしたことある？　大きくはたきながら1・2・3と歩いて4でジャンプ！　うんと高い所をはたこう。今度は反対の手で。 ・窓拭きは？　両手で表裏をはさみ拭き，高い窓，低い窓。 ・雑巾ゆすぎは？　全身で思いきりジャブジャブゆすぐよ。 ・絞るときはいろんな方向に思いきり捻る。自分の絞り方で。 ・2人組で手をつないで大きなほうきでゴミを掃き飛ばしたり，前の人の肩につかまってダッシュでモップがけもするよ。 ・私の合図に合わせて，体育館中いろいろな所をお掃除しよう！
	2. みんなで踊る　　　　　　（3〜5分） ♪「Won't be long」／ EXILE	

● 曲層と動作パターンを当てはめて教師がリード

	動きの合い言葉：動きの例
イントロ	背伸び，腕伸ばし
テーマ	★ハタキかけ
エール	◎窓拭き
唄　A	大きなほうき
サビ	※雑巾ゆすぎ・雑巾絞り
唄　B	2人組体側伸ばし
サビ	※繰り返し（雑巾ゆすぎ・絞り）
テーマ	★繰り返し（ハタキかけ）
唄　A	大きなほうき
唄　B	なべなべ底ぬけ
サビ	※繰り返し（雑巾ゆすぎ・絞り）
唄　C	箱つぶし：ダウンの足踏み
唄　C	モップがけ：2人組ランニング
間　奏	大きなバケツ：みんなで円に
サビ	※みんなでゆすぐ，絞る
エール	◎繰り返し（窓拭き）
テーマ	★ハタキかけ〜ハイタッチ

はっきりしている繰り返し部分（サビなど）にはコレという動作パターンを決めておくと安心して踊れる。あとは臨機応変にいろいろな掃除動作を当てはめて。1曲全部でなく，きりのいいところまででもよい。

ハタキかけ：ノリノリで「ヘイ！」

雑巾絞り：自分の体を絞る〜　　　大きなバケツ：みんなで引っ張って絞る〜

■応用編

掃除の他にも道路工事（ツルハシ，ドリル，スコップ，手押し車，パワーショベル，保安係，……），お料理（刻む，かき回す，塩ふり，フライ返し，ガスの炎，皿を運ぶ，……），朝（洗面，歯磨き，洗髪，ドライヤー，着替え，トイレで，遅刻する，……）など，さまざまな日常動作を当てはめて踊れる。

● 指導のポイント

ヒップホップの曲でもイメージ次第で自由に動きを創造して踊れることを知らせたい。ヒップホップの動き（ダウン）にこだわらず，全身で思いきり大きく弾んで踊ることが大切。教師自らリードして，思いきり大きな動作であちこち動き回る

とよい。ハタキかけ，窓拭き等は動きの合い言葉として次の動きを知らせるのに便利。2人組は固定でも，毎回替えてもよい。最後の円で仲間との一体感が得られる。円の大きさは10人程度から全員で。

〔中村恭子〕

7 体を目覚めさせて
ヨガの動きを使って

1 ウォームアップのねらい

1. 高校生の体の硬さに柔軟性をもたせるために，興味をもって楽しくストレッチする。
2. 呼吸法を生かして，心と体の調子を整え，自分の体に向き合いバランスのとれた体をめざす。

2 進め方

	学習活動	指導の要点と言葉かけ
導入	1. 呼吸方法についての説明を聞く （3分） （ここは一番初めの授業のみ） 2. 各ポーズの実践 （5〜10分） しかばねのポーズ  チャイルドポーズ　　貝のポーズ  鳩のポーズ　　　三角のポーズ  椰子の実のポーズ　英雄のポーズ	・腹式呼吸の説明。 ・しかばねのポーズ　床の上に仰向けになって，鼻からゆっくり息を吸い込み，口からゆっくりゆっくり吐きます。おなかの上に両手を置き，吸うときにふくらませ，吐くときにぺしゃんこになるように吐ききります。吸うときには，温かいもの，穏やかなもの，すがすがしいもの，明るいものをイメージします。吐くときは，ストレス，汚いもの，黒いものなどをイメージします。吸うときには，鼻からのどを通り，胸を通り，おなかを通り，体の隅々に酸素を運んでいきます（吐くときは，その逆の言葉かけ）。ゆっくり，ゆっくりと。 ・チャイルドポーズ　お母さんのおなかの中にいる感覚です。ガス抜きのポーズとも言われ，大腸の働きを促します。 ・貝のポーズ　腰痛に効くと言われます。 ・鳩のポーズ　若い女の子に人気のポーズです。ひねりが入るので，ウエストの引き締め効果があります。 ・三角のポーズ　片方の手のひらを膝に，足首に，床に，足の後ろの床にと無理をしない範囲で自分の痛気持ちいいところでゆっくり伸ばしましょう。呼吸を止めないように。 ・椰子の実のポーズ　両手の親指を重ねて，どんどんどんどん上に伸びます。内臓の位置を整えます。親指を離してゆっくりゆっくり手を下げていきます。一番遠くを通ります。体の横まできたらストンと力を抜きます。手のひらを見てください。真っ赤でしょう。毛細血管にまで充分血液が回りましたね。 ・英雄のポーズ　手首をひっくり返して手のひらを重ねます。斜め上を見ながら前の膝をゆっくり曲げていきます。

● 指導のポイント

他人との比較ではないので筋肉を痛めるところまではやらない。痛気持ちよいところで伸ばし，ゆっくり腹式呼吸を絶対に止めずに行う。

● 学習を支援する環境の工夫

ホワイトボードに短い名称を入れたヨガのポーズを拡大コピーした用紙を示しておくと，生徒も見ながら進められる。音楽は，ゆっくりした曲を選んで使用する。　　♪「Only Time」／エンヤ　など

■生徒に伝えたい豆知識

生理学的な説明を加えながら，1つひとつのポーズを動いていく（例：正中線を整える。内臓の位置を正しく戻す。股関節やそけい部のリンパを刺激する。毛細血管の隅々に血液を流していく。筋肉や関節の動きを意識しながら行う。バランスを整える）。毎晩，寝る前に布団の中で行うと柔軟性が増していく。また，深い眠りも得ることができ，精神が落ち着くとともに，すっきりと目覚めることができる。

〔岡野芳枝〕

8 体の感覚を呼び覚ますことから
全身に隙間を作るイメージで「振る」

■ ウォームアップのねらい

1. 関節や骨，体の細胞と細胞の間に隙間を作るイメージをもち，手入れ感覚で「振る」。手入れをした側とまだしていない側との比較を通して，感じの違いがわかる。
2. 手入れ後の活性化した体，すなわち「動きたくなる体」「動く体」を体感する。

■ 進め方

	学習活動	指導の要点と言葉かけ
導入	1. 教師の真似をしながらウォームアップ（W.U.）　　　　　　（3分） 布巾や雑巾を振る（ゆすぐ）と汚れが出る。体も同様に，振って汚れを出して隙間を作る。 ①左手の指，左手首，左肘から下，左肩から腕全体，腕を振りながら，膝の屈曲や体幹部を多方向に動かす。 ②振ってない右側と比較。 ③反対側も同様に。 ④同時に両手で。　　[♪以上，口伴奏] 2. 2人で振り振りダンス　　　（3分） パートナーチェンジしながら「振る」を取り入れて1曲踊る。 ・2人で振り振りダンス（4×8拍），片手をつないでグルグル回り（8拍），反対回り（8拍），腕を離して新しいパートナーに出会う。繰り返す。 　　[♪ジョギングくらいの速さの曲で]	・右手で左手首を支えて，手指を振る（指をはじく感じ）⇨手首を2方向に振る⇨上腕を支えて肘から前腕以下を屈曲・伸展と回内・回外に振る⇨体幹をやや腕側に傾けて腕をぶら下げる。多方向に振ったり回旋したり⇨腕を振りながら体重を左足・右足に乗せ換えながら体幹も捻ったり，曲げたり，反ったりと多方向に動かす。 ・やった側の腕と反対を比べてみよう。長くなっているね。 ・やった側の腕を頭上に伸ばし，同側の片足でホップする。やってない側も同様にホップ。やっている側が反対側よりも，安定して全身を支えられると思いませんか。 ・手入れをすると動きやすくなって，体がどんどん"立ち上がって"くるよ。 ・今やってきた「振る」をパートナーと向かい合ってできるかなぁ。真似てもいいし互いに勝手にやるのもいいね。 ・グルグル回るとき，隣とぶつからないように注意して！ ・腕が離れたらその勢いですぐに誰かと向かい合おう。すぐに振らなくて，脚だけでリズムをとっていてもいいね。 ・4拍ごとに区切るとやりやすいよ。

● 効果的な説明の仕方

両手で「布巾を振る」様を示範する。「振る（ゆすぐ）ときれいになるのは布目に水が入って組織がほぐれるからです。では体も振って隙間を広げましょう」「やったあとは体がどんなふうになるかな？」

● 続けて「振る」W.U. の展開と指導

「2人で振り振りダンス」の代わりに，脚を「振る」，全身を「振る」と展開する。床に横たわって足指から始め，足首，膝から下，股関節から脚全体と動かす。最後は腕も脚も背骨も振る。体が活性化して，次にどんな動きも踊りやすくなる。両腕・両脚と背骨を速く動かすとゴキブリの断末魔のようだし，ゆっくり動かすと軟体動物のように感じられる。

W.U.「振る」から，〈多様な質感で「振る，振り上げる」〉という課題への展開もできる。

■教師のための豆知識

世界には，身心の統合を図るさまざまなワークがある。これらの多くがベターファンクション（better function）をめざす。「揺する」「振る」などの振動で組織に空間を作るワークは"コンティニュアム"というワークである。さて，足部には26の骨がある。その間はすべて関節である。関節に隙間ができると動きがベターになる。全身には約200あまりの骨がある。骨だけでなく細胞レベルにおいても空間を作ろう。

● 動きのヒント

左のように支えがないと手首も肘も動いてしまう。右のように肘を胴につけて，反対の手で手首を支える。

〔原田奈名子〕

❖ダンスウォームアップの作り方❖

　第３章を読んでいただいて，いかがでしたか？　生徒をダンスの世界に引きつけるダンスウォームアップを作るために，それぞれの実践に工夫があったと思います。

　一番大事な原則は，「やさしいこと」です。３章のどの事例も，生徒に多くの練習をさせたり，頭でよく考えないと理解できないような動きを使ってはいません。まして，教師自身が難しいと考える動きでは生徒を引きつけることも難しくなりますね。「2探し物は何ですか？」「5チアダンスのように」「6ヒップホップ気分でお掃除」は，簡単な定型のダンスが入っていますので，教師が曲を決めて，事前に予習をしておく必要がありますが，もっとやりやすい動きに変えたり，動きの数を減らして繰り返してもよいでしょう。繰り返しは，心地よい刺激になります。

　そして，原則は「心拍数を上げること」です。息があがり，心臓がドキドキすると，気持ちが解放されます。途中で解説や休みを入れて気持ちが下がらないように，ある程度動き続けたり踊り続けられるように作ってみましょう。「1『何でもダンス』でノリノリパレード」は簡単な移動の動きを先頭を交替しながら止まらずに踊りきります。動きに困っても先生が示したお助けステップで止まらずに踊り続けることができます。

　もう１つ大事なことは，「雰囲気を作ること」です。生徒たちに身近な音楽を使うと，それだけで盛り上がれることもあります。ビートの速さには気をつけてみてください。速すぎて追いつかなくなるものもあれば，ゆっくりすぎて何となく体や心がウキウキしにくいものもあります。また，「3サクラ」のように，イメージをふくらませる際には，桜を歌った恋の歌もありますね。教師が桜のイメージを湧かせるような言葉をかけています。「7ヨガの動きを使って」も教師がふさわしい音楽をBGMに，気持ちよく呼吸に合わせた声かけをしています。

　さらに，いつもリズムに乗っているばかりでなく，ちょっと「挑戦」「発見」させることで，ダンスのための技能をアップさせることができます。「4跳び越す，振り回す，上に乗る」は，日常の動作と違うことに挑戦し動きを開発することができます。「8全身に隙間を作るイメージで『振る』」も，簡単な動きから，これまでと違った質感の動きができるようになります。

　冬の寒いときには，生徒に人気のある流行の音楽をかけて，体育館の壁を２か所くらい触ってから集合とか，鬼をたくさんにした手つなぎ鬼など，みんなが走り続けることのできるゲームはいかがですか？　先生方のやりやすい方法を選んだり，探したりしてみてください。

ONE POINT COLUMN

第4章
リズムを手がかりにした動きの工夫
──現代的なリズムのダンス

現代的なリズムのダンスは，
ロックやヒップホップなどの現代的な曲で踊るダンスで，
リズムの特徴を捉え，変化のある動きを組み合わせて，
リズムに乗って全身で自由に踊ることをねらいとしています。
流行の歌手やダンサーの振り付けダンスを真似て踊ることではありません。
リズムを手がかりにした動きの工夫から，
自由にオリジナルのダンスを作って踊れるように
指導することが大切です。
この章では，誰でもできる簡単なリズム・動きを手がかりに，
リズムのとり方，動きの変化のさせ方，
仲間との対応の仕方，空間の使い方など，
多様な工夫の視点を盛り込んだ実践例を紹介しています。
このまま単元計画にもなるような順に掲載していますが，
どれから始めても大丈夫です。
「これならできる！」とピンときたものから試してみてください。

1 オリエンテーション&体中でリズムを感じて

簡単な繰り返しのリズムで

■ 学習の目標

1. ダンスの授業での学習の目標や約束，授業の予定を理解する。
2. 軽快なリズムに乗って，簡単な動きを繰り返して踊る。
3. 音楽をよく聞きながら，先生や友達の動きを見たら，すぐに真似して踊る。

■ 学習の進め方

	学習活動	指導の要点と言葉かけ
導入	1. 集　合　　　　　　　　　　（5分） 2. ダンス・オリエンテーション　（15分） ⑴ダンスの歴史と種類を整理する ⑵目標や学習の約束を確認する 　※P6参照 ⑶単元の予定，学習カードについて確認する	・これからダンスの単元を始めます。 ・皆さんは，ダンスっていうとどんなダンスを思いうかべますか。TVでも歌いながら踊るグループや，踊るCMなど目にすることが多いかもしれません。 ・世界には200種類以上のダンスがあると言われています。この授業では，皆さんのオリジナルの動きを見つけていきましょう。 ※「オリエンテーション」（P6～7） ※「単元の予定」（5～6時間の単元はP145参照，9～10時間の単元はP146参照）
展開	3. 先生と一緒にリズムに乗って踊る（8分） ⑴座ったまま，8844221111のリズムをつかむ 　（先生の動きの例は右ページ） 　**【ひと流れ】**　　8カウント×4 　12345678　　　　12345678 　1234　1234　　　12　12　1111 ⑵先生と一緒に踊ってみよう。 　（1曲分くらいは踊りきる。先生の動きの例は右ページ） ♪「やってみよう」／WANIMA ♪「USA」／DA PUMP　など 4. 4人グループで真似っこダンス（15分） 　①オリジナル　その1×2回 　②オリジナル　その2×2回	・手を叩いてみよう。体の右で8カウント，左で8カウント，4カウント右，4カウント左，2回右で，2回左で，右左右左（1回ずつ）…とだんだん速く，大きく左右に変化させよう。見たらすぐに真似して。 ・キーワードは，「リズムに乗る」。 ・音楽でやってみよう。「私だったらどんな動きしようかな」って思いながら，一緒に動いてみてね。 ・4人グループで顔や動きを見ながら踊ろう。誰かが先生の動きを真似して，それをみんなで真似してね。 ・立ち上がって，拍手を上と下（膝か床にタッチ）。 ・私の8421オリジナルダンスを交換し合おう。 　4人組で順番を決めて，真似して動いてみよう。 　2回は繰り返して踊ろうね。 ・お気に入りを2つ選んで，2回繰り返してみよう。 ・今日のキーワード「リズムに乗る」感じをつかんだかな？
まとめ	5. 見せ合いと交流　　　　　　（5分） 6. 振り返り　　　　　　　　　（2分） ・学習カードに記入する。	・近くのグループとペアグループになって，見せ合う。 　まず，見てくれるペアグループに「見ててね！」って全員に両手タッチしてから発表するよ。（右ページ） ・見るグループも拍手でリズムに乗っていてね。

●動きの指導のポイント

〈音楽を聞いて体が動き出す感じに〉

　ステップや振り付けを覚えて，うまく踊るための練習は「お稽古場」ですればいいのではないだろうか。授業は，「その種目をもっとうまくなりたい！」と思って選んだ場所ではなく，初めての出会いの場。緊張して体が固まっていては，のびのびと動けない。導入の授業では，動きと音楽，そしてリズムが一体となって体の中で溶け合う感じを味わわせたい。

　形や動きの順番を覚えなくても，踊り続けられる進め方をしたい。

- 簡単で見たらすぐ動ける。
- 同じ動きをリズムに乗って繰り返していく。

●動きの例をどう選ぶ？

〈座っているときには〉

- 首でやってみよう（左右に倒してみよう，次はうなずきながら右へ左へ）。
- 肩・肘・手首がどんなふうに動くかな？　と問いながら，体幹部が前後・左右に動き始めるように２〜３種類くらい試してみる。

　「リズムに乗る」をダンスキーワードとするので，動きの大きさより気持ちが乗ってくることを大事にしたい。「大きく動こう！」と言うよりも，教師が少し大げさに体中でリズムを取って，生徒と一緒に楽しそうに動くほうが生徒の背中を押せるだろう。

〈先生の例で１曲踊ってみるときには〉

- 上と下で拍手，右と左で拍手，などと音を出すと気持ちが乗ってくる。しかし，膝が伸び，背中がまっすぐなままだと体全体のリズムになりづらい。膝も背中も力を緩ませて，柔らかく弾みたい。
- 片方ずつの腕や肘を左右交互に振ったり，回したり，突き出したり（握りこぶしを突き上げるとコンサート会場の雰囲気になる）等は簡単でリズムが取りやすい。
- 脚（挙げる，キック），体幹（丸める，反る，側屈）にも挑戦したい。
- 左右にサイドステップや，前後にランニング，スキップで自分の周りを回る等，移動を入れると空間が大きく広がっていく。
- ギターを弾く，太鼓やドラムをたたく，バスケ

のドリブルなども動きになるし，流行りのダンスの特徴的な動きや，お笑いのおもしろい動きも少し入れておくと，笑いが出てほぐれる。

　教師の例で一緒に動くときに，音楽にピッタリあてはめて決めてしまわないほうがいいだろう。８カウント１〜２回分くらいは，拍手でリズムを取りながら横に脚を踏み出し揃えるなどのステップで，生徒の様子を見ながら，ひと流れの間をつなぐ動きが入るときがあってもいいだろう。生徒がとまどっていたら「もう１回」と言って２回繰り返したり，疲れてきたら「大丈夫？」と呼吸を整えたり，教師自身が動きを忘れてしまったらその間に思い出せばいい。

●真似っこ＝仲間の動きのアイデアを受け入れる

　４人組では，相手の動きを見たら，すぐに真似していく。これは，相手の動きをまるごと受け入れて認めることになる。間をあけずに，次の人が動き始めるのは難しい可能性があるので，「先生の例で」と同じく，拍手とステップを踏みながら８カウントくらい間をつなぐ動きがあったほうが安心だろう。

　グループを回るときに教師は，しっかりやっているかな？　と監視する目になっていないだろうか。拍手を送る，笑顔でうなずく，生徒の提案した動きを見て真似するなど，言葉以外でも応援している気持ちを表したい。

●見せ合いと交流

　ペアグループになって見せ合う際に，「見ててね」という気持ちで相手のグループ全員に両手タッチしてから始めると，発表する人・見る人といった垣根を越えて交流し合う雰囲気になる。単元の一番最初の授業なので，いいところを具体的に見つけて伝える，終わったら一所懸命拍手をし合うなども確認しておきたい。　　　　〔中村なおみ〕

2 組み合わせを工夫して
大きく弾んでじゃんけんダンス

ダンスキーワード
(DKW)
ダイナミック

■ 学習の目標

1. 全身で上下に大きく弾んでダイナミックに踊る。
2. 全身のグー・チョキ・パー・ケンを組み合わせて短い動きを作り，繰り返して踊る。
3. リズムや方向を変えて変化のある組み合わせを工夫し，ひと流れのフレーズを作って踊る。

■ 学習の進め方

	学習活動	指導の要点と言葉かけ
導入	1. ダンス・ウォームアップ　　　　（10分） ♪「Won't be long」／EXILE	・よく知っている曲に乗って，お掃除の動きで踊りましょう。 ・窓ふきはどうやるの？　雑巾すすぎは？ ・全身で大きく弾んでダイナミックに踊ってね。（P45参照） 　※前時の「8844221111」（1章①，4章①参照）でもよい。
展開	2.先生と一緒に体じゃんけんで踊る（10分） ⑴先生の動きを真似して踊り，体じゃんけんの組み合わせ方や変化のさせ方を理解する 　　DKW：ダイナミック ♪「ハピネス」／AI ⑵各自で体じゃんけんの組み合わせを試す	・体じゃんけんのグー・チョキ・パーを組み合わせて踊ります。グーは小さく，パーは大きく，チョキはどこかクロスして。それに片足ケンケンも入れましょう。足の挙げ方は自由。 ・全身で大きく弾んでダイナミックに踊るのが目標です。 ・初めは先生の真似してね。ダイナミックに踊ろう！ 　※動きの例は右ページ参照。 ・次は自分で好きなようにグー・チョキ・パー・ケンを組み合わせて踊ろう。組み合わせは何でもOK。試してみよう。 ・方向を変えたり，回転やジャンプしたり，移動もできる？
展開	3. 2人組リーダーに続けで即興ダンス 　　　　　　　　　　　　　　（5分） ・イントロはポーズでリズムに乗る。 ・1人が8×4程度で交替，2〜3回。 ・縦に並んで，向かい合って，横並びで。	・2人組でリーダーの見つけた動きを真似して踊るよ。リーダーは相手が真似できるように1つの動きを何回も繰り返してね。飽きたり疲れたりしたら次の動きに変えよう。 ・思いつかなかったら，さっき先生とやった動きでもいいよ。 ・初めはポーズ，次にリズムに乗って，Aさんスタート！ ・2人で向かい合って踊るのもいいね。横並びもあるね。 ・いいね，おもしろい。もっと大きく，手はどうする？ ・笛の合図で交替です。
展開	4. 2人のオリジナル・フレーズを作る 　　　　　　　　　　　　　（15分） ・見つけた動きをつなげて「ひと流れ」のフレーズにまとめる。 今日のひと流れ： ポーズ＋リズム＋（Aの8×2＋Bの8×2） ×3＋ポーズでリズム ・リハーサル	・見つけた動きの中から気に入ったものを選び，Aさんの8×2，Bさんの8×2をつなげてオリジナル・フレーズを作ろう。 ・違うタイプの動きをつなげたほうが変化があっていいよ。 ・どちらか1つは移動する動きにすると空間が広がるね。 ・A＋Bが決まったら，曲に合わせて何回も繰り返して練習。 ・初めのポーズ，リズムの乗り方も2人で相談しよう。 ・1回通して踊ってみよう。
まとめ	5.近くの2人組と一緒に踊って交流（10分） ・よかった動きについて意見交換。 ・リーダーチームを交替。 ・学習カードへの記入。	・近くの2人組と踊り合いをします。A＋Bは3回繰り返すんだったよね。リーダー組ははっきり大きく踊って。真似する組はすぐに真似して一緒に踊ろう。ポーズも真似て。 ・どんな動きがよかったかな？　踊ってみての感想をどうぞ。

●動きの指導のポイント

　速いリズムに合わせて動くことが苦手な生徒もいるので，ゆっくり目のビートのはっきりした曲に乗って全身でリズムを捉える学習から始めると安心できる。見つけた動きを何回も繰り返すことで，リーダーも真似する側も動きが明確になってくる。

〈動きのヒント，応用・発展方法の知らせ方〉

　生徒が自分で動きを工夫できるように，教師と一緒に踊る活動の中でヒントとなる動きを示し，その応用・発展のしかたも示すのがよい。

- リズムの変化：初めは強拍のビートを捉えてゆっくり1歩ずつ動き，それを2倍速で動いたり，反対に1/2倍速にしたりする。
- 方向の変化：1歩ずつ体の向きを変えたり，回転したり，いろいろな方向へ進んだりする。
- 組み合わせの変化：1つの動きを連続して，2つ，3つ，4つを組み合わせるだけで，何十通りもの組み合わせが考えられる。これにリズム・方向の変化や手の動きを加えると無限に広がる。そのことを示すように見本の動きを考えておくとよい。

●動きの組み合わせの例●

- ・グーの連続：ジャンプ，前進，回転，横跳びなど。
- ・パー，チョキ，ケンの連続も同様に。
- ・グーとパー：しゃがんで大の字で立つ（ジャンプ）。
- ・パーとグー：横に1歩出して開く，閉じる。出した足を戻せばサイドバンス，出した足に次の足を揃えればサイドステップ。ジャンプで開閉もできる。
- ・チョキとケン：ゆっくり歩く〜速くランニングマン。
- ・ケン・ケン・パー：ケンケンで前進，回転など。
- ・チョキ・チョキ・チョキ・ケン：歩いてキック。
- ・パー・チョキ・パー・グー：グレープバイン。

など

〈楽しく踊り続けるために〉

　体じゃんけんで小さくしゃがんでから大の字でジャンプするような動きは運動強度が高く，連続して行うと疲れる。最初からやると体力が続かないので，教師がリードして踊るときも軽く弾む動きから始め，動きのバリエーションの中で時々ダイナミックな全身の動きを取り入れるようにするとよい。疲れてきたら，チョキの連続で歩けばよい。

リーダーに続けて「グー・チョキ・パー・ケン」

●生徒を先入観から解放する言葉かけ

〈世界にたった1つのオリジナルダンスを作る〉

　TV等の影響で「かっこいいステップこそがダンス」「かっこいいダンスを習いたい」と思っている生徒も少なくない。しかし，流行のヒップホップダンスもどこかの誰かが作ったもの。本場アメリカでは個性的なダンスが尊重され，年々新しいジャンルが生まれている。そこで，「偉大な発明って初めは変だと言われるもの。だから"へんてこりん"でOK。思いついたまま堂々と"へんてこりん"に踊ろう。新しいダンスを世界に発信しよう！」などの言葉かけで安心させ，自由な発想と動きを引き出すとよい。

●創作学習を支援する言葉かけ

〈褒めて伸ばす〉

　生徒が見つけた動きは，そばに行って一緒に踊りながら「おもしろい」「新しいね」と褒める。生徒は自信がないまま動いているので，褒めて伸ばすことが大事。まず褒めて，次に「もっとダイナミックに動けるかな？」「手はどうする？」と問いかける。

〈音楽のカウントやフレーズを伝える〉

　現代的なリズムのダンスでは音楽のリズムやフレーズを捉えることが大切だが，動くことに精一杯で音楽を聴かない生徒もいる。また，8カウントの数え方，8×2という長さがわからない生徒もいる。そこで，曲のカウントやフレーズの変わり目，動きの切り替えのタイミングを声かけし，動きの工夫に集中できるように支援するとよい。

〔中村恭子〕

3 ロックのリズムで動く―止まる①

■1 学習の目標

1. 軽快なロックのリズムの音楽でビートを捉えて動きを刻んで踊る。
2. ノリノリで踊る中にストップモーションを加え，動きにメリハリをつけて踊る。
3. 「動く―止まる」を発展させてオリジナルのフレーズを作り，仲間と動きを共有して楽しむ。

■2 学習の進め方

	学習活動	指導の要点と言葉かけ
導入	1. ダンス・ウォームアップ　（10分） ・「8844221111」（1章の①，4章の①参照） 　♪「やってみよう」／WANIMA 　♪「USA」／DA PUMP　など	・先日やったダンスで体と心を温めよう！ ・体側，アキレス腱，捻る，歩く，サイドステップ等。 　※先生が前で見せるのが簡単だが，可能なクラスは2人組で 　　交替し合って踊り続けるのも楽しい。
展開	2. 音楽のビートを体で捉える　（10分） 　※座位のままで。 ⑴音楽に合わせて手拍子（表拍子と裏拍子） ・隣の人の表拍子に裏を入れて倍速体験。 ⑵体の部分でビートを刻む 　※座位→立ち上がって→移動しながら 　1曲分教師の動きを真似して動き続ける。 　♪「BEAT IT」／Michael Jackson ⑶3人組でリーダーに続け　（5分） ・前奏はポーズを変えながら待つと楽しい。 ・先生の笛の合図でリーダー交替しながら。 3. 「動く―止まる」　（15分） ・3人組で今の気に入った動きをもとにオリジナルなダンスを作る。BGMをかけておく。 8×2…8カウントで刻んだダンス 8×1…倍速か超高速で刻んだダンス 8×1…ストップモーション2種類 　　　（4カウントずつ） 4. リハーサル	・今日の音楽はこれです。リズムを刻んでみよう。 ・拍手はもっと弾むようにメリハリよくたたいてみよう。 ・キーワードはメリハリ。曲のビートをよく聴いて。 ・友達の表拍子の間に裏拍子をたたけるかな？　交替。 ・首を左右に倒して，肩は？　腕でパンチパンチ？ ・立ち上がって腰だけ動かす，肩を動かす，メリハリ。 ・メリハリつけた足踏みできる？　その場スキップ。 ・ほらマイムマイムもメリハリつけられる。 　※だんだん移動の動きにしていく。生徒の中に入って。 ・腕をメリハリよく振りながら歩く，ひげダンスのように移動する，サイドステップ，キックしながら進む，等。 ・では，笛の合図でリーダー交替しながら踊り続けるよ。 ・動きに困ったら，さっきのひげダンスで。 　※生徒の中に入って笛を吹いたり，真似をしたりする。 ・今3人で踊ってみて気に入った動き見つけた？ ・今日のミッションはメリハリ8カウント×2回と，倍速8カウント1回とストップモーションを入れた流れです。最初の8カウントの動きをそのまま倍速にするのが難しかったらこんなふうに超高速に刻むのでOK（サッカーのKAZUダンスふうに細かく足を踏んでみせる）。 ・その場で座ったまま曲に合わせて動いてみよう。左右のパンチでやってみよう。12345678，12345678，1ト2ト3ト4ト5ト6ト7ト8ト，ストップ！　ストップ！ ・この長さ，8拍が4回分，よくフォーエイトって言いますね。これすべてを2回繰り返してね。
まとめ	5. 見せ合いと交流　（8分） 6. ペアグループでまとめ　（2分） ・よかったところを具体的に言い合う。	・近くの3人組と見せ合いしよう。見るチームも立って一緒にすぐ真似しながら見るよ。難しすぎたらごまかしていいから，止まらずに。

●動きの指導のポイント

〈音楽のリズムをよく聞いてスモールステップ〉

音楽の持つリズムやビートを体で感じながら，いつの間にか体が動くようにするために，スモールステップで誘っていくとよい。

最初は座ったまま，音楽のビートに乗って拍手をするが，キリッとメリハリよく合わせるように促す。次に体の一部を動かす。立ち上がったらもっと動かせるところが増える。腰を振る，かかとを踏む。そして，普段の足踏みやその場スキップなども。メリハリつけた場合とつけない場合の違いを味わわせながら動き続けるとよい。気持ちが乗ってきたら教師は生徒の間に入って移動の動きを提案する。

肘と膝を曲げ伸ばししながら歩く

ペアグループで真似しながら見る

〈選ぶ動きのポイント〉

座位で行うときには，肩や首の他に，手首や肘がいろいろに動かせるので，メリハリをきかせて生徒と一緒に動くとよい。

肘（腕）は肩関節の動きに伴い自由に動かせるので工夫がしやすく，いろいろな動きが作り出せるのでおもしろい。また，大きく動かそうとすると自然と上体が引っ張られて全身の動きになりやすい。

〈移動を入れる〉

その場で動いているとついつい動きが小さくなるので，メリハリよく動くというコツがわかったようだったら，教師も，自由に体育館を動き回ると，よりいっそう気持ちがほぐれる。

その際は，生徒たちがすぐできそうなスキップや，サイドステップやマイムマイムなどのステップ，バランスステップ，キックを蹴り出しながら進む，ジョギングしながら腕を振るなど思いつくまま動く。ひげダンスふうな動きなど，あとで，生徒が困ったときに思い出せるダンスを１つ入れておくとよい。リーダーに続けの時に，１番を先頭に縦の列にさせてからスタートすると自然にリーダーに続いて移動の形になるのでやりやすい。

●グループに関わるときには

リーダーに続けのときには，生徒の間に入り，

■生徒に伝えたい豆知識

〈Rock 音楽と Lock ダンスの違い〉

Rock は「揺さぶる，振動させる」等を語源とし，1950年代アメリカで黒人音楽と白人音楽の融合から生まれた音楽ジャンル。一方，Lock は「鍵をかける」動きから派生したダンスのジャンル。この授業でやっているロックのリズムは，Rock 音楽に乗って自由に踊ることなのである。

※学習指導要領の現代的なリズムのダンスの項に示されている「ロックやヒップホップなどの音楽に乗って」は，Rock 音楽を指している。

「いいねー！」と声をかけたり，教師自身が近くの生徒の動きを楽しく真似しながら踊ったりすることが，動きを認めることになり，生徒も安心する。

グループ活動では，動きながら提案するように声をかける。先ほどのリーダーに続けで見つけた動きを利用すればよいことを改めて伝え，困ったら教師と一緒に動いたものでもよいとする。動きが決まってきたら，まずは褒めて，さらにダイナミックに，動きにメリハリをつけるように促す。

●見せ合いと交流

〈踊り合うことでさらに楽しく〉

動きを見せ合うときには，見るチームが座って拍手でリズムを取る方法もいいが，さらにほぐれるのは，すぐに真似して踊ってもらうことである。お互いのオリジナルダンスを踊り合おう。

〔宮本乙女〕

<table>
<tr><td>4</td><td>リズムを共有して
ロックのリズムで動く─止まる②
ミニ発表会</td><td>ダンスキーワード
(DKW)
みんなでノリノリ</td></tr>
</table>

■1 学習の目標

1. 軽快なロックのリズムの音楽でビートを捉えて動きを刻んで踊る。
2. ノリノリで踊る中にストップモーションを加え，動きにメリハリをつけて踊る。
3. 前時に見せ合ったチーム同士で動きをつなげて完成させ，クラスで応援しながらミニ発表会をする。

■2 学習の進め方

<table>
<tr><th></th><th>学習活動</th><th>指導の要点と言葉かけ</th></tr>
<tr><td>導入</td><td>1．ダンス・ウォームアップ　　（10分）
・前時の3人チームでリーダーを交替しながら体育館中を踊って移動する。本日の使用曲で。
♪「Beat It」／Michael Jackson</td><td>・約束は止まらないこと，移動すること。前回3人で見つけたお気に入りの動きを繰り返してもいい。
・困ったときには，元気なスキップか，ひげダンスね。笛で交替の合図を出します。</td></tr>
<tr><td>展開</td><td>2．前時の復習　　　　　　　　（20分）
♪「Beat It」／Michael Jackson
・前時の3人組＋3人組（見せ合いチーム）で近くに座る

前　奏………チームで気に入ったポーズ
　　　　　　　→体の一部でビートを刻む
8×4　8×4…Aチームのダンスを2回踊る
8×4　8×4…Bチームのダンスを2回踊る
　　　　　　　→ラストポーズ

(1)音楽に合わせて前時の動きを踊って思い出しながら相談する

(2)ノリノリに踊るポイントを考える
・弾むこと，足幅を大きくすること。
・楽しそうに踊ること。

(3)リハーサル</td><td>・前回見せ合った2チームで今日はミニ作品にします。
・キーワードは何でしたか。そう，「メリハリ」。メリハリよく動き，ピタッと止める，だね。
・2つのチームの作品をつなげます。
・まずどちらの踊りを先にするか決めて，あとはどんな並び方がいいのか相談，そして，前奏のところとラストを決めたら完成です。練習しながら何かいいタイトル考えて下さいね。まずは立ち上がって踊ってみると考えが浮かんできますよ。

踊りながら真似し合いながら相談する
・今日，1つキーワードを加えます。「みんなでノリノリ」です。踊る人も，見る人もノリノリ。
・見せるときにこんなふうと，こんなふうとどっちがノリノリに見える？　ノリノリってどうしたらいい？</td></tr>
<tr><td>まとめ</td><td>3．ミニ発表会　　　　　　　　（20分）
(1)円形に内側を向いて座り発表の仕方を知る
・発表も応援も円周上の自分のチームの場所で内側を向いて行う。

(2)授業の振り返り・まとめ
・学習カードへの記入。</td><td>・発表チームは立ち上がりタイトルを大きな声で言います→円の内側を時計回りに1周。座っている観客のみんなが手を挙げていますから，タッチしていって。観客は応援するよ，がんばってーって。1周して自分のチームの場所に戻ってきたら即スタンバイ（1チームだけその部分練習）。先生が曲をスタートします。周りのみんなはノリノリで応援しよう。
・ダンスって，踊る人はもちろん大事だけど，見る人の役割がさらに重要。シーンとしていたら楽しく踊れないですよね。</td></tr>
</table>

●これまでの学習の延長につくる発表会

〈一番簡単なやり方〉

　前時の最後に見せ合った3人と3人で組む。それぞれのダンスを2回分ずつ続けてみる。それだけで、8×4×2回＋8×4×2回で、かなり長くなるので、そこに、初めの部分（前奏）と、ラストポーズを工夫する。ノリノリで踊れるようによく練習する（「Beat It」であれば前奏から曲を1分30秒に切っておくとよい）。

　リズムに乗っているか、メリハリをつけられているかを確認できたら、タイトルをつけさせるとよい。一気にそれぞれのグループのオリジナリティーが出てくるから興味深い。創作ダンスではないのでイメージを持つ必要がないとも言えるが、タイトルから連想する上半身の動きやポーズの工夫が生まれ、活動がさらに盛り上がる。

　もしも、本指導案で、発表のための時間が残り少なくなった場合は、隣同士の2チームずつの同時発表にするとよい。さらに時間が足りなくなった場合は、半数ずつで正面のチームとハイタッチしてから始める。

〈時間数が多く、生徒の力に余裕がある場合〉

　この計画でもう1時間とれるのであれば、タイトル票を提出させ、しっかりとプログラムを作って3時間目に発表会という方法もある。

　すでに創作ダンスの単元などでミニ発表会を体験している等、グループ活動が活発に進むようであれば、チームを作り直してもよいがゼロからのスタートにならないように、枠組みのヒントを示したい。例えば「これまでに1時間完結で体験したダンスを思い出して、1人1つ以上提案して、動きをつなげて作ろう」と声をかけたり、学んだことを手がかりに、「体を上下に大きく使うダイナミックな踊り方を入れる」「音楽のビートを体で捉えてメリハリつけて踊る」「倍速や超高速と

ストップモーションなど速さの変化を入れる」等の条件を出したりすると、シンプルな動きでも、ある程度の長さになる。気に入った動きが決まったら、それを繰り返すようにすると完成する。作品時間は1〜2分など。

　入場や、隊形、見せ方を工夫させるのも悪くはないが、それを示すと、座り込んで構成を作る学習になりがちである。最初の単元なら、見せ方よりむしろ楽しんでノリノリで踊ることを大事にしたい。創作ダンスを学んだことがあるクラスであれば、作品に「集まる―とび散る」場面を入れるように条件を出すと、群の工夫ができて、ダンス作品として見栄えがするものになる。

●発表の工夫

〈観客と一体となって楽しむために〉

　十分な踊り込みができなくても、そこまでにできているものをリズムに乗って踊ることが大事である。応援して観客が盛り上げることを教えたい。

　観客と向かい合う形で1チームずつ発表する普通の舞台のような形の発表は、自信がない段階では緊張する。しかし、円周上で発表すると視線も正面ほどには感じない。さらに踊る直前に応援の声を受けながらぐるりと円の内側を走り、手を合わせれば、双方共に気持ちが盛り上がる。

　同じ円でも、円の真ん中で踊るというのはかなりハードルが高いが、その気になれるクラスならそれも楽しい。練習時間が十分とれて、観客と向き合って発表する際も、ぜひ手拍子などで盛り上げて一緒に楽しむとことを教えたい。

円形での発表：自分たちの発表前に元気に1周。見る人もノリノリで応援！

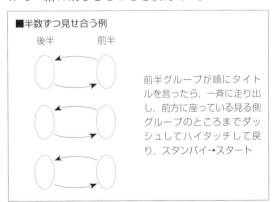

■半数ずつ見せ合う例

後半　　　前半

前半グループが順にタイトルを言ったら、一斉に走り出し、前方に座っている見る側グループのところまでダッシュしてハイタッチして戻り、スタンバイ→スタート

■生徒がつけたタイトルの例
なんとかジャクソン／モモ／太陽／真夜中0時／AED音頭／COOL／狙われたX／やきとり／ラブコール／踊る機関車

〔宮本乙女〕

5 手拍子・足拍子を効かせて
和風ロックで弾んで決めて！

ダンスキーワード
（DKW）
息を合わせる

◼1 学習の目標

1. 掛け声をかけながら 3・3・7 拍子の"間"をピタッ！と止めて決め，動きにメリハリをつける。
2. 仲間と"間"で息を合わせ，感じ合って動く。
3. 和風の動きを工夫してグループでひと流れの動きを作り，クロスカルチャーの世界を楽しむ。

◼2 学習の進め方

	学習活動	指導の要点と言葉かけ
導入	1. ダンスウォームアップ　　　　（10分） (1)3・3・7拍子を手拍子・足拍子（足踏み）で教師と一緒に楽しむ ※口三味線（くちじゃみせん：日本舞踊で口伴奏のこと）で「トントントン……」と言いながら動く。 (2)教師と一緒に，箱跳び・キック・ジャンプなど和の動きのポイントを体験する	・みんな，3・3・7拍子って知っていますか？トントントンウン　トントントンウン　トントントントントントントンウン。手（足）拍子で打ってみるよ。 ・"ウン"（休み）のところで，「ハッ！」とか「ヤーッ！」「ソレ！」の掛け声をかけよう。掛け声のとき，ポーズをしてみよう。 ・今度はトントントンのところで好きなところに走って行って，"ウン"のところでジャンプしながら掛け声をかけるよ。掛け声のとき友達を意識して。 ・トントントンのところを和風な動きに変えてみるよ（右ページの写真参照）。
展開	2. 和リズムを体験する　　　　（10分） DKW：息を合わせる (1)座位で打った後の"間"を練習 ・教師と速度・強弱，手をたたく場所を変えながら練習。 ・2人組で呼応しながら，動きも変化させていく（向かい合って）。 (2)立ち上がって2人組で練習する ・"トン"も"ウン"（間）も工夫して。 ・空間を広げて。 ・掛け声をかけて。 ・和風な動きにもチャレンジ。 3. 4人組でひと流れの動きに　（10分） ・2人組で見つけた動きを2～3パターン交換する。	・今日のダンスキーワードは"息を合わせる"です。ウォームアップでやった"ウン"のところが，"間"です。 ・この"ウン"をみんなで呼吸を合わせてやってみるよ。手拍子足拍子で。 ・2人組でトントントンウン（1番）トントントンウン（2番）トントントントントントントンウン（一緒に），どこがたたけるか考えよう。例えば，1人でボディーパーカッション，2人で手や肘，パンチを打ってもいいね。 ・もっと大きく動いてみよう。打つところも広がるね。床・壁，エアー太鼓のように空間もいいね。肩や腰で空間をたたいてもいい。どんどん違う動きに挑戦しよう。 ・和風なジャンプや回転・キック・掛け声も入れて。 ・1つのパターンは2回ずつ繰り返して4人の動きをつなげて繰り返して踊るよ。次のパターンに移るとき，移動が必要ならば，忍者のようにササーと走ろう。
まとめ	4. 2～3チームずつのリレー発表に続けて，全員で和風ロックに乗って弾んで決める　　　　　　　　　（15分） 5. 振り返り　　　　　　　　　（5分） ・学習カードへの記入。	・みんなで一緒にやっても，分けて呼応してもいいよ。 ・間とメリハリを意識して，終わりのポーズも作ろう。 ・終わったらポーズで待っていて。 ・グループとして，"息を合わせ"られたかな？ ・メリハリをつけたり，ピタッと止まったりして決められた？ ・クロスカルチャーの世界を楽しめたかな？

● 動きの指導のポイント

〈動きのコツ〉

- 足は肩幅の２倍に開くと重心が低くなって，動きが引き締まる。
- 決めるときは，息も一瞬止めて，目力も使おう。
- 足拍子は腰を落とす（膝を曲げる）とスムーズになる。
- 腰を落とすとき，膝や足が力んでブルブルしたら，足の筋力に頼らず，背中を曲げずに丹田（へその下）を意識する。

〈和風の動きの特徴〉

足を四股に開くことを箱に割るという。箱跳びは，このままジャンプして横に移動すること。

ジャンプは足を引きつけるようにしてダイナミックに跳ぶ。

キックのときは，へそに力を入れて蹴った後，膝を引きつける。

両手首に力を入れてグッと押したり握ったりすると決まる。

● リズムのバリエーション

- 早打ちの拍をアレンジする
  - 例 トントントン→トトトントン→トントトトン
  - 例 トトンガトン（ウン）トトンガトン（ウン）
  トトンガトトンガトトンガトン（ウン）
  - 例 ヤットンヤットンヤットントン
- 音楽に合わせて気持ちよくアレンジしていく。

■ 生徒に伝えたい豆知識

- みんなで息を合わせる。"間"のリズムを大事に。「間抜け」って，"間"が乱れることからきた言葉。
- とんとん拍子は，日本舞踊で調子よく床をトントンと踏む音から，物事が順調に進むという意味。調子よく踏んでみよう。
- よさこいソーラン曲をはじめとして，和風仕立てのロック曲がたくさん作られている。和と洋のリズム，ビートが融合する曲。「みんな好き好きに踊り続けて輝こう」と観客と一緒に盛り上がりながら，新しい形の舞踊イベントが全国に広がっている。

■ 使いやすい音楽の例

- 『Heartbeat Best of KODO 25th Anniversary One Earth Tour Special』／鼓童
- 『飛龍』／倭太鼓飛龍
- 『産土 UBUSUNA』『TAKIO ―ソーラン節』／伊藤多喜雄
- 『竜童組― RYUDOGUMI』／竜童組
- 『〈COLEZO!〉鬼太鼓座ベスト』／鬼太鼓座
- 『Hiroshima』／ヒロシマ
- 『ロック民謡ベスト』
- 『太鼓衆一気 Samurai Drum IKKI』／日野一輝
- 『大神オリジナルサウンドトラック』／CLOVER STUDIO　　　　　　　　　　など

● 発展編――イメージをかけて

"和"をイメージする音楽は，歌，ゲーム，ドラマ，アニメなどの作品を通して進化し，あらゆる世代に身近になっている。

"和"のイメージを見つけて，その世界観の表現に挑戦してみよう！

〈生徒が見つけたイメージ〉

【陽気な】

江戸の町に生きる，暮らしの知恵と人々の絆，エネルギッシュに生きる

【ほのぼの】

旅路，旅人の数だけ存在する物語，心写す風景と共に

【厳かな】

神聖，陰陽師，夢か幻か，摩訶不思議な異空間に遭遇

【鋭い】

刃光る，SAMURAI魂・忍者

【躍動】

祭囃子，乱舞，蝶が舞う如く，舞い踊る

〈ポイント〉

- 視線と首の向き（自由なのか，合わせるのか）を決めると全体に一体感と躍動感が出る。
- 和の作品は，群と個を効果的に使うと迫力が出る――移動・回転・人数など，群の要素に変化を加えていく。

〔有川いずみ〕

6 体幹部を中心に弾む動きで ケンパー・グッパーから ヒップホップへ

❶ 学習の目標

1. ケンパーや足ジャンケンのグッパーチョキを組み合わせて，ヒップホップの「縦のノリ」を踊る。
2. 体幹と脚が関連しているのを感じながら踊る。

❷ 学習の進め方

	学習活動	指導の要点と言葉かけ
導入	1. 目標を知る　　　　　　　（15分） 2. ダンスウォームアップ（W. U.） 　いろいろなケンパーを動く。 　"いろいろな"とは， 　・ケンの足を交互に替えながら。 　・ゆっくりケンパー・高速ケンパー。 　・ステップしながら前後や左右に移動。 　・パーケン，パーケン，パーケン，パーパー（8拍）を動く（踊る）。 　・続けて2回する（8拍×2）。 　・2回目の7拍目・8拍目を変えて，例えばパ，パ，パーと音の刻み方を変える。 　♪口伴奏	・今日はケンパーや足ジャンケンの動きを組み合わせてヒップホップを踊ります。 ・まずは先生と一緒にケンパーを動きます。 ・ケンの足を交互にできるかな？ 　右ケン・両足パー，左ケン・両足パー，繰り返し…。 ・ゆっくり。だんだん速く。最後は高速にチャレンジ！ ・ゆっくりのときは膝を深く曲げたときが，速くなると膝が突っ張ったときがその音になるね。 ・「パーケン」とはっきり大きな声で言いながらやってみよう。2回繰り返そう。 ・7拍目・8拍目を半拍，半拍，1拍と刻みます。刻みを変えると次にやりたくなる刻み方やステップが変わるかな？
展開	3. ケンパーとジャンケンからヒップホップへ　　　　　　　（25分） ・DKWは気軽に・ノリノリ。 ⑴ジャンケンを踊ろう 　ググ（1エン），パー（2エン），そのまま（3-4）×2回（8拍）＋グーチョキ（1エン）×6回（6拍）＋パー（7エン）パー（8エン） 　♪口伴奏 ⑵一部を変えて自分のオリジナルの動きを作る（3人組で一緒に工夫してもよい） ⑶3人組で友達とオリジナルの交流 　友達の動きを真似てもよいし，自分の動きを踊っていてもよい。ケンパーやジャンケンをつなぎ，踊り続ける。 　♪「Beautiful feat. Trey Songz」／AI 　♪「大丈夫だよ」／FUNKY MONKEY BABYS など	・今日のダンスキーワードは気軽に・ノリノリです。次にどうしたくなるか，動きながら体に聞いて気軽に続けて踊ります。止まらずに，困ったらひたすら繰り返そう。 ・タタ・タン休む×2＋ター・タタ×6＋タン・タンの刻み方で足はこびをグー，パーと，はっきり，抑揚をつけ，切れよく口伴奏しながら踊ります。 ・同じこと繰り返していると飽きてこない？　飽きたら少しだけ変えて踊り続けよう。 ・どこを変えようか？　ラストをパパパパ（7エン8エン）と速く刻む？　はじめのググパーを4回（16拍）続けようか。
まとめ	4. 近くのグループと交流会　　（5分） 5. 振り返り　　　　　　　　（5分） ・学習カードへの記入。	・踊りの組み合わせ方やリズムの変え方を真似っこしてみよう。自分だけの世界より広がるよ。 ・口伴奏で踊れたかな？　体のリズムが音楽のリズムと出会って，一致していくとノリノリ感が味わえる。どうだった？

●動きの指導のポイント──ヒップホップのアップとダウンの２種類の踊り方とその特徴

〈あぐら座になって骨盤に意識を置いて練習する〉

　尾骨と坐骨を知らせる。片手ずつお尻の下に手を入れ，痛みを感じる尖ったところが坐骨，その間の平たく感じる骨（仙骨）の真ん中の一番下が尾骨。尾骨の上げ下げ（骨盤の傾き）からアップとダウンの感覚を習得する。

　[アップ] 体が伸び上がるイメージ

　・アクセントのときに尾骨を床から上げ骨盤が反る。

　・へそがやや斜め下向きに／下腹部が長くなる感じ。

　・速いテンポ。

　[ダウン] 体を下げて沈み込むイメージ

　・アクセントのときに尾骨を床につけ，骨盤がやや丸くなる。

　・へそがやや斜め上に／下腹が短くなる感じ。

　・比較的ゆっくりとしたテンポ。

アップ　　　　ダウン

〈その場足踏み（マーチング）で比較すると〉

　[アップ] 足が床についた（踏んだ）ときに膝が伸びて，腰が反る感覚。

　[普通の足踏み] 骨盤の動きを特に意識しない。

　[ダウン] 足が床についたときに膝カックンのようにカクンと曲げると，反対脚が自動的にヒョイと上がる。へそが上向きになる。

〈骨盤を動かすと踊った感じがする〉

　上記の３種の「足踏み」を行う。すると，普通に足踏みするだけでは踊った感じがしないが，骨盤の動きを伴うアップとダウンをすると踊った感じが味わえる。それは「骨盤が動く」，すなわち「体の中心」が動くからである。骨盤の動きが手足につながり，体の中心に活力が生まれる。

　　＊ダウンの動き方はヒップホップらしい体の使い方の典型である。アップならば５歳児でも踊れるように，アップのほうが取り組みやすい。どちらかというと，ジャンケンのグー・チョキ・パーはアップ向き，ケンパーはどちらでもできる。

■生徒に伝えたい豆知識
　ヒップホップカルチャーは1970年代のニューヨークのサウスブロンクス地区で生まれた文化と言われる。ヒップホップダンスは，アフリカンアメリカンを中心に「自分らしくありたい」「自分を誇りに思いたい」という願いの表現として生み出された新しいダンスフォームである。
　私たちも「誇り高く」「堂々と」精一杯踊り（生き）ましょう。

●体の使い方にアップを入れた展開例

　左ページの指導案はケンパーや足ジャンケンから入っているが，体の使い方からの導入もある。以下はその展開例。

　W.U.：あぐら座でアップとダウンの骨盤の使い方を確認。次に足踏みのステップでアップとダウンの練習。

　展開：⑴いろいろなケンパーを組み合わせて踊る。

　　　　⑵ジャンケンを踊る。

　　　　⑶W.U.で練習した足踏みをつなぎに入れて長く踊る。

　　＊大半はアップになると予想される。誰かがダウンになったらそれを取り上げて真似てみるのもよい。子どもは両方できなくてもよいが，教師は示範できることが望ましい。

　　＊ケンパーやジャンケンは繰り返すと，自ずと変えたくなる。それまで無理に変えることを求めない。

●リズムに「乗る」指導のポイント

〈「乗る」とは？〉

　調子のよい様を「波に乗っている」とか，コンサートで盛り上げの檄として「乗ってるかい！」と使われるように，何かと「一体化した状態」に用いられる。ダンスでは，体の中のリズムが音楽のもつリズムと一体化し，「こうしよう」とあらかじめ準備した動きではなく，次々に勝手に湧いてくる状態になったときに「乗っている」と言う。

〈ノリノリを導く１つのやり方〉

　口伴奏で動くと自分の動きとリズムが一致しやすい。仲間と一緒に口伴奏するとそこにも「一致」の調和が生まれる。一体感が大きくなると「ノリ」につながる。その状態に誘ってから音楽を用いると「ノリ」がよくなる。音が鳴ったらいきなり踊れるには相当の熟練を要する。できなくて当たり前，まずは口伴奏から始めてみよう。抑揚をつけ，キレよく，はっきりと発声するとよい。

　創作ダンスにおいて擬態語や擬音語で発声しながら表現するのも同じ原理である。「ノリ」を動きの生命力と言い換えることもできるだろう。

〔原田奈名子〕

7 床を使って ブレイクダンスみたいに

ダイナミックな動きを加えて

ダンスキーワード
（DKW）
高さの変化

◼1 学習の目標

1. リズムに乗りながら，足以外の部分を床につけた動きを工夫する。
2. 1人ではできないブレイクダンスのようなダイナミックな床技の感覚を2人で協力して味わう。
3. 自分たちの工夫した動きをグループで交換し合い，一緒に踊る。

◼2 学習の進め方

	学習活動	指導の要点と言葉かけ
導入	1. ダンスウォームアップ　　　（15分） ・先生のリードで，いろいろな床タッチの動きに挑戦する。 ・4拍（膝をたたく）→4拍（床を用いて何かをする）の繰り返しでテンポよく。	・今日は「床を使って」できる動きをいろいろと探してみよう。 ・体育座りで膝を4回たたく，右側の床を4回たたく→膝・左，膝・後ろ，膝・前とリズムをとってみる。 　（2回目は，だんだん遠くの床をたたく） ・両手をついて足でリズムをとる（4拍で右・左・前・後ろ）。片手だけついて，足は自由に！ ・膝4回→床を移動（転がるをやって，他には？） ・膝4回→床で止まる（足以外，どこがある？）
展開	2. 2人組で動く　　　　　　　（15分） ⑴移動しながら床タッチ ・ランニング→足以外を床について移動 　（既習のステップがあれば自由にステップを踏みながら踊ると，より上達感が得られる） 　①音楽に合わせて，前の人を真似て動く。 　②見つけた動きの交換をする。 　③先生のヒントを参考に動きを工夫する。 　♪「Billie Jean」／Michael Jackson　など ⑵力を合わせてできること 　①回す，引っ張る。 　②手をついてポーズ。 　（ペアに助けてもらう） 3. お気に入りの動きの流れを練習する 　　　　　　　　　　　　　　　（7分）	・足以外のいろいろな部分で床タッチできるかな？腕で？　背中で？　おしりで？　試してみよう。 ・移動しながらやってみよう！ ・ホイッスルが鳴ったら前の人がやった動きを真似してね。1番が前でリズムに乗ってランニング（だんだんに自由な動きで）→ホイッスルが鳴ったら床移動→次のホイッスルですぐに立ち上がる（繰り返す）。 ・片手をついて滑り込む，手で歩く，尺取虫などを共通で体験させるとよい。 ・どんな動きがあったか半分ずつ見せ合い，おもしろい発見を一緒に動いてみる。 ・1234（拍手しながらジャンプ）→5678（バービージャンプ）。前や横にもできるかな？　片手を交互にできる？ ・ブレイクダンスの回転技やフリーズ（右ページ写真）みたいなことに挑戦しよう。でも1人では難しいから，友達の力を上手に借りようね。床に足以外の体の部分が必ずついている状態で回って決めポーズを作る。 ・お気に入りの回転技から決めポーズを見せ合おう。 ・2人でランニング→床の動き→Aさん回る・ポーズ→Bさん回る・ポーズ
まとめ	4. みんなで踊る　　　　　　　（8分） 5. 授業の振り返り・まとめ　　（5分） ・学習カードへの記入。	・大きな円を作って，その中で順番に作ったものを見せ合おう。 ・みんなで一緒に自分たちのお気に入りを踊ろう。 ・どんな動きが見つかったかな？　リズムに乗れたかな？

62　第4章　リズムを手がかりにした動きの工夫──現代的なリズムのダンス

●ブレイクダンスの床技もどきを味わう

　ヒップホップダンスの中には「ブレイクダンス」と言われるジャンルがある。特に男子は挑戦してみたいな，と思うようなダイナミックでかっこいい動きである。しかし，「ブレイクダンス」ですでに名称のついている床技は，難度も高く，体を支えるための筋力を必要とするため，時間をかけた練習なしに身につけることは難しい。

　例えば，「ウインドミル」(脚を大きく振り回し床で回転する技)，「ラビット」(逆立ちでジャンプする技)などは，見ていてもわくわくする感じがする。また，「フリーズ」(決めポーズ)も腕支持でピシッと決めるポーズには憧れをもつだろう。できる生徒には無理のない範囲で，筋力の十分でない生徒にも仲間の力を借りてチャレンジさせてみたい。ここでは「ブレイクダンスもどき」として，いわゆる立ったままでリズムに乗って踊る(立ち踊り)とは，違った感覚を味わわせ，動きの幅を広げる。

●見せ合いの進め方

　クラス全員が大きな円になって，中に発表グループ(2人組が3グループくらい)が入って踊り，まわりで手拍子で盛り上げてもよい。見せ合える雰囲気のクラスは座ってもいいが，見せ合うことに慣れていないクラスは，立ったまま手や足でリズムをとっていてもよい。

　グループの入れ替わりのクラップ(手拍子)のリズムを決めておき，みんなで合わせると，まわりの人も踊っている気持ちになれる。例えば，「拍手を2拍，膝を1拍」(トントン，タン)を繰り返す。

■床タッチでリズムをとる

手で床タッチ

■生徒から出てきた床の動き

背中すべり

手で支えて足で床タッチ

腕立てで跳ぶ

尺取虫

■仲間の助けを借りて

2人組で回す

2人組でフリーズの気分を味わう
入り方を工夫するとそれらしくなる

円の中で踊る

〔中村なおみ〕

8 変化とまとまりをつけて 学んだことを生かして オリジナル作品発表会（2時間続き）

■ 学習の目標

1. 好きなリズムの曲を選んで，リズムの捉え方や動きを工夫し，オリジナルダンスを創る。
2. 2人で対応する動きや群（集団）の動きを工夫して，作品の展開に変化とまとまりをつける。
3. 創った作品に愛着をもち，全身でリズムに乗ってノリノリ，メリハリ，ダイナミックに踊る。

■ 学習の進め方（1時間目）

	学習活動	指導の要点と言葉かけ
導入	1. リズムの異なる3曲（1分程度）を聴き，好きな曲を選んでグループ分け （10分） ♪「ハピネス」（大きく弾む），P52参照 ♪「Beat It」（キレよく動く），P54参照 ♪「残酷な天使のテーゼ」（強く速く） など ・先生と一緒にこれまでの動きの復習。 ・グループの人数は5〜9人。	・これまで，いろいろなリズムの曲に合わせて踊ってみました。今日は，それらの曲の中で自分が一番好きな曲を選んでオリジナル作品を創り，次の時間に発表会をします。 ・今までの授業で使った曲をもう1度かけるからよく聴いて，どれにするか決めてください。 ・体を動かしながら聴いて前回までやった動きを思い出そう。 ・1番の曲でやりたい人は？（挙手）入口側に集合……。 ・10人以上集まったらグループを2つに分けるよ。
展開	2. 作品づくりの条件を理解する （10分） 　DKW：群の変化 ・1人1案は必ず動きを提案する。 ・2人で対応する動きや群の動きを入れる。 (1)「集まる―とび散る」（P18参照） (2)「集まる―1人とび出す―見る」 ・先生の太鼓に合わせて。 3. グループ創作 （25分） ・グループごとに曲を流す。 (1)グループ内3人組でリーダーに続け (2)(1)で見つけた動きから「1人1案」を選び，3人分をつなげる (3)3人組の動きをグループ内で見せ合い共有 (4)グループで選んだ動きを再構成する	・作品づくりの条件は「1人1案」と「群の変化」です。グループ全員の動きのアイデアをつなげて世界にたった1つのオリジナルダンスを創ろう！　作品にメリハリがつくように，群の動き・空間の使い方を工夫しよう。 ・グループで群の変化「集まる―とび散る」を練習するよ。 ・このような全員での群の動きや，2群で対応する動き，2人組の動きなどを作品のどこかに必ず入れてください。 ・グループ内で2〜3人組チームを作って，曲に合わせてリーダーに続け方式でどんどん交替して動こう。これまで授業でやった動きでも，新しく作ってもいいよ。 ・いい動き，おもしろい動きは見つかった？　「1人1案」各自の代表作を選んでつなげよう。 ・相談ばかりしていても動けない。「ダンスは動いて作る」こと。出た案をみんなで動いてみて踊りながら考えよう。 ・どこかに「群の動き」を1つ以上入れよう。
まとめ	4. できたところまでを通して踊る （5分）	・できたところまで作品構成表に記録しておこう。

（2時間目）

	学習活動	指導の要点と言葉かけ
導入	1. 前回作ったフレーズの復習 （5分）	・まず，前回作った動きを思い出して動くよ。
展開	2. グループ創作のつづき （20分） 3. リハーサル （5分）	・あと20分くらいで作品を完成させてください。「群の動き」は効果的に使えているかな？ ・できたグループは何度も踊り込んで完成度を高めよう。 ・さあ，リハーサルいくよ。初めのポーズ！
まとめ	4. 発表会 （20分） 　DKW：ノリノリ・メリハリ・ダイナミック ・1グループずつ発表。 ・鑑賞したらすぐに一言メッセージを書く。	・ノリノリ・メリハリ・ダイナミックが大事だったよね。間違えてもいいから，思いきり大きく動こう。見る人は手拍子で応援。 ・印象的なオリジナルの動きや群の工夫があった？　よかったところを一言メッセージに書いて発表グループに渡そう。

●みんなの作品にするために「1人1案」

グループ作品づくりの際にありがちなのが，一部の生徒が全部を決め，他の生徒は踊るだけのお客様状態になること。そこで，全員参加のために「1人1案」を条件づけるとよい。

- リーダーに続け方式で見つけた動きを共有して作品に用いる。縦に並ぶと自然と移動する動きが出てきて空間の使い方に変化をつけやすい。
- グループを2〜3人の小チームを分け，曲の区切りのよいところで分担して創作する。

●平坦な動きから脱却させるために「群の動き」

生徒は正面向き・整列・ユニゾンの単調な群構成に陥りやすい。作品づくりの際に「群の変化」を意識させ，空間にメリハリをつけるように促す。

〈指定した群の動きから選択させる〉

「集まる―とび散る」「個と群」「2群で対応」「2人組の動き」などの群の動きから1つ以上を選んで取り入れるように条件づける。

〈グループを回ってアドバイス〉

生徒が見つけた動きの中から，移動できる動きや，向かい合って，バラバラの方向で，タイミングを変えて動くとおもしろい動きを指摘する。

●音楽等の教材・教具の準備

候補曲は，これまでの授業で使用したものか，生徒のよく知っているロック，ヒップホップなど異なるリズムやノリ・テンポの曲から，クラスの人数や生徒の様子に合わせ2〜4曲選ぶとよい。

現代的な曲は基本的に8拍で1小節，8拍×4でまとまったフレーズになっているので，その倍数を使うと区切りがよい。多くの曲がイントロから1番の終わりまでの切りのよい長さが8拍×16〜20小節程度（1分30秒前後）である。使いたい曲の構成に合わせて編集しておくとよい。候補曲の構成表があると作品創作の見通しが立てやすい。

しかし，2時間で創作するには1分30秒は長いので，イントロ（8拍×4程度）は「ポーズでリズムに乗って待つだけ」と約束しておくと創作部分が減って楽になる。

●発表会のやり方

作品名は曲名のままでもいいし，タイトルをつ

リーダーに続け方式で「1人1案」見つけた動きを共有

全員「集まる―とび散る」でダイナミックに

1対多「1人とび出す―見る」で対応して動く

定番「トレイン」で群の時間差

けてもいい。初めに前に並んで自己紹介，「お願いします」で観客は拍手，拍手が鳴りやまないうちに最初の位置についてポーズ，全員がピタッと止まったら曲を流す，という段取りを伝える。

観客はよく見て，手拍子や声援で盛り上げること，終わったら盛大な拍手を送ることを約束する。最後に一言メッセージを贈って評価し合う。

現代的なリズムのダンス作品構成表

①ハピネス		② Beat It		③残酷な天使のテーゼ	
イントロ 8×4	ポーズでリズム取り	イントロ 8×4	ポーズでリズム取り	イントロ 8×5	ポーズでリズム取り
歌 A 8×4		ギター 8×4		サビ 8×4	
歌 B 8×4		歌 A 8×4		歌 A 8×4	
サビ 8×4		歌 A' 8×4		歌 B 8×4	
ららら 8×4		サビ 8×6		サビ 8×6	

〔中村恭子〕

❖いろいろな「発表」と「交流」❖

１時間の授業や単元の締めくくりに，工夫した踊りを見せ合って「発表」したり，一緒に踊って「交流」する方法にはいろいろあります。広い意味では発表（見せ合い）も交流（動きの交換・コミュニケーション）の１つですが，現代的なリズムのダンスでは発表を観賞するだけでなく，鑑賞者が手拍子や声援を送ったり，一緒に踊ったりしてリズムや動きを共有して楽しむことを「交流」と呼んでいます。学習のねらいや生徒の状態に応じて効果的な発表や交流の機会を設け，学習のまとめをしましょう。

■学習過程で即興的に動きを交換して交流

２～４人組で，グループ同士で，リーダーの動きを真似したり，相手の動きにかけ合って踊り交流します。輪になったり対面したりして互いを見ながら動くと相手の反応が見えて安心して踊れるし，お互いの動きの中から次のアイデアが生まれます。列になって自由に移動して踊ると，すれ違うグループの動きも見ながら学習できます。

■学習のまとめとして作った動き，工夫した踊りを見せ合って発表・交流

①２～３グループ間でのミニ発表，②ペアグループの動きを一緒に踊って交流，③全体の半分ずつ発表，④２～３グループずつ発表，⑤１グループずつ次々リレー形式で発表などがあります。発表の場は舞台と客席を分けず，みんなで輪を作った中で踊る形式だと観客との距離が近くなり，応援も届きやすく盛り上がります。発表順は，発表者が次のグループを指名する，我こそはと思うグループから出てきて発表，などとするとゲーム性を楽しめます。

即興で作った動きをグループ間で見せ合い

ペアグループの動きを一緒に踊って交流

■バトル形式での交流会

本章④の２時間続きのミニ発表会を，作った動きを相手と交互に踊り合うダンスバトル形式での交流会にするのも楽しいです。相手を挑発する動きを工夫したり相手の動きに対応したりして踊ると，見せ合いとは違った迫力や高揚感を味わえます。周りで観る人は拍手や声援を送り，対戦を盛り上げましょう。

バトル形式で相手とかけ合って交互に踊る。観る人は周囲を囲んで手拍子で盛り上げよう！

■舞台形式の作品発表会

進んだ段階では，数時間かけてまとまった作品を創り，発表をするとよいでしょう。その際も手拍子や声援は欠かせません。みんなで発表を盛り上げることが大切です。

ONE POINT COLUMN

第5章
取り組みやすくて奥が深い
——フォークダンス

〈日本の民踊〉

1——笠を使ってダイナミックに **花笠音頭（山形県）**

2——鳴子を鳴らして賑やかに **よさこい鳴子踊り（高知県）**

3——太鼓のリズムに乗ってしなやかに **さんさ踊り（岩手県）**

〈外国のフォークダンス〉

4——軽快なステップと隊形変化 **バージニア・リール（アメリカ）**

5——パートナーチェンジが楽しい **ヒンキー・ディンキー・パーリ・ブー（アメリカ）**

6——ひねるステップと一体感を楽しむ **ハーモニカ（イスラエル）**

■ワンポイントコラム——フォークダンスの取り扱い方

長く人々に伝承されてきたフォークダンスは，
みんなで楽しく簡単に踊れる動きでありながら，
洗練された形式のものが数多く存在します。
各地域・民族の歴史と文化的背景についての知識とともに
特徴的な動きを学び，踊りを通じて自国と外国の伝統的文化を
体感できるところがフォークダンスの魅力です。
この章では，日本の民踊と外国のフォークダンスの中から，
生徒の運動欲求を満たすような
律動的で運動量の多い6つの踊りを紹介しています。
踊り方を理解するためだけでなく，生徒の主体的な学習を
支援する指導の進め方にも着目して読んでみてください。
きっと，ここに掲載されていない曲目を扱う際にも適用できる
フォークダンス学習指導のポイントが見えてくるでしょう。
先人の遺した文化を伝えることは大切な教育だと思います。
変わらず広く愛されてきたダンスを体験させたいですね。

1 〈日本の民踊〉笠を使ってダイナミックに
花笠音頭（山形県）

■ 学習の目標

1. 日本の民謡「花笠音頭」と踊りの由来を知り，特徴的な笠の動きを生かして踊る。
2. 仲間と高め合いながら，掛け声とともにリズムに合わせて楽しく踊る。

■ 学習の進め方

	学習活動	指導の要点と言葉かけ
導入	1. 花笠音頭の特徴を知る　　　　（10分） (1)花笠音頭の由来を知る (2)花笠の動かし方をいろいろ試して楽しむ	・花笠音頭は山形県の踊りです。「ヤッショウマカショウ」は土木作業するときの掛け声。花笠を持って元気に踊ります。 ・どのような動かし方ができるか見つけよう。 ・花笠をひるがえしたり回したりすると，変化があってすてきだね。
展開	2. 花笠音頭の特徴的な踊り方を習得する 　　　　　　　　　　　　　　（20分） (1)花笠音頭の踊り方を覚える (2)特徴的な2つの笠の動かし方を習得する ・左右にひるがえす動き ・斜め前に踏み込みながら花笠を1回転させる動き 3. 仲間と教え合う　　　　　　　（10分） ・掛け声とタイミングをつかんで踊り込む。	＊花笠音頭の映像を見せ，おおまかな踊りの特徴を捉えさせる。 ・歌を歌いながら踊り方を覚えよう。 ・花笠の動かし方がちょっと難しいところがあります。ゆっくり練習しましょう。 ・笠をひるがえしたとき，ビシッと笠が肘に当たるぐらいに勢いよく動かしてみよう。 ・笠の動かし方を2人組で練習しよう。 ・「ヤッショウマカショウ」と元気に掛け声をかけながら踊ろう。
まとめ	4. ペアグループと見せ合い，相手のよいところを見つけ合う　　　（10分） ・メリハリをつけて踊っているか。 ・花笠をしっかり目で追っているか。	・右へビシッ！　左へビシッ！　しっかり止めてメリハリ！ ・花笠を目で追ってごらん。いつも目は花笠に向けるといいね。 ・メリハリと目線ができているか，見てあげよう。

●生徒に伝えたい踊りの由来と特徴

　東北五大祭りの1つである「花笠祭り」において踊られるのが「花笠音頭」である。菅笠に赤い花飾りをつけた花笠を手にし，「花笠音頭」に合わせて街を踊りながら練り歩くのである。

　「花笠音頭」は大正中期に，土木作業時の調子合わせに歌われた土突き歌が起源と言われている。昭和初期にこれが民謡化され「花笠音頭」となった。また踊りについては，菅で編んだ笠に赤く染めた紙で花飾りをつけたものを景気づけに振ったり回したりして踊ったのが発祥と言われている。「ヤッショウマカショウ」の掛け声が響き，動きに合わせ，花笠が揺れ動く華やかな踊りである。

●指導のポイント

　花笠音頭は花笠を操作する特徴の他に，日本の踊り特有の体の使い方がある。踊り方を覚える前に足や腰の動かし方の基本を確認する。両足をしっかり開いて，腰を落として重心を低くしたまま左右に重心を移す動きや，腰を屈めて自転する動きを練習するとよい。また，初めに笠の動かし方を自由に試させるとよい。いろいろな動かし方を楽しむ中で，笠の操作に慣れさせていく。

　いよいよ笠を持って踊り方を習得するときは，丁寧に笠の軌跡を確認しながら，正確な笠の動かし方をつかませたい。自己流で覚えてしまうと意外と修正が困難である。そのために，覚える段階から笠に仮の花などを付けて，笠の裏表がはっき

●踊り方

 めでた　めでたの

わかまつさまよ　枝も

チョイ　チョイ

笠を左の肩から後ろに回して，左にバシッと笠のふちが腕に当たるように勢いよく決める。左・右・左・右・左と5回左右対称の動きを繰り返す。

左足に重心を移して，花笠のふちで右膝下をポンと打つ。反対に右足に重心を移して同様。重心はそのまま笠を上に挙げて左腕を打つ。反対に左・右・右腕。繰り返す。チョイで，左足を右足に揃え笠を体の前に置く。

さかえて　葉も  しげる

ハー　ヤッショウマカショウ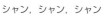

シャン，シャン，シャン

笠を左に回しながら，右足を左前に踏み込んで，左足をその場に下ろす。右足を下して笠を体の前に置く。反対に行う。

足踏みをしながら笠のふちで右膝左膝と軽くたたき，右足で軽く跳びながら笠を上に挙げる。

前屈みになり，左足から4歩自転し，笠は右手で持ち背中に乗せるようにした後，左手で受け取る。

左右と笠で膝を軽くたたいて足踏みをし，最後に両足を揃える。

りわかるようにしておくとよい。

　また，示範は，生徒と対面する形より，同じ向きで示したほうがわかりやすい。できれば指導者を複数にして，示範者と説明者とを分けるとよい。

●踊り方のポイント

　笠を頭上に回すときは素早く，左横に笠をひるがえすときは右に重心をはっきりと移して，笠の裏が腕にビシッと当たるように止めるなど，メリハリを大切にしたい。左右に重心をはっきりと移すことが肝心である。目線の使い方も重要で，笠の動きを追うように動かすと動きが大きくなる。「ヤッショウマカショウ」と元気に掛け声をかけながら自転する動きでは，腰をしっかり屈めて，笠を背負うように動かすとよい。

●発表の工夫

　花笠音頭は華やかさと力強さがあり，運動会などでの発表は効果的である。クラスごとや列ごとに笠に付ける花の色を変えたり，へこ帯などを襷掛けにしたりすると，踊りの雰囲気を盛り上げる

ことができる。

　踊りは5つのパターンが何度も繰り返される構成なので，フォーメーションを工夫すると楽しい。

　例①列ごとに動きを逆向きにしたり，向き合って踊ったりする。

　　②立って踊ったり，座って踊ったりする。

　　③直線，円など隊形の工夫をする。

●作品構成のヒント

　創作ダンスの題材「夏祭り」で学んだことを生かした構成にすると，日頃の授業内容をも発表することができる。例えば，花笠を御神輿に見立ててグループで練り歩きながら入場し，グループごとに「夏祭り」のイメージで見つけたものを表現する場面を設ける。その後，隊形を整えて「花笠音頭」を踊るのである。創作ダンスの自由な動きと，花笠音頭の揃った動きとが互いに引き立て合い，印象深い作品となる。

●大切にしたい学び

　重心を落として日本の踊りの特徴を捉えて踊ることができたか，リズムを感じながら花笠を動かすことができたかを重視する。また，何よりも元気に掛け声をかけて楽しく踊ったり，難しい動きの習得に粘り強く取り組んだりしている姿を認め合う態度を育てたい。

〔長津　芳〕

2 よさこい鳴子踊り（高知県）

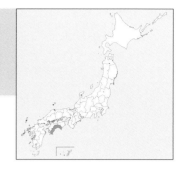

■1 学習の目標

1. 「よさこい鳴子踊り」の由来について理解する。
2. 特徴的な踊り方を覚えて，鳴子を元気よく鳴らしながら，仲間と一緒に楽しく踊る。

■2 学習の進め方

	学習活動	指導の要点と言葉かけ
導入	1. よさこい鳴子踊りの特徴を知る（10分） ・よさこい鳴子踊りの由来を知る。 ・鳴子を鳴らして音を楽しむ。	＊よさこい鳴子踊りの由来を知らせる。 ・曲を聴きながら手首を軽く動かして，いろいろな位置で音を出してみよう。
展開	2. 今日の課題をつかむ（20分） ・よさこい鳴子踊りの踊り方を覚える。 3. 4人組で苦手な動きを教え合う（5分） 4. 4人組で覚えたところまでを通して踊る（5分）	・よさこい鳴子踊りの踊り方を覚えよう。 ・踊りに合わせて鳴子の音も出してみよう（部分練習）。 ・教え合いながら繰り返して覚えよう。 ・音楽を流します。順番にリーダーになって，好きな方向へ進みながら踊ってみよう。
まとめ	5. 近くのグループと見せ合って，相手のよいところを見つけたり，動きの確認をしたりする（10分）	・リズムに乗って楽しく踊ろう。 ・上手な人の動きを真似してみよう。

●踊り方（☆は鳴子を鳴らす）

ヨッチョレヨ，ヨッチョレヨ

左手左肩前・右手左腰前☆左右逆にもう1回☆。

ヨッチョレ×2　ヨッチョレヨ

鳴子振り右へ右足から3歩。4で肩前に挙げ☆，左へ同様。

高知の城下へ来てみいや

横から両手挙げ斜め右へ右足から3歩，4左膝挙げ頭上☆，左へ同様。

じんばもばんばも

右足前両手挙上で前から開き，左右と足戻して胸前で掌下☆。

よう踊る

右手肩から胸前に降ろし☆，左☆右☆と3回。同側足踏み。

鳴子両手に　よう踊る×2

右へ右足から3歩頭上で右左右☆，左へ右へ繰り返す。

土佐の〜ヨイヤサノサノサノ

足止。両手振り下ろす。1回目3☆。2回目5☆。

高知のはりまや橋で

左足から11歩前進，鳴子頭上で左右に揺らす。

ヨイヤサノサノサノ

右足後ろに引き，左斜め上から右斜め下に5☆。

坊さんかんざし買うを見たソレ

右足前に出し，頭上から右前左横で☆，6回目手足揃え。

よさこい，よさこい

左足前,左手肩前・右手左腰前☆，そのまま重心右足で左右逆☆。

ホイホイ

左足前左肩上☆，右足前右肩上☆。間奏前進左右胸前☆。

●生徒に伝えたい踊りの由来と特徴

　よさこい鳴子踊りは地域活性化などをめざして高知県で誕生した踊りで、鳴子を両手に持って踊る独特のスタイルが特徴。本来、鳴子は作物を守るための鳥獣よけの道具で、田畑の周囲に紐で吊るし、大きな音で動物を驚かすために作られたもの。その賑やかな音を踊りに活用し、高知の民謡「よさこい節」に振り付けたのが始まりである。「よさこい」は「夜さり来い」という古語が変化した言葉。曲も鳴子の音も心湧き立ち、楽しく踊れる民踊。元気よく賑やかに踊りたい。

　本書で紹介する正調「よさこい鳴子踊り」の他に、鳴子を持つことと、よさこい節のフレーズを使用することを条件に、曲調や振り付けを自由にアレンジして踊る「よさこい祭り」がある。伝統に創造の息吹を吹き込んだこのスタイルは、北海道の「よさこいソーラン」にも応用され、全国に広がっている。

●指導のポイント

　踊り方の学習の前に、踊りの由来や当時の生活を知ることから始めたい。道具や振り付けの意味を理解することで、踊りの世界が広がってくる。

　この踊りでは鳴子を操作するという独特の学習があるが、初めに鳴らし方を試してみれば、後は腕の動きと一緒に自然についてくる。生徒は鳴子を持つとすぐに鳴らしたがるので、最初に鳴子の鳴らし方を教えて、いい音が出せるようになると納得して踊りに集中できる。音を立てない部分では鳴らさないように、扱い方の意識を高めたい。

　踊り方を教える際は、ゆっくり歌いながら動き方や鳴子を鳴らすタイミングを丁寧に教えるとよい。途中でペアやグループでの習熟時間をとると教え合いの学習もできる。

　踊りを覚えたら構成などを考え、運動会などで発表してもおもしろい。グループで自由に振り付けを工夫する学習に発展させても楽しい。

●鳴子を自分で色つけ「舞（マイ）鳴子」

　鳴子を業者に注文すると、きれいに着色された鳴子（写真左）が届く。それを使っても楽しいが、学習時間に余裕があ

るときは白木の鳴子（写真右）を注文して自分で色付けするのもさらに楽しい。各自で図柄を考えて濃い目の絵の具で着色した後、ニスを塗るとよい。白木の鳴子は着色鳴子より若干安く買える。図柄を考えて色を塗るまでを総合的な学習の時間で扱うこともできる。自分だけの「舞（マイ）鳴子」があると踊りにも熱が入る。

●鳴子の鳴らし方のポイント

　鳴子の首の部分を親指と人差し指の間に挟んで軽く持ち、手首を背屈させる（A）。手首のスナップを効かせて掌屈しながら柄を握って鳴らす（B）。腕全体、体全体でアクセントをつけて打ち鳴らすようにする。

●踊り方のポイント

　軽快なリズムに乗って弾んで踊る。移動は足だけでなく腰も一緒に振るような感じで。全身の動きでリズムを捉え、鳴子の音を体の動きで揃えるようにする。よさこい祭りでは「サンバ調」「ロック調」で踊られるほど体の動きや足運びはノリノリ・ダイナミックである。

●大切にしたい学び

　きちんと刻まれたリズムで、鳴子の音を楽しんだり楽しく踊ったりすることが第一である。技能では、足の動きと腕の動きを同調させてリズムを刻めているかを目標に、ペアやグループでの教え方など学び方を重視したい。

〔山下昌江〕

❸ 〈日本の民踊〉 太鼓のリズムに乗ってしなやかに
さんさ踊り（岩手県）

❶ 学習の目標

1. 岩手県盛岡市に伝わる踊りの由来と特徴を理解する。
2. 太鼓の口唱歌を覚えて和風ボイスパーカッションを楽しむ。
3. 緩急をつけたしなやかな手振りと柔らかな膝の屈伸で，軽快な太鼓のリズムに乗って力強く踊る。

❷ 学習の進め方

	学習活動	指導の要点と言葉かけ
導入	1. さんさ踊りの由来と特徴の理解（10分） ・映像鑑賞しながら説明を聞く。	・岩手県盛岡市の「さんさ踊り」には，多様な踊り方があり，それぞれ太鼓踊りと手踊りがあります。今日は基本的な手踊りを踊ります。
展開	2. 踊り方の学習　　　　　　（20分） ⑴太鼓のリズムを口唱歌で覚える 　　※座って口唱歌の楽譜を見ながら。 ⑵口唱歌に合わせてゆっくり踊り方を練習 　　※立って背面で一斉指導。 ⑶曲に合わせて踊ってみる 3. 4人組で練習　　　　　　（5分） ・踊り方を教え合う。 4. 4人組パレードを半分ずつ見せ合う 　　　　　　　　　　　　　　（5分） 　　※時間がなければ省略する。	・太鼓の音を言葉で表したものを口唱歌と言います。 ・革打ちは腿，枠打ちは膝，撥打ちは両手を打って，太鼓を叩いているイメージで練習してみよう。 ・口唱歌や唄ばやしを歌いながら踊りましょう。 ・着物を着て踊る日本の踊りの特徴は何かな？ ・踊り方を覚えたら，太鼓の音に乗って力強く踊ろう。力を溜めておいて「ダン」で勢いよく動くとかっこいい。 ・4～5人組で，わからないところを教え合ってね。 ・みんなで口唱歌を歌いながら踊りましょう。 ・縦に並んで自由に行進しながら踊りましょう。 ・「さっこらちょいはやっせー」で先頭交替です。 ・見る人も一緒に唄ばやしを声かけて盛り上げましょう。
まとめ	5. 全員で輪になって踊る　　（5分） 6. 「さんさ踊り」の感想を交換　（5分）	・みんなで輪になって踊りましょう。 ・時計と反対回りに進みます。 ・「さんさ踊り」を踊ってみた感想は？ ・学習カードに感想を書いておきましょう。

●生徒に伝えたい踊りの由来と特徴

　「さんさ踊り」の起源は平安後期に黒川に陣を構えた関東武士，鎌倉時代の日蓮上人，念仏僧が伝えたなど諸説あるが，盛岡市那須川町の「三ツ石伝説」が有名。江戸時代初期，南部盛岡城下に現れた羅刹という悪鬼を三ツ石神社の神様がとらえ，改心の証に境内の大きな三ツ石に手形を押させた。喜んだ里人たちが三ツ石の周りを「さんさ，さんさ」と踊ったのが始まりと言われている。

　花笠や五色の腰帯などのカラフルな衣装と，軽快で力強い太鼓のリズムや流麗な横笛，唄に乗せた，しなやかな手踊りが特徴。太鼓踊りは直径約50cmの桶太鼓を腹に着け，打ち鳴らしながらダイナミックに踊る。

　曲目は昭和53年に各地域の踊りを統一した「統一さんさ（統合さんさ，七夕くずし，栄夜差踊り，福呼踊り）」などのほか，各地域で伝承されている多様な踊り方の「伝統さんさ」がある。

　場と隊形は，旧来は地区の広場や寺の境内など一定の場所で踊る「場所固定型」であったが，盂蘭盆に村の家々を回り踊り供養をする「家回り型」，市街地で門付けして踊る「町流し型」へと変遷。「伝統さんさ」は寺や庭先での輪踊り，「統一さんさ」は町流し（パレード）を中心に踊られている。

● 盛岡さんさ踊り「統合さんさ」の踊り方

①だんこん　②だらスこ　③だんカト　④カと

右足前に踏み込み，胸前で右手上にして両手をクロス。

右足に左足を揃えて立ち，両手を開く。

①②を繰り返す。最後に左足に重心を移し，両手を上から左へ回す。

■参考映像
『盛岡さんさ踊り練習用DVD』（盛岡さんさ踊り実行委員会）
■CD
『ザ・民謡ベストコレクション 岩手編』（コロンビア COCF-13284）
『盛岡さんさ踊りCD』（盛岡さんさ踊り実行委員会）

⑤だんカト　⑥カトカト　⑦だんカト　⑧カと

さんさ太鼓

左重心で腰から右へひねる。左から左手右手の順に水平に右へ流す。左右掌を合わせるようにして入れ替え，左手は笠前にかざし右手は右に流す。

⑤⑥と同様に右重心で腰から左へひねり，手を右から左へ流す。最後に右手を上から右上に回す。

⑨だらスこ　⑩だんこん　⑪だんカト　⑫カと

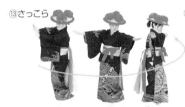

左重心，右足を左足前に交差して出し，胸前で右手上にして両手をクロス。

左重心，右足を右横に出し，両手を開く。

⑨⑩を繰り返す。最後に出した右足に乗り，両手を手首から引き寄せながら右側を向き，顔の横で手を返す。

⑬さっこら　⑭ちょいは　⑮やっせー

右重心，右側で両手を打ち開く。右腰後ろから前に回し，左手リードで左側を向く。

右重心，左腰後ろから前に回し，両手を手首から引き寄せながら右側を向き，顔の横で手を返す。

右重心，右側で両手を打ち開く。両手を開いて正面を向き，前進の準備。

● 指導のポイント

太鼓のフレーズを口唱歌で覚えることで，動きの強弱や乗りを理解することができる。テンポを調節できて練習しやすい。

太鼓があれば，興味のある生徒に太鼓打ちを練習させて生演奏で踊ると楽しい。

日本民踊の踊り方には着物の影響がある。背筋を伸ばす，膝を開かない，腕を水平に動かす，指先を揃えるなどの動作の理由を考えさせるとよい。

● 踊り方のポイント

手の動きは，太鼓のフレーズの1拍目（だん：強拍）の前に動きを溜め，強拍を強く，あとは軽く流すようにして緩急をつけると乗りがよくなる。強拍の足は膝を柔らかく踏み込んで腰を落とす。目線は力点のある手先を見るようにする。

⑬～⑮では後ろから前へ8の字を描くように腰を回すとよい。

〔中村恭子〕

盛岡さんさ踊り「統合さんさ」の太鼓のリズムと口唱歌

口唱歌	だん	こん	だら	スこ	だん	カト	カ	と
太鼓	○	●	○●	△●	○	△▲	△	●

口唱歌	だん	カト	カト	カト	だん	カト	カ	と
太鼓	○	△▲	△▲	△▲	○	△▲	△	●

口唱歌	だら	スこ	だん	こん	だん	カト	カ	と
太鼓	○●	△●	○	●	○	△▲	△	●

口唱歌	だん		カ		キッ	カト	カ	ト	カ		カ	と
太鼓	○		△		☆	△▲	△	▲	△		△	●
唄囃子	さっ		こ	らー	ー	ちょ	い	は		やっ	せー	ー

太鼓の叩き方
○右手革打ち
●左手革打ち
△右手枠打ち
▲左手枠打ち
☆両手撥打ち

4 〈外国のフォークダンス〉軽快なステップと隊形変化
バージニア・リール（アメリカ）

◼️1 学習の目標

1. アメリカのフォークダンスの由来と特徴を理解する。
2. 踊りの特徴を理解し，仲間と協力しながら工夫して，踊ることを楽しむ。

◼️2 学習の進め方

	学習活動	指導の要点と言葉かけ
導入	1. バージニアリールの由来と特徴の理解 (5分) ・地図などを見ながら説明を聞く。	・今日は，17世紀ごろにイギリスに生まれ，移民とともにアメリカに伝わったフォークダンス「バージニア・リール」を踊ります（由来と特徴）。協力して踊りましょう。
展開	2. ペアの動きの練習 (5分) ♪『学校フォークダンス 小学校』（CG-3996） 3. リールの練習 (5分) ・6人（ペア3組）で。 ・踊り方を教え合う。 4. 12人（ペア6組）で列になって踊る (10分) ・列の動き。 ・リールを確認する。 ・まわりの人と感じ合って踊る。 5. マーチとアーチくぐり (5分) ・みんなで工夫することも取り入れる。 6. 通して踊る (5分)	〈男女の列　向かいの人と2人組〉 ・右手同士をつないで1回転。時計回りだね。左手同士をつないで反対回りも。 ・次は両手をつないで時計回り，元の位置にしっかり戻るのがポイント。 ・今度は体の向きを変えないで，今の場所からUの字に歩いて戻ってこよう。ペアと右肩同士が触れるように動くよ（見本）。ドーシードーと言います。左肩同士でもやってみよう。初めからここまで，1度続けてスキップで踊ってみます。 ・2人で両手をつないで横に弾むようにステップ8回。2人のタイミングを合わせて。反対方向へ8回で戻る。 ・では，ペア3組で6人組を作ります。 ・1番前のペア（1組）が右手を組んでセンターで1回転半，互いに隣のペアの異性の前に立ちます。相手と左腕をかけて半回転，センターで自分のペアと半回転と続けます。 ・2番，3番の人は，センターの人に協力して動こう。 ・どうしたら気持ちよく回れるかな？　スムーズに続けよう。 ・今度はペア6組で12人。初めから続けてみるよ。 ・列で向き合って手をつなぎ4歩前進，4歩後退。 ・ペアの動きをそれぞれで。 ・1組の人だけスライディングステップで列の間を往復。 ・6人組で練習した回転を，12人で続けるよ。列の人はセンターのペアを盛り上げよう。 ・自分から手を差し伸べて回ると気持ちがつながるね。 ・曲のリズムを感じて歩くよ。 ・リーダーに続け。先頭のペアの真似をしてみよう。 ・ペアの人やグループのメンバーと息を合わせて。
まとめ	7. 半分ずつ見合う (10分) ・感想を伝え合う。 8. バージニアリールを踊った感想を話し合う (5分)	・気持ちよく踊っていたグループは？ ・楽しむにはどこがポイントかな？ ・踊ってみた感想は？ ・学習カードに感想を書いておきましょう。

●踊り方

(1)列の動き

① 男女各6人で向き合い横の人と手をつなぐ。4歩前進して軽く挨拶。4歩後退して戻る（8拍）。
② スキップで前進してペアと右手をつなぎ，CW（時計回り）に1回転して元に戻る（8拍）。
③ 同様に左手をつなぎ，CCW（反時計回り）に1回転して元に戻る（8拍）。
④ 両手をつなぎ，CWに1回転して元に戻る（8拍）。
⑤ スキップで前進し，右肩ドーシードー（右肩側から背中合わせですれ違って戻る）で後進して元に戻る（8拍）。
⑥ 同様に左肩ドーシードーで元に戻る（8拍）。

(2)リール

① 1組ペア（先頭）は前進して両手をつなぎ，2列の間を最後尾までスライディングステップ8回で進み（8拍），元の位置へ戻る（8拍）。
② 1組ペアは右腕を組み，CWに1回転半して2組の異性の前に立つ（8拍）。
③ 1組男子は2組女子と，1組女子は2組男子と左腕を組みCCWに半回転（4拍），1組同士は列の中央で右腕を組みCWに半回転（4拍）……リール。
④ 同様に3組から6組の異性と半回転，1組同士半回転を繰り返す（8拍×4回）。
　1組男子は男子列側に，1組女子は女子列側に立ち両手をつなぐ（8拍）。
⑤ 1組はスライディングステップで先頭に戻り，全員正面を向く（8拍）。

(3)マーチとアーチくぐり

① 1組男女はそれぞれ同性列の外側を通って最後尾へ進み，2組以下は1組の後ろに続き行進する。1組は最後尾で両手をつなぎアーチを作る（16拍）。
② 2組以下はペアと内側の手をつなぎ，1組のアーチをくぐって先頭の方へ進み，6組までくぐったら2組を先頭に最初の隊形（男女列で向き合う）となる（16拍）。

※以上，(1)(2)(3)を2回目は2組が先頭のペア，1組が最後尾のペアとなって行い，同じ要領で6組のペアが先頭になるまで繰り返す。

■踊りの隊形
・ロングウェイズ・フォーメーション
・男女ペア6組（12人）が基本のグループ
・ペアで並び，2列（男子列・女子列）を作る
・正面に向かって右側が女子の列

　　○　○　○　○　○　○　　女子列
　先頭　　　　　　　最後尾
　　●　●　●　●　●　●　　男子列

●生徒に伝えたい踊りの由来と特徴

　スコットランドの高地民族の踊り"Reel"やアイルランドの"Rinnce Fadha"を起源とし，17世紀イングランドのカントリーダンス"Sir Roger de Ceverly"に発展した踊りが，移民によってアメリカ・バージニア州に渡り，これを原型として生まれたとされる。フォークダンスのパーティーが唯一の社交場でもあった古き良き時代から踊りつがれている。

　ロングウェイズ・フォーメーション（男女5〜7組のペアが2列に並んで踊る隊形）と複雑なリール形式（踊り手が8の字を描くように，他の相手と順にからんで回りながら踊る）が特徴である。

　リール形式は，中世ヨーロッパの宮廷舞踊にも見られる。ステップは簡単だが，フロアパターンが次々と変化していくのがおもしろい踊りである。

●指導のポイント

　この踊りは，リール形式を理解すると楽しめる。そこで，ここでは6人（ペア3組）での練習から12人（ペア6組）に増やすという段階を踏んだ。生徒の実態に応じて，指導方法を柔軟に考えたい。進んだ段階の生徒には，マーチの動きを工夫させるなどの発展も考えられる。

　また，グループとしての関わり（ペアのリードにまわりが積極的に関わったり，合わせて踊ったりすること）が，仲間と息を合わせ，協力する達成感につながっていくよう指導していきたい。
〔栗原知子〕

5 〈外国のフォークダンス〉パートナーチェンジが楽しい
ヒンキー・ディンキー・パーリ・ブー
（アメリカ）

■1 学習の目標

1. 挨拶やパートナーチェンジを楽しみ，誰とでも仲よく踊る。
2. パートナー，コーナー等の言葉や，グランドチェーン，ドーシードーなどの
   ステップを理解して楽しむ。

■2 学習の進め方

	学習活動	指導の要点と言葉かけ
導入	1．説明を聞き曲を聴く（5分） ・掲示で簡単に確認。 ① 円の中へ 外へ ② ドーシードー（パートナーと） ③ ドーシードー（コーナーと） ④ 右手をとって ⑤ グランドチェーン ⑥ グランドチェーン ⑦ クローズドポジションで バズステップ ⑧ プロムナードポジション	・今日は，アメリカの楽しいフォークダンス「ヒンキー・ディンキー・パーリ・ブー」を踊ります。うきうきする曲でしょう？ みんなの知っているオクラホマ・ミクサーと同様，パーティーなどで人気の曲です。パートナーチェンジなどに特徴がありますよ。ここにあるように，8つのパートがあります。全部，8拍ずつです。
展開	2．2人組で練習　　　　　　　（15分） (1)2人組を作り，同性であれば，男子役女子役を決める。男子役にゼッケン。 (2)①から⑧の動きのうち，②ドーシードーと，④右手をとっての回転，⑦クローズドポジションでバズ・ステップ，⑧プロムナードポジション前進の4つを練習する。示範を見る（右ページ参照）。 ②と⑦は数回自由に練習し，元の位置に戻れているか確認する。 3．輪になって練習　　　　　　（15分） (1)パートナーを崩さずに円になる。内側を向いて男性が左にいることを確認。 (2)①円内へ円外へ，②パートナーとドーシードー，③コーナーとドーシードー，④右手で回転，⑤グランドチェーンでパートナーチェンジ，⑥⑤をもう1回，⑦バズ・ステップ，⑧プロムナードポジションLOD（反時計回り）。 (3)一通り動いたら，1度音楽なしで通してみる。グランドチェーンは，抜き出して，何度か練習。みんなで「ひーとり目」「ふーたり目」と声を出しながら行う。	〈対面で一斉指導　女子役生徒の1人と組む。示範は，全体の前でしたり，中央でしたりしながら，全体に見えるように〉 ・男子役は基本左側です。そして，円のときは基本内側ですよ。方向音痴にならないように覚えてくださいね。 ・ドーシードーは重要な動作だから，名前も覚えてください。 ・クローズドポジション，とてもレディーファーストな感じでしょう？ 男性は右手で女性の腰を支え，エスコートしますよ。バズ・ステップで回るときも，4回分でしっかり元の位置に戻れるように，回転します。しっかり元に戻れるようになったかな。 ・ここからはプロムナードポジション。散歩をするように，男性が女性を導く感じです。 ・内側を向いて円を作りましょう。パートナーは男性が左側になっていますか？ ・パートナーを確認したら，その反対隣にいる人をコーナーと言います。コーナーさんとつないだ手を上げてみよう。いろんな人と仲よくするダンスですからね。 ・グランドチェーンは，本当にダイナミックなパートナーチェンジです。慎重にゆっくりとやってみましょう。まず，パートナーの右手を引っ張って前進して次の人と左手をつなぐ，ひーとり目！ その左手を引っ張って次の人と右手をつないでふーたり目！ その人とゆっくり挨拶，また，ひーとり目，ふーたり目，ゆっくり挨拶。挨拶はお互いの目を見てね。 ・バズ・ステップも恥ずかしがらずに相手を見ながら。
まとめ	4．音楽で踊る　　　　　　　　（10分） ・1回通す，時間があれば2回。 5．感想を出し合う　　　　　　（5分）	・では音楽で，仕上げましょう。仲よくなるダンスだから，しっかり顔を見て挨拶してくださいね。 ・踊りの中身を追うので精一杯だったかな。2回目は，もっとこの楽しいリズムに乗ってみましょう。 ・クラスみんな，さらに仲よくなれた気がしましたか？

●踊り方

①〜⑧まで，8拍ずつで構成されている。

■踊りの隊形

シングルサークル。男性はパートナーの女性を右にして，円心を向き，肩の高さで手をつなぐ。パートナーと逆の位置にいる人をコーナーと言う。

2人組で時計回りに回る Clock Wise（CW）と，全体で円周上を反時計回りに回る Line of Dance（LOD）の用語を用いる。

①全員，肩の高さで手をつないで，円心に4歩前進（4拍）。外へ4歩戻る（4拍）。

②ドーシードー。パートナーと向かい合って右肩をすれ違うように前進し，背中合わせをするように右に進んで，左肩をすれ違うように前向きのまま後ろに進む（8拍）。回れ右をしてコーナーと向き合う。

③ドーシードー。コーナーと向かい合って（8拍）。

④パートナーと向かい合って，右手をとり，その場でCW（時計回り）に回る（8拍）。

⑤グランドチェーン。パートナーと右手を引き合い，すれ違う（2拍）。1人目と左手を引き合いすれ違って（2拍），2人目と右手を取り合ってゆっくり挨拶（4拍）。

⑥⑤をもう1度（8拍）。

 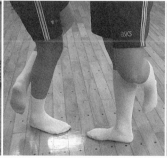 

⑦クローズドポジションでバズ・ステップ。⑥で最後に出会って挨拶したパートナーと組んで，男性が右手で女性の腰を支え，女性は左手を男性の右肩に置く。男性の左手と女性の右手をつなぐ。右足を2人の真ん中に踏み出し，すぐ左足を左斜め後ろにステップ（2拍）。右足を中心に90度くらいずつ2人の同心円をCW（時計回り）で回転するイメージ。4回目は両足を揃えて元の位置。

⑧プロムナードポジション。右手同士，左手同士をつないで円周上を，LOD（反時計回り）の方向に8歩歩く。男性内側。最後は男性を左にして円心を向く（8拍）。

●生徒に伝えたい踊りの由来と特徴

多民族国家のアメリカには，いろいろな種類のフォークダンスがある。このダンスは，有名なオクラホマ・ミクサーと同じように，パートナーチェンジをしながら，みんな仲よくなろうというダンスである。

〔宮本乙女〕

6

〈外国のフォークダンス〉ひねるステップと一体感を楽しむ

ハーモニカ（イスラエル）

❶ 学習の目標

1. イスラエルの歴史的背景を理解し，仲間との一体感を高める踊りの特徴を捉える。
2. クロスステップの特徴を捉えるとともに，力強く躍動的に弾んで楽しく踊る。

❷ 学習の進め方

	学習活動	指導の要点と言葉かけ
導入	1. 踊りの由来と特徴の理解　（10分） ・地図を見ながら国の情勢や，歴史の説明を聞く。	・今日は，故国に対する郷土愛や，その建設に対する勇気と希望など，国全体が躍動している現状を，若々しくリズミカルに踊るイスラエルの踊りの1つを踊ります（地図提示）。 ・はつらつと元気に踊りましょう。
展開	2. 踊り方の練習　（15分） ・横に6〜7人で手をつないで練習。 (1)グレープバインステップとステップホップ (2)ハーモニカステップ (3)体重移動のバランス (4)ランニングステップ ♪『たのしいフォークダンス』／(社)日本フォークダンス連盟（KICW-5061） 3. 6〜7人で輪になって踊る　（5分） ・踊り方を教え合う。 ・感じ合って踊ることを楽しむ。 4. みんなで輪になって踊る　（10分） ・円で両サイドの人と感じ合って踊る。 ・ランニングしながら掛け声をかける。	〈対面（背面）で一斉指導（踊り方は右ページ参照）〉 ・初めにグループで1列になって練習します。 ・クロスステップは腰からひねって踏み込み（沈み），横ステップで立ち上がる。背筋は常にまっすぐに保ったままで。なめらかな腰の上下動，浮遊感が中近東の踊りの特徴です。 ・ステップホップでは膝を高く上げて弾むよ。 ・左足を右足前にクロスしたとき，両肘を曲げて肩の高さまで上げてかわいくしてみよう。 ・両肘を伸ばして肩を組み重心を移動させるよ（バランス）。そのとき相手にもたれかからないように自分で左右に体重をかけよう。隣の人と感じ合って体重移動してね。 ・左にやや前傾しながら，足は後ろに蹴り上げるようにランニングしてみよう。だんだん盛り上がっていくのが特徴だから，「左・右・ハイハイハイハイ」と掛け声をかけて，弾みに勢いをつけよう。 ・今度は6〜7人で輪になってみよう。 ・みんなとノリがよくなるように声を出して踊ろう。 ・ハーモニカステップの踊り方「クロス戻すステップホップ」などを声に出して，みんなでタイミングを合わせよう。 ・ランニングステップからグレープバインステップに変わるとき，スムーズにできるかな？ 〈前奏のとき，出だしがぴったり出られるように，また楽しくできるようにきっかけをはっきり伝える〉 ・大きな輪になり，みんなの動きを感じ合って踊ろう。 ・左右のバランスは，しっかり左右に体重を乗せよう。 ・だんだん輪を小さくしてみよう。グレープバインで広がるよ。 ・ノリノリにするには自分にもみんなにも気持ちを高める掛け声をかけていこう。速くならないで曲を聴いて！
まとめ	5. 半分ずつ見せ合い　（5分） ・意見交換 6. 「ハーモニカ」の特徴について，踊った体験から得た感想を話し合う　（5分）	・元気よく声が出ているかな。 ・上下の浮遊感はあった？　楽しそうに弾んで踊れていた？ ・「ハーモニカ」を踊ってみた感想は？ ・学習カードに感想を書いておきましょう。

●踊り方
(1)グレープバインステップとステップホップの動き

①まず左足から右足の前に交差してステップ。②右足を横にステップ。
③左足を右足の後ろに交差してステップ。④右足を横にステップ。
⑤⑥左足からステップホップ。
⑦⑧右足でステップホップ。
※以上を4セット行う（32拍）。

(2)ハーモニカステップの動き

①左足を右足の前にクロス。腰をやや前に出して両肘を曲げてステップ。②右足を後ろにステップ。
③④円の中心を向いて左足を戻してステップホップ。
⑤右足を左足の前にクロス。腰をやや前に出し両肘を曲げてステップ。⑥左足を後ろにステップ。
⑦⑧円の中心を向いて右足を戻してステップホップ。⑨〜⑫は①〜④をもう1度繰り返す。
⑬⑭中心を向いたまま右足ステップホップ。⑮⑯左足からのステップホップ。
※同様に右足を左足前にクロスから行う（32拍）。

(3)体重移動のバランスとランニングステップの動き

①②で両手を伸ばして肩を組み上体を左足に乗せてバランスをとる。③④で右に傾けて体重移動。
⑤〜⑧左足から時計回りにランニングステップ。　※以上を4セット行う（32拍）。

●生徒に伝えたい踊りの由来
〈イスラエルの歴史とユダヤ人のキブツ（生活共同体）〉

　迫害を受けて強制的に荒れ地に追い出されたユダヤの人々。その人たちが苦しい生活であっても財産を共有し，性・年齢・身分などの差を超えて，社会的平等の理念を貫き，完全に貧富の差を撤廃した組織を作った。その生活共同体をキブツと言う。キブツはヘブライ語で「集団・集合」を意味する。

　貧しくて苦しいときをみんなが支え合い，一体となって生き抜いた強い民族の思いが感じられる，イスラエルの躍動感あふれる踊りである。

〈ハーモニカとは？〉

　ハーモニカといえば小さなリード楽器を思い浮かべるが，このイスラエルの「ハーモニカ」はガラス片や金属板を槌でたたいて鳴らす原始楽器の名前。

●指導上のポイント

　最初から輪になると，クロスステップが含まれる動きを理解しづらいので，初めに1列で練習してから輪を作るとよい。

　掛け声をかけ合うと弾みがついて楽しいが，気持ちが先走って曲を聴かないでどんどん進んでしまうので，テンポが速くならないように注意する。

　バランスステップは左方向から体重をかけるが，左右を間違えると輪が分断してしまうので，初めは左足からであることを理解させる。

〔笠井里津子〕

❖フォークダンスの取り扱い方❖

⑴曲目の選び方

　フォークダンス（日本の民踊，外国のフォークダンス）は世界中に何万種類も存在し，それぞれ味わい深い踊りです。学習指導要領解説に例示されている曲目に限らず，学校の実情や生徒の特性に合ったものを選ぶのがよいでしょう。国際理解の観点から，日本と外国の踊りの両方を体験させたいものです。

　日本の民踊では地域の踊りや代表的な日本の民踊を通して，自国の文化を理解できます。欧米のフォークダンスは，中世の宮廷舞踊の流れから男女のカップルダンスが多いのですが，「男性役が女性役をリードする」ことからレディーファーストの精神を理解するのにも役立ちます。男女で組むことに抵抗があるなら同性で組ませてもよいでしょう。

⑵単元の組み方

　ほとんどの踊りは１時間の授業内で覚えて踊ることができるので，長い単元時数を必要としません。１時間完結学習の積み重ねだけでもよいですし，多様な曲目を取り上げて単元を組み，まとめとしてダンスパーティー形式の交流会を行うのもよいでしょう。また，創作ダンスや現代的なリズムのダンスを中心とした単元の中に１〜２曲取り入れて複合単元を組むのも有効です。

　フォークダンスの利点は，踊り方が決まっているので達成目標が明確で，生徒も先生も安心して取り組めることでしょう。動きが比較的簡単で習得しやすいうえに，生徒の理解の程度が多少不揃いでも，曲に合わせて何回も繰り返し踊っているうちに全員がきちんと踊れるようになります。特に，外国のフォークダンスは欧米由来の基本的なダンス・ステップの習得にも役立ち，複合単元の早い時期に取り上げるとダンスの動きのレパートリーを増やす手立てにもなります。

⑶学校行事への活用

　フォークダンスを数曲覚えたら，林間学校や文化祭などの際に学年や学校全体で踊るとよいでしょう。日本の民踊「①花笠音頭」「②よさこい鳴子踊り」などは１時間目に踊り方を覚え，２時間目以降に隊形移動を工夫して，運動会の演目にすることもできます（第７章⑨阿波おどりもご参照ください）。

⑷視聴覚教材の探し方

　市販の DVD・CD 等が見つからないときは，日本の踊りであれば，各市町村の商工観光課に問い合わせると紹介してもらえます。また，最近ではインターネット上の動画サイトにさまざまな映像がアップされていますので，踊りの曲名を入れて検索すれば，国内外の現地での踊りの様子を見ることができます。

ONE POINT COLUMN

第6章
取り組んでみたい
いろいろな題材
——創作ダンス

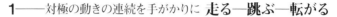

この章では，少し進んだ段階の
学習指導案を取り上げています。
第1章の「ここから始めるダンスの授業——6時間の単元例」
をすでに学んだ生徒たちに，
「次に何を学ばせたらいいだろう？」と
お考えになったときにお読みください。
そして単元を組み立てるには，第8章の
「3ダンス学習の内容と方法」「4単元計画の立て方と単元例」を
お読みいただくと，なぜこれらの内容が手がかりとなるのか，
どういったものを選んだらいいのかをご理解いただけると思います。
新たな題材への挑戦は，きっと生徒の表現の幅を広げ，
質を高めることと思います。

1 対極の動きの連続を手がかりに

走る―跳ぶ―転がる

◆1 学習の目標

1. 力を出しきりダイナミックな空間（高さ）の変化を生み出す。
2. グループで多様にイメージを広げ，いろいろなジャンプを工夫する。
3. 感じを出して途切れずひと流れを踊りきる。

◆2 学習の進め方

	学習活動	指導の要点と言葉かけ
導入	1. ダンスウォームアップ　　　　（5分） ・先生と一緒にいろいろな「跳ぶ」に挑戦する。	・その場でジャンプ！　1・2・3！ ・3のときに一番高く跳ぶよ。 ・3のときにいろいろな「跳ぶ」にどんどん挑戦させていく。例えば，回転ジャンプ，開脚，ヒラッと向きを変えて跳ぶ，空中でポーズを2つ変えて跳ぶ，ライダーキックなど。
展開	2. 先生と一緒に課題を動く　（15分） (1)板書を見ながら，ひと流れを確認する 「走る―跳ぶ，走る―跳ぶ，走る―跳ぶ・跳ぶ―転がる」	・今日は「走る―跳ぶ―転がる」の3つの動きを続けて動いてみよう。 ・ダンスキーワードは，「ダイナミック」。 ・板書「走る―跳ぶ―転がる」がイメージできるように図を描く。声に出して確認させる。
	(2)「ひと流れ」を動く ①その場で流れを言いながらひと流れ。 ②空間を大きく使って思いきり。 ③先生のイメージでひと流れを動く。 　（質感を変えて2種類くらい） ④自分のイメージでひと流れを動く。 3. 3〜4人のグループになりイメージを出し合う　　　　　　　（5分） ・プリントに書き出していく。 4. グループで1つの題名をつけて練習する　　　　　　　　　（15分）	・その場で「小走り―跳ぶ」で，ひと流れを動いてみよう。 ・大きく広い場所を使って思いきり跳んでみよう！ ・激しいものを何か思って跳んでみよう。嵐？　爆発？ 　浮かばなかったら先生の言ったものでやってみてね。 ・やわらかく跳ぶもの，何か浮かぶかな？　羽毛？　舞う花びら？ 　「強く激しく跳ぶ」と「フワッと跳ぶ」のと感じが違うね。 ・自分の気に入ったイメージでひと流れを動いてみよう。 ・どんなイメージであっても思いついたことはどんどん書いてみよう。20ぐらいは出してみよう。片思いのように心が弾けるようなものもあるね。 ・座って考えると体も気持ちも止まってしまうよ。 ・動いてアイデアを出し合いながら創ろう。 ・思ったことはすぐに動いてみよう。 ・高低差をはっきりつけたり，空間を広く生かしたりできるようにアドバイスする。
まとめ	5. 3グループずつ発表をする　（8分） 6. 授業の振り返り・まとめ　（2分）	・他のグループの作品のどこがよくて，どうすればもっとよくなるかしっかり見てみよう。 ・踊る人は，大きくダイナミックに動こう（約束の確認）。 ・どの作品が一番印象に残ったかな。それはなぜ。

🔵 学習のポイント

　準備運動で，教師も一緒に思いきり跳ぶことにチャレンジしておくと，恥ずかしがって小さな動きになることがない。また，おもしろいジャンプに挑戦させ，「他にもあるかな？」と問いかけておき，「跳ぶ」を工夫するようにさせたい。

〈先生と一緒に課題を動く〉

- 何をするのかを生徒が見通しをもてないまま広い空間に自由に走り出すと，収拾がつかない状態になる。その場でひと流れをつかむ→広い空間へ→抜き出して練習という手順が必要となる。
- ひと流れの動きは，途切れないように連続感をもたせたい。特に，「跳ぶ―転がる」は，手をついて安全に気をつけさせつつ，「跳んで〜，着地して〜，ちょっと休んで〜，転がって」と間のびしないよう，一気につなげる。また，2回続けてジャンプするところは，2回目がよりダイナミックになるように声かけする。アクセントがついてもっと印象的になる。
- エネルギーを使うジャンプなので，長く何回も何回も運動をやらせるより，一気に集中させて動かしたほうがよい。
- 動きの工夫ができるように，「高さ，方向，強さ，テンポ，人数」などを変化させられるか。
- ひと流れの初めと終わりは見ている人に明確に。

🔵 グループへのアドバイス

　ねらいである空間（高さ）の変化を引き出すアドバイスを，グループのイメージに合わせて行う。

- スパーク：パッと瞬間に外に向かって光る感じを出すにはどうしたらいい？
- 火柱，火山の爆発：いつも溶岩を一緒に噴出させなくてもいいんじゃない？　次々に，跳ぶのはどう？　跳んだら急いで戻ってきて，今度はまた一緒に跳ぶこともできるよ。
- 交通事故：順番もいいけど同時多発もあるね。
- 台風，竜巻：ずっと同じ速さかな？　だんだんに速くなったりするよね？
- 逃走：刑事が必死になって追いかけるのかな？犯人が高い所に飛び乗ったり，身をかわしながら逃げたりするのかな？
- タンポポ：風が吹いて綿毛がフワフワと飛び，風が小さくなって地面に落ちて転がる。転がり方も風の強弱で違ってくるよ。

ライダーキック

太陽をつかめ！

クルッと素早く転がる

● 生徒から出てきたイメージ ●

スパーク／火柱／稲妻／交通事故／火山／台風／雪崩／桜吹雪／竜巻／音符／ほこり／タンポポ／モーグル／スキーのジャンプの後／片思い／メンコ／危険！／接戦で勝った喜び／温かいと思ったお風呂の水が冷たかった／おむすびころりん／ジェットコースター／心臓の鼓動／虫／ピューマ／風に飛ばされる紙

■学習を支援する環境の工夫

・空間をどのように使っていくか（円陣を組む隊形ばかりの動きはつまらない）。
・一定のリズムにならないように変化させてみる。
・生徒が創作中，その作品にふさわしい曲を選択する。

〔笠井里津子〕

2 　対極の動きの連続を手がかりに
伸びる─縮む

2 対極の動きの連続を手がかりに

伸びる─縮む

ダンスキーワード（DKW）

極　　限

■ 学習の目標

1. 体の痛いところまでを意識し，極限まで使う。
2. 「ゆっくり」と「素早く」の速さのメリハリを出す。

■ 学習の進め方

	学習活動	指導の要点と言葉かけ
導入	1. ダンスウォームアップ　　　　（8分） ・2人組でストレッチ。	・今日は，いろいろなところを伸ばしながら動くよ。 　右手と右手をつないで，8拍ランニング。止まって引っ張り合う。スキップしながら8拍回る。向かい合って両手をつないで，8拍サイドステップ。横向きで体側を伸ばす。勢いをつけて半回転，背中合わせで1歩足を出して引っ張る。
展開	2. 先生と一緒に課題を動く　　（17分） ⑴今日のねらいを確認 ⑵その場で1人で「伸びる─縮む」の練習 ・初めはゆっくりだけ。 ・何回か繰り返して。 ・ゆっくりと素早くを混ぜて。 ⑶板書でひと流れを確認する （ゆっくり伸びる─ゆっくり縮む）×2 走る─素早く伸びる─素早く縮む ⑷1人で先生のイメージで動く ・イメージ例①「あさがお」 ⑸4人組でひと流れ ・4人組でひと流れの練習。 ・イメージ例②「ゴム」 3. イメージを出し合う　　　　（5分） ・プリントに書き出していく。 4. グループで1つの題名をつけて練習する　　　　　　　　　　　　　（10分）	・まずはその場で座った状態で練習だよ。手を上に伸ばして。もっと伸びる。足を縮めてみて。ゆっくり伸ばす。痛さを感じるとこまでが今日のポイントね。 ・隣の人とぶつからないように広がって，小さい形を作って。どんな形でもいいよ。そこから好きな方向へゆっくり伸びていこう。これ以上伸びないところまでいったらゆっくり縮むよ。さっきと違う形で縮む。 ・今度は体のどの部分から伸びていく？　足から？　肘から？ ・捻りながら伸びていくのもいいね。形を変えながら縮んでいくのもできる？　素早くもできる？ ・ゆっくりと素早くのメリハリをつけてね。 　サーッと走ったら止まって素早く伸びる─縮む。 ・もう1回。さっきの体の使い方思い出してね。 ・初めは種。種から双葉が出て，アサガオのつるが巻きつくように伸びていくよ。もう1回。捻れたつぼみから最後はパッと花が咲く。 ・近くの人と4人組。今度はみんなで固まってやってみるよ。みんなで同じほうへ伸びていく？　バラバラな方向？　1列になって？　だんだん空間も広げてみよう。見えない糸でつながっている伸び方もありだね。 ・ゴムはどんな形？　輪ゴムもいいね。最初は一方向にゴムを引っ張るよ。次はいろいろな方向に引っ張るよ。引っ張られながら移動，一気に伸びる。あっ！　切れちゃった。 ・自然現象でもあるかな？　生活の中にもあるかな？ 　恋みたいに心や感情のような抽象的なものもある？ ・各グループのイメージに合うような「伸びる─縮む」になるようアドバイスする。
まとめ	5. 3〜4グループずつ発表をする　（5分） 6. 授業の振り返り・まとめ　　　（5分）	・見る人は，もう打ち合わせなし。しっかり見よう。踊る人は，体の痛いところ，スピードのメリハリを出してね。 ・講評──どの作品のどこがよかった？

1人で「伸びる―縮む」　　　　　　　　　　　　　杵についたおもちが伸びる

● 学習の進め方のポイント

〈空間を広げるために〉

　「伸びる―縮む」は，どうしてもその場の動きだけになりがちなので，空間を広げるために「走る」をひと流れに入れている。

　1人だけでなく，4人組で体験させることにより隊形を利用した伸び方が工夫できる。そして，群を意識できるので，作品づくりにつながりやすくなる。

〈先生と一緒に課題を動く〉

①体に問いかける──1人ずつで最初に動くときには，体の意識がもてるように声をかけていく。

・足がつりそうになるくらいまで。

・これ以上小さくなれないくらいに小さく。

・伸びていくほうを見るといいよ。

・おしりが浮くくらいまで引っ張って。

②太鼓でスピードのメリハリを。

・ゆっくりのときは，一定のリズムで小さく細かく連打する。

・速くのときは，大きく短く1回。

③動きとイメージをつなげるために──1人で「伸びる―縮む」の練習をしているときに，ただの動きの練習にならないように，早い段階でイメージを意識するような声かけをするとよい。

・何が伸びていくのかな？

・何か思いながらやるといいよ。

・伸びたり縮んだりするもの，何かある？

● グループへのアドバイス

　ねらいである極限まで体を使いきるようなアドバイスを，グループのイメージに合わせて行う。

● お祭り toy：1回目と2回目で伸びる方向を変えてみたら？

● トルコアイス：混ぜる人はもっと離れて。1か所で混ぜないで，伸びながら場所を変えてみたらどう？

● セーターくん：洗濯して縮んじゃった？

みんなで
── 1列になって伸びる

みんなで
──重なり合って縮む

● 振り回される風船：風船が回りながら飛んでいくところが空間を広く使えてていいね。

● もぐら，もぐらせない！：もぐらたたきはだんだんスピードが速くなるよね？

● はじけて BAN！：いろいろな形に変化するのがいいね。伸びるとき，伸びていく方向を見てごらん。

● イソギンチャク：魚が来たらパッと縮むところもっと素早くできる？

● 生徒から出てきたイメージ ●

セーターくん／波／おもちの一生／トルコアイス／お祭り toy／振り回される風船／イソギンチャク／勉強シ math！／Y字型のあいつ／あっつあつチーズ／恋のバロメーター／はじけてBAN！／The ガム〜ミュージカル〜／Catching ワーム／もぐら　もぐらせない！

■展開の工夫

　ウォームアップで，手をつなぎ，引っ張り合うことで体を伸ばすことを体験させておくと，課題に入りやすい。初心の段階では，ガムや風船などの具体的なイメージでもよいが，高校生や少し進んだ段階では，祈りや助けを求めるなどの心情的なものも経験させ，イメージの幅を広げる工夫があるとよい。

〔藤田久美子〕

3

対極の動きの連続を手がかりに

捻る—回る—見る

ダンスキーワード
(DKW)

体の軸を変えて

❶ 学習の目標

1. 「ゆっくり捻る—素早く回る—見る」で緩急をつけ，変化に富んだひと流れを体験する。
2. 捻る—振りほどく動きから，体を捻って感情を引き出す。
3. グループで多様にイメージを広げ，雰囲気を途切れさせずにひと流れを踊りきる。

❷ 学習の進め方

<table>
<tr><th></th><th>学習活動</th><th>指導の要点と言葉かけ</th></tr>
<tr>
<td rowspan="1">導
入</td>
<td>1. ダンスウォームアップ　　　（10分）
・「窓をつくろう」
　2人で・手をつないで・いろんな形の窓
　……突風で吹き飛んで違う誰かと2人で。
　6人組になって，最初は手をつないで，次
　は手を離して，円になって，列になって。</td>
<td>・片手を離してもいいよ，体のいろんなところで窓。
・大回りして次の誰かと出会おう。
・見えない糸につながれて捻ってみよう。
・体が痛くなるところまで。</td>
</tr>
<tr>
<td rowspan="1">展

開</td>
<td>2. 先生と一緒に課題を動く　　（10分）

　ゆっくり捻る—もっとゆっくり捻る—素早く回る—見る！

⑴板書を見ながら，ひと流れを確認する
⑵1人ずつで
・その場で小さくひと流れ
・極限化

　6人でゆっくり捻る—もっとゆっくり捻る—素早く回る—見る……大回りして—1人でゆっくり
　捻る—素早く回る—見る！

⑶6人組で
⑷先生のイメージ例で動く
・イメージ例①「自由を求めて」
・イメージ例②「絡まった洗濯物」

・見せ合い（動けているグループをピック
　アップしても，または2つに分けても）

・何か思いながら

3. イメージを出し合う　　　　（5分）
・紙に書き出していく。

4. グループで1つ題名をつけて練習
　　　　　　　　　　　　　　（12分）</td>
<td>

・声に出しながら，生徒と一緒に読んでみる（抑揚をつけて）。

・緩急をつけて「ゆっくり……キリッと素早く回る！」
・「見る」どこを見る？　体中で。
・手先，足先まで捻る。その先に視線！
・ひと流れは，途切れないように続けるよ。

・大回りするとき，体を少し傾けて，解き放たれるように。
・窮屈な世界から…自由を求めてはばたく…けれどもまた新た
　な壁が…何を求める？
・いろんな形で絡み合って…フワッとほどけて風に乗って飛ん
　でいく…けど，また引っかかって絡んだ…また突風…最後は？
・離れていてもお互いを感じて動くよ。
　どんな感じ？　感情が見えてくるには…最後の「見る」でし
　っかり止まって…余韻を残すよ。
・何も思いつかなかったら，今やったどちらかを思いながら。

・自然現象でもあるかな？　生活の中にもあるかな？
　絶望から希望……みたいな感情の変化もあるよね？

・題名，動きを見ながらBGM選び。</td>
</tr>
<tr>
<td>ま
と
め</td>
<td>5. 1グループずつ発表をする　　（8分）
6. 授業の振り返り・まとめ　　（5分）
・学習カードへの記入。</td>
<td>・大きな拍手で応援しよう。
・どの作品のどこがよかった？</td>
</tr>
</table>

●学習の進め方のポイント

「捻る—回る—見る」は，第1章6時間の単元例で，ダイナミック，メリハリを学習した生徒が，体の軸を変えて極限までゆっくり動く「捻る」を学び，感情や抽象までも広げて新たなイメージを湧かせることができる題材である。

〈2人組でのウォームアップ〉

「窓をつくろう」を行うと極限まで体を使うことが体感できる。気持ちのよいBGMでテンポよく進める。

〈6人組でのウォームアップ〉

①手をつないで：1歩近づくと捻りやすくなる。1歩踏み出して捻る。ゆーっくり痛いところまで捻るよ（声や太鼓で「ダダダダ……トン！」で違う方向に捻る）。捻る方向，高さを変えて。

②手を離して：見えない糸でつながってるつもりで。集中が切れると遊んでしまうので，あまりいつまでもやらずにサラッと（列になっても同様）。

〈先生と一緒に課題を動く〉

①ひと流れを緩急をつけて声に出して…ゆーっくり…キリッと！　その勢いで大回り！　流れを切らないように。

②「何か思いながら」は，それぞれ個々のイメージでよい（後で出し合う）。

●グループへのアドバイス

● 人数の変化：みんなで……1人での逆もやってみる。2人，3人で集まってみたら？

　例ムンクの「叫び」——1人で「叫ぶ」，2人で「叫ぶ」，みんなで「叫ぶ」……

● 空間を広げて：大回り……思いっきり遠くまで離れて……それから？

　例アンパンマンの悩み——大きく旋回して悩んで……

● 始まり方・終わり方：印象的な始まり，ラストを工夫しよう。終わりは5秒静止！

　例出会いと別れ——出会いの瞬間から始めてみる？
　　一番ハッとしたシーンから始めてみて。

● タイミングの変化：同時じゃなくて，タイミングをずらして1人ずつ跳び出しては？

　例満員電車

窓をつくろう

自由を求めて　　　　悲しみが止まらない

絡まった洗濯物

● 生徒から出てきたイメージ ●

ひもＱ／悲しみ／眠気と戦う／負のオーラ／宗教／満員電車／洗濯機／雑巾／ソフトクリーム／性格／ねぐせ／ムンクの「叫び」／春の祭典／悪代官／出会いと別れ／ドロ沼／竜巻／数学の授業がわからない！／人体の不思議／道に迷った／迷路／知恵の輪／アンパンマンの悩み（グーしか出せない）／捻り鉢巻き

■扱い方の工夫

ウォームアップの「窓をつくろう」で，1人ではできないおもしろい形を見つけさせておく。「伸びる—縮む」に捻りが加わり，体の軸を変化させてゆがみを作ることで体に陰影ができ，感情・抽象まで表現が広がる。「ゆっくり—キリッと」のメリハリ感，「見る」でしっかりピリオドを。

〔君和田雅子〕

4 夏のデッサン

身近な生活や日常動作を手がかりに

	ダンスキーワード (DKW)
	デッサン

◼1 学習の目標

1. 「夏」からたくさんのイメージを広げる。
2. リズムに乗って，掛け声をかけながら，思いついたイメージをすぐに動きにする。
3. グループでイメージを出し合い，夏から思いついた題をいくつかつないで小作品にする。

◼2 学習の進め方

	学習活動	指導の要点と言葉かけ
導入	1. ブレインストーミング　　　　(5分) ・6人組で円になって座り，「夏」からイメージするものを手拍子に合わせて，リズムに乗って次々と言う。	・「夏」からイメージするものをたくさん出そう。2回手拍子に合わせて全員で「夏」と言う。その次にイメージしたものを時計回りに順番に言おう。 　夏—扇風機—夏—プール—夏—かき氷—……。
展開	2. 夏からイメージしたものを少し長くして動く　　　　(5分)	・ブレインストーミングで出てきた事柄を思い起こさせる。
	「夏」から思いつくイメージを，1人で動いたり，つなげてグループで動いたりしよう	
	・6人のグループで円になり，立って手拍子をとりながら「夏」からイメージするものをリズムに乗って言いながら動く。 　2巡か3巡途切れなく続ける。	・何を表現しているのか，見ている人にもわかるように動こう。 ・すぐに思いつかなかったら，友達と同じでもいいですよ。同じことを言って動きだけ違うということもあります。
	3. 全員で扇風機をデッサンする　(5分) ・1人で。 ・近くの人と協力して。	・扇風機が動き始めたよ。プロペラが回ってるよ。首も回ったよ。回っている様子を近くの人と組み合わせてもいいよ。エグザイルみたいな動きがおもしろいね。
	4. グループの中でおもしろそうな題を1人1つずつ選んでひと流れで動く 　　　　(10分) ・選んだ題を紙に書く。 ・選んだ題をひと流れで動く。	・リーダーを真似て動いてみよう。 ・真似るということはまったく同じに動くということではないので，方向を変えたり高さを変えたり，追いかけたりして動いてみよう。 ・2番，3番とリーダーをどんどん替えて動こう。
	5. グループで1つの題を選んで長くしたり，いくつかをつなげて小作品にする 　　　　(15分) ・まったく違った動きの組み合わせ。 ・1つを詳しく，または始まりから終わりまでを表現する。	・一番表現したいところを中心に，一緒に動いたりバラバラに動いたりするところがあるとおもしろいね。 ・コミカルな動きもよし。 ・大きく広がったり，1か所にギュッと固まったりするのもおもしろいね。 ・動き始めのきっかけに声を出したり，音を立てたりすると動きが揃えやすいよ。
まとめ	6. 発表と評価　　　　(10分) ・1班ずつ，次々に発表する。発表が終わったら，お互いによかったところを発表し合う。 ・よかったグループや個人を発表する。	・発表する人は体や場を一杯に使って表現し，見る人は声援や拍手をしながら見よう。 ・よかったところやさらによくなるアドバイスをお互いにし合おう。

●学習の進め方のポイント

1単位時間で簡単にできる1時間完結型の授業である。「夏のデッサン」なので季節は暑い時期のほうがよい。他の季節にも応用できるのでそれぞれの季節を楽しめばよいが，四季の中では「夏」が一番イメージが広がり，動きの種類も多く見つけられる。

動きに入る前に，円座で「夏」からのイメージをたくさん出させたり，動きやすい題を選んで紙に書いて黒板等に貼っておくと，全員に共有されてさらにイメージが広がる。

〈イメージをすぐに動きに〉

円座でイメージを出すときも，立ってリズムに乗って動くときも，「待ったなし！」でどんどん動く雰囲気を作るほうがうまくいく。この「待ったなし！」が一番おもしろいところでもあるが，中には何も思いつかない場合もあるので，全員が安心して参加できるように，先生の真似，友達と同じでもよいということを共通理解させたい。また，すぐに動くことも学習に慣れてくればできるようになることが多いので，あせらず進めたい。

リズムに乗ってすぐに動くということは大きな動きになりにくいことが多い。イメージを動きにすることから大きな動きへつなげるにはさらに指導が必要になる。大きな動きや優れた動きは，そのつど褒めてよい動きを真似させたい。何がよいかを，「指の先まで伸びているね」「肘から先だけでなく肩から大きく動いているね」「顔の向きやおへその向きがはっきりしていて表情が出ているね」など，教師の言葉でもわからせたい。

●グループへのアドバイス

「夏」からイメージした題には，動きやすいもの，動きが広がりやすいものがある。しかし，動きの種類がたくさん出なくても方向を変えたり，繰り返したりする楽しさもある。いくつか具体的な例をあげてみる。

● 線香花火：いろいろな散り方があるんだよ。次から次へととび散ってごらん。みんな同じ高さかな？

● 解けていくかき氷：グルグル回って氷が削られていくのがよくわかるよ。氷が解けていく様子をグループの全体の高さだけでなく，1人ひとりの肘や膝を縮めて表現してみたら？

スイカ割り

解けていくかき氷

線香花火

● 台風や雷等：激しさを表現するには，スピードのある動きやジャンプを使うといいね。

● アサガオ：きつい捻りの動きが見ている人にはきれいだよ。指先も視線も上に向かってまさに今伸びているね。

┌─────── ● 生徒から出てきたイメージ ● ───────┐

線香花火／解けていくかき氷／蚊取り線香と蚊／海底探検／海水浴／扇風機／水まき／入道雲／トマトとナス／海外旅行／お化け屋敷／花火大会／アサガオのつるが伸びて／雷と稲妻／台風／川の増水／ライン下り

└──────────────────────────────────────┘

■扱い方の工夫

夏のイメージをできるだけたくさん出させ，イメージをすぐ動きにさせたい。すぐに動かすためには，掛け声のリズムに乗って調子よく動いたり，リーダーに続いての動きで友達の動きを真似ることで，個々の動きの財産を増やしたい。

〔山下昌江〕

5 ある日の私

ダンスキーワード
（DKW）

デッサン

🔳 学習の目標

1. 身近な生活や日常動作がダンスの動きに発展できることを学ぶ。
2. 日常のさまざまな場面の動きを，デフォルメして（大きさ，方向，速さなどを変えて）即興で踊る。
3. 小グループで多様に日常の動きのイメージを広げ，その状況の場面をひと流れにして踊りきる。

🔳 学習の進め方

	学習活動	指導の要点と言葉かけ
導入	1. ダンスウォームアップ　　　　（8分） ・先生と一緒に音楽に乗りながら，いろいろな日常の動きをやってみる。	・「スポーツいろいろ」でやったように，大げさに動いてみよう。朝起きて，顔を洗って，歯磨き，洗濯，窓拭き，料理などの動きを，音楽に乗りながら。ウォームアップが目的なので単純な繰り返しで，大げさに教師が生徒と一緒に動く。
展開	2. 先生と一緒に課題を動く　　　（13分） ⑴課題の確認 ・洗顔，洗濯，窓拭き，ショッピングの動きを見る。 ⑵1人ずつで ・生徒と一緒に大きさ，方向，速さを変えて即興的に動く。 ⑶2人組で ・リーダーの真似をし，空間を自由に移動しながら「朝の日常動作」。 ⑷4人組で ・リーダーの真似をし，空間を自由に移動しながら「お掃除」。 3. イメージ，日常場面を出し合う　（3分） ・最後の4人組で紙に身近な生活の状況，日常の場面を書き出していく。 4. グループで出した日常場面やイメージから，1つの題名をつけて，小作品を創る　　　　　　　　　　　　　（15分）	・いろいろな日常動作を繰り返したり，大きさ，方向，速さを変えるだけで，ダンスの動きになるということを，洗顔，洗濯，窓拭き，ショッピングの動きをしながら説明する。 ・普段の動作と同じだと，演技やマイムになってしまうので，デフォルメすることでダンス的に発展することを強調する。 ・2人組で1番（リーダーさん）が日常動作をデフォルメして即興的に動き，2番さんは1番さんの真似をしながら，空間を移動するよ。場面は朝起きてから学校へ行く前までの動作でやってみるよ。 ・今度は4人組になって1～4番を決めて，リーダーの真似をしながら空間を移動します。リーダーとまったく同じでなくても高さや方向，大きさを変えて感じながら動いていいよ。 ・今度は「お掃除」の場面。ほうきで掃いたり，窓を拭いたり，はたきをかけたり，雑巾を絞ったり，ついでに洗濯，食器洗いもできるかな？ ・普段の生活にはいろいろな場面があるね。お料理したり，買い物したり，洗濯物を干したり，お風呂に入って体を洗ったり。お裁縫やアイロンがけもあるね。 ・各グループのイメージに合い，今日の目標である「動きのデフォルメ」（大きさ，方向，速度の変化，繰り返し等）を生かすアドバイスをする。始まり方と終わり方も決めさせる。
まとめ	5. 1グループずつ発表をする　　（8分） （時間がない場合は2グループずつ） 6. 授業の振り返り・まとめ　　　（3分） ・学習カードへの記入。	・見る人は，大きな拍手で応援しよう。踊る人は，大きくダイナミックに動いてね（約束の確認）。 ・どの作品のどこがよかった？

●学習の進め方のポイント

　普段の動き，何気ない動作が「体で語る言葉」であるダンス表現のボキャブラリーになることに気づかせるために，動きの大きさを変える，速度を変える，方向を変える，繰り返すなどの手法を，教師が実際に動いて示しながら，そして生徒と一緒に動きながら，明確に伝えていくことが大切。

〈先生と一緒に課題を動く〉

①日常の動きよりも大げさに——日常の動きをダンスにするには，いつもの動きを強調して大きさ，速さを変えてみよう。

　　例 100m 先の人が見て，何をしているかわかるくらいに！　超スロー，超高速で！　動きを拡大して！

②動き続けるために——少し変えて繰り返してみよう。同じ動きもだんだん大きくしたり，方向を変えて。

　　例 天井，壁，床，後ろの棚も雑巾がけできるね。洗顔だけじゃなくて背中もお腹も，足の裏，友達の体も洗っちゃおう，ついでにお風呂掃除まで……。

③イメージを広げる——いくつか違った種類の日常動作を体験させる。誰もが日常で体験する動きを取り上げる。動作をする側，される側，両方の動きをしてもよい。

　　例 朝起きてから寝るまで，どんなことを毎日するかな？　洗濯物を干す動作と同時に，広げて干される洗濯物になってもいいよ！

●グループへのアドバイス

　目標であるデフォルメを生かせるアドバイスを，グループのイメージに合わせて行う。

● 動きを強調するために，超高速，超スローの他にストップモーションを入れてみるのもいいし，全身で超特大に動いたり，繰り返したりしてみよう！

● 全員で同時に動いて（ユニゾン）もいいし，わざと1人ひとり自分のリズムで動くのも楽しいね。

● 空間もいろいろ移動しながら，高い所，低い所，後ろ，前，変化をつけて。

● お料理の動きと料理される素材そのものの動きとで，役割分担してもいいね。

● お掃除→洗濯→お料理と順番に場面を変えてストーリーを作っていってもいいね。

顔を洗って　　　　　　　自転車をこいで，朝の出勤！

いただきます！

絞った雑巾になってしまってもいいよ！

● 生徒から出てきたイメージ ●

歯磨き／起きてからトイレまで／洗濯物干し／草むしり／雑巾絞り／掃除機／モップがけ／ほうき／はたきがけ／食器洗い／靴磨き／ピザづくり／うどんをこねる／スパゲティづくり／米とぎ／炒める／混ぜる／バーゲンセール／釣り／布団干し／布団たたき／洗車／お風呂掃除／ペットの世話／ゴキブリ退治／マグロの解体／漁師の1日／お風呂／シャンプー

■扱い方の工夫

　ある日の私というイメージで大きく括っているが，大掃除，お料理，ショッピングなど，具体的な場面を1時間あるいは2～3時間の扱いとすることもできる。また，1時間の中でグループごとにやりたい場面を選択することもできる。

■学習を支援する環境の工夫

　板書や掲示でねらいやポイントを明示しておく。グループでイメージ，日常場面を紙に書き出したら，その紙を掲示して，みんながどんな場面やイメージを出したのか共有する時間を設けると，より創作活動に広がりが出る。

〔高野美和子〕

多様な感じを手がかりに
動きで表すオノマトペ（擬態語）

ダンスキーワード
（DKW）
動きの質感

■ 学習の目標

1. 音がもつ特徴を手がかりに，気軽に素早く動きを生み出す。
2. 音の特徴の違いを体の動きで表現する。
3. グループで多様にイメージを広げ，気軽にひと流れを踊りきる。

■ 学習の進め方

	学習活動	指導の要点と言葉かけ
導入	**1. ダンスウォームアップ** （10分） ・鳴った太鼓の数だけ人数を集め，輪になって踊る（何度か繰り返す）。 ・最後は3人組で終わり，今日のグループとする。	・太鼓の数だけ仲間を集めて輪になれたらしゃがんで。 ・ツイストしながら立ち上がってサイドステップで右へ，左へ，真ん中に集まって，後ろに下がって，ジャンプしてさよなら。 ・スキップで自由に移動。太鼓の音の数をよく聞いて。
展開	**2. 課題の確認** （7分） (1)オノマトペの意味を確認する (2)オノマトペをその場で素早く動きやポーズにする (3)思いつくオノマトペを挙げる **3. 先生の声の調子に合わせて動く** （5分） (1)その場で (2)広がって (3)3人組で 感じ合って その場でグニャ **4. 仲間同士で** （3分） ・3人が順番にリーダーになって2人を動かそう（2回り）。 **5. ひと流れにして，題名をつけて練習する** （15分）	・「オノマトペ」とは，擬態語・擬声語のこと。 ・ヒソヒソを動きに表すと？ ピーンは？ ・ピーンと言われると，緩みのない緊張した形になったね。オノマトペを聞いて思い浮かべる動きはある程度共通の質感があるの。だからお互いにわかり合えるのね。 ・聞き取って板書する。 ・たくさんあるね。いくつかすぐに動きにしてみよう。 ・「キョロ…，キョロキョロ，ギョロ〜リ，キョロ！」 ・「グニャ〜〜リ，グニャグニャ…」 ・リーダーさんについて転がって。「ゴロゴロ…」 ・「ネバ〜ッ…（似た音を繰り返して）」3人で長〜い糸を引くような感じ！ 声を出しながら動いてみよう。 ・「フワッ…（似た音を繰り返して）」やさしい手で，軽く，風に舞い上がるように。 ・「ドドドッカーン…（似た音を繰り返して）」大爆発！ 吹き飛ばされる！ 地面も揺れる！ 何が爆発？？ ・1つのオノマトペを何度か繰り返してあげよう。 ・声の調子やリズムに変化をつけて。 ・わからなくなったら板書を参考に。 ・動いてみて一番おもしろかったオノマトペから思いつくイメージをひと流れにしよう。 ・「ネバ〜ッ…」で納豆を思いついたら，「ネバ〜ッ」―「グルグル」―「ツルリン」のように，3つくらいのオノマトペでストーリーをまとめよう。
まとめ	**6. 3グループの中で見せ合いをする**（5分） **7. 授業の振り返り・まとめ** （5分） ・学習カードへの記入。	・何について踊っているかわかるかしら？ よく見てみよう。 ・音のもつ特徴を捉えてうまく表現できたかな？ ・どの作品のどこがよかった？

● 学習の進め方のポイント

仲間と声を出しながら楽しんで動きながら学べる。音のもつ特徴という抽象的な感じを動きで表す，一段飛躍の可能性をもった学習でもある。毎回創る作品がパントマイムのようになってしまう場合などに扱うとよい。

〈オノマトペを選ぶポイント〉

① 出てくるであろう動きを予想して，異なった特徴が3つ程度体験できるように例を挙げる。

② 次から次に違うオノマトペを投げかけてしまうと生徒がついてこられない。似たような音を何回か繰り返し，安心して動ける状態を作る。

③ 声の高さ・大きさやテンポを単調にせず，アクセント等を入れながら生徒の動きに変化をつける。先生がそのように声の示範をすると，生徒がリーダーになったときにも豊かに声がけできる。

〈ひと流れにするポイント〉

① 1つのイメージからストーリーを展開して気持ちよく踊れる長さは3シーン程度と考える。次から次へとシーンを変化させるのではなく，3つ程度に抑えることで，おのおののシーンの特徴をしっかり表現することをつかませたい。

② どうしても1つのイメージからストーリーを引き出せないグループは，やってみておもしろかったオノマトペの動きを3つつなげるだけでもよい。

● グループへのアドバイス

音の特徴を動きで表現することがこの課題の1番のねらいである。

ドッカーン　　　　　　　シューッ

● "やわらかい感じ"を引き出すためには，「手や足や頭で空気をやさしくかき混ぜるようにしてみよう」「腕を布のようにしならせて」等。

● "鋭い感じ"を引き出すためには，「空気を切り裂くように走ろう」「手先，足先までとがってる？」等。

● "ダイナミックな感じ"を引き出すためには，「あと10cm高く，遠くにジャンプ！」「後ろ向きにジャンプするよりは，体をひねって前向きに跳んでみたら？」等。

● 生徒から出てきたイメージ ●

ペンギンの一生／納豆まざります！／空き缶／象／サバイバル／モチモチの餅／鳥の夢／崖の上のポニョ／告白でフラれたとき／We are きょんしーず／ミキサー／にょきにょきふわりんちょ／ポップコーン／刀／ある日の日曜日〜2度目のギックリ〜／炭酸／悪者とパトカー／かぐや姫と洗濯機　等

■扱い方の工夫

初心の段階の後半で扱うこともできる課題。その場合はデッサン力をつけることと表現感をもって動くことに重きを置く。ひと流れにする段階でイメージにこだわらず，脈絡はなくともおもしろかったオノマトペを3つつなげて発表するとよい。

「ピヨピヨ」
小鳥は巣の中で夢を見る

「グーン」大空に羽ばたきたい！

「フワッ」とうとう飛べた！

〔熊谷昌子〕

多様な感じを手がかりに

10秒デッサン
──鋭い，激しい，流れるような

■1 学習の目標

1. セブンモーティブス（P95参照）から，3つの感じをそれぞれにイメージをもって短くパッとデッサンできるようにする。
2. 空間を自由に，友達と呼応して，体を極限まで使いきる。
3. グループで多様にイメージを広げ，雰囲気を途切れさせずにひと流れを踊りきる。

■2 学習の進め方

	学習活動	指導の要点と言葉かけ
導入	1. ダンスウォームアップ　　　（10分） ・先生と友達とリズムに乗って。 ・イメージのウォームアップ・デッサン。	・やさしく楽しいリズミカルな動きから，2人組で回ったり，「窓をつくろう」のストレッチをしたり，相手を跳び越えて転がったり，極限の動きにも挑戦。 ・2人組，新聞紙なしで「突風に飛ばされたしんぶんしの旅」。
展開	2. 先生と一緒に課題を動く　　（15分） (1)板書を見ながら，課題をつかむ 「3つの感じから10秒デッサン」 ①「スピードが命」──鋭い感じ ②「荒れ狂う○○」──躍動的な感じ ③「流れる・せき止める」──流れるような感じ (2)3人組でリーダーを交替して ・①②③とも先生のイメージでデッサンしてから次々とリーダーのイメージで動く。 ・先生のイメージ：①F1，②波，③濁流。 (3)6人グループ（3人組＋3人組） ・それぞれが動いたイメージを書き出す。 ・①②③それぞれにおもしろそうなイメージを1つずつ選び6人でサッと続けて動く。 ・さらにイメージを広げ，グループで創作するイメージを決める。 3. グループで1つの題名をつけて練習する　　　　　　　　　　　　　　　（12分） 4. 1グループずつ発表をする　　（8分） 　（各グループの題名を掲示して）	・イメージの特徴を素早く捉えて動きにする練習（10秒デッサン）。 ・それぞれの動きやイメージを引き出しながら。 　①は「猛スピードで走る─空を突き刺す」など，スピードと鋭さのある動きで。 　　例F1，稲妻，獲物を狙う，など 　②は「大きく揺れる─走る・跳ぶ・跳ぶ─転がる」など，ダイナミックな動きで。 　　例波，火山，怒り，など 　③は「大きく曲線を描いて走る─回る，時に行く手を阻まれながら」など流れるような動きで。 　　例濁流，木枯らしに耐える木，群衆など ・1つひとつのデッサンは，イメージの特徴をパッと（10秒の感覚で）捉えて短く動いてみよう。 ・空間を大きく使い，全身で思いっきり動いてみよう。 ・リーダーの動きにも素早くパッと呼応して動こう。 ・6人でも，まず選んだイメージを続けて動いてみる。③は，群になって「せき止める」動きも取り入れてみよう。 ・創作するイメージは，①②③のいずれかでも，複合したイメージでもよい。 ・10秒デッサンより少し長く，動きを繰り返したり，「初め・終わり」を工夫して創作しよう。 ・イメージに沿い，今日の課題である「感じのある動き」を生かすように，なりきって精一杯大きく動こう。 ・見る人は心の目でよさを見極めよう。
まとめ	5. 授業の振り返り・まとめ　　（5分） ・グループごとに，感想を出し合い，グループノート，個人ノートを記録する。	・どの作品のどこがよかったか。 ・自作品のよかったところ，改善点，グループの活動。 ・学習の成果を次時につなげよう。

鳴門海峡

われら猛獣王

星の誕生と爆発

荒れ狂うガンマン

● 10秒デッサンと指導

　この実践は、ダンス経験の少ない高校2年生男子の6時間の単元中、第4時間目に行った課題である。イメージの特徴をパッと捉えて動きにするデッサン力を培うことが、より豊かな創作ダンスに導く基本と考えている。ここでは、短くパッと恥ずかしさを意識せずに動ける長さを「10秒くらい」と考え「10秒デッサン」とした。

　指導の場に応じて、次のような言葉かけをする。
- 「スピードが命」鋭い感じ：これ以上走れない速さで、いろいろな方向へ走る、跳んで突き刺す、滑り込んで突き刺すなど、動きを広げ、強調する言葉かけを。
- 「荒れ狂う○○」躍動的な感じ：「火山」—「ギュッとくっついて、激しく足踏み—地鳴り—何回も跳んで、跳んで転がる」など、動きを引き出す言葉かけを。

● グループへのアドバイス

　ねらいである動きの質の違いを引き出すように、グループのイメージに応じた指導、グループ活動を活発にするアドバイスをする。
- グループみんなで考え、みんなで創っていこう。動きながら創ろう。
- もっと空間を広く使おう、「集まったり—離れたり」群の変化も使ってみよう。

- 一番言いたいことは何？　強調したり、繰り返したりして印象深い作品にしよう。
- 初めと終わりを一工夫するといいね。題名もユニークに。
- できたら何回も練習。心を乗せて、エネルギーを出しきって、2分間で燃え尽きるように。

● 生徒から出てきたイメージ ●

荒れ狂うラガーマン／ほのお／爆発／暴風／マッハセブン／ダム決壊／排水溝を流れる邪悪な者たち／ゲッツ／SL／ハリケーンイン原宿／ボウリング／猛獣王／ジェットコースター／闘牛士たち／スピード狂／鳴門海峡／山火事／激しい恋／防波堤

■セブンモーティブス（7Mv）とは？
　セブンモーティブス（7Motives）——7つの情調
　①"躍動的な"Mv——荒れ狂う○○
　②"鋭い"Mv——スピードが命
　③"厳かな"Mv——自然の懐に
　④"さりげない"Mv——僕らの日常
　⑤"寂しい"Mv——しんしんと
　⑥"流れるような"Mv——流れる・せき止める
　⑦"楽しい"Mv——ウキウキワクワク
　松本千代栄の情調の分類による。右側は、生徒がイメージを広げやすい言葉として、筆者が独自に選んだものである。レベルに応じいろいろな展開が考えられるが、本時は下線で示した初心者が動きやすいと考えられる3つのMvを選んだ。
（松木千代栄「創造的芸術経験の累積と発展」、『日本女子体育連盟紀要 '94-1』1994）

〔高野章子〕

8 群（集団）の動きを手がかりに
彫刻を創ろう

■1 学習の目標

1. 集まる—離れるという基本的な群での表現を発展させ，空間を生かす方法を学ぶ。
2. 体の高さの違いを意識し，体を極限まで使いきる。
3. グループで多様にイメージを広げ，雰囲気を途切れさせずにひと流れを踊りきる。

■2 学習の進め方

	学習活動	指導の要点と言葉かけ
導入	1. ダンスウォームアップ　　（10分） ・6～7人組で円になってできることに，いろいろ挑戦する。合わせてジャンプ，ゆっくりストレッチ，捻ってポーズ，崩れる—すぐ立ち上がる，など。	・今日は「走る—止まる」で学んだ「極限まで」の復習。そして，少しレベルアップして「体の痛いところまで」を意識して動いてみよう。
展開	2. 先生と一緒に課題を動く　　（10分） (1)板書を見ながら，ひと流れを確認する バラバラで＿集まって＿バラバラ広がって—それから…… 低い彫刻　中腰の彫刻　高い彫刻 (2)1人ずつで ・「低い彫刻—中腰の彫刻—高い彫刻」 (3)2人組でひと流れを動く ・離れて低い彫刻，集まって中腰の彫刻，離れて高い彫刻。 (4)2人組で先生のイメージ例で動く ・イメージ例①「スポーツの彫刻」 ・イメージ例②「恋の彫刻」 (5)6～8人で ・イメージ例③「風の彫刻」 3. イメージを出し合う　　（5分） ・プリントに書き出していく。 4. グループで1つの題名をつけて練習する　　（12分）	・声に出しながら，動く伴奏をするように生徒と一緒に読んでみる。 ・低い彫刻は，痛いところがあるくらい体を使って。中腰の彫刻は中途半端でなく，グッと腰を低く，スタンスを広く。高い彫刻は，ググッと背中を引き上げて！ ・ひと流れは，途切れないように続けるよ。低い彫刻から，立ち上がって中腰になるときに，クルッと回って動きをつなげるとダンス的になって，ちょっと上手に見える。 ・1番リーダーさんが彫刻になったら，2番さんもすかさず真似してもいいし，少し違ってもいい。ちょっと離れてスポーツの彫刻，くっついて中腰のスポーツ（の彫刻），離れてそれぞれのスポーツ（の彫刻），というひと流れ。 ・離れていてもお互いを感じて動くよ。 ・集まって揺れていてもいいね。動く彫刻もあり。 ・自然現象でもあるかな？　生活の中にもあるかな？　恋みたいに心や感情のような抽象的なものもあるよね？ ・各グループのイメージに合わせて今日の課題である「低い—中腰—高い」と空間の使い方を生かすアドバイスをする。
まとめ	5. 1グループずつ発表をする　　（8分） 6. 授業の振り返り・まとめ　　（5分） ・学習カードへの記入。	・見る人は，大きな拍手で応援しよう。 ・踊る人は，大きくダイナミックに動いてね（約束の確認）。 ・どの作品のどこがよかった？

低い　　　　　　　　　　　　中腰　　　　　　　　　　　　　　　　　　高い

●学習の進め方のポイント

　いろいろ学習を重ねてきていれば，作品らしく仕上げる経験をさせられる題材である。「走る─止まる」という題材を事前に学んでいると，その応用編として学びがつながりやすい。しかし，「彫刻」イコール止まったものという既成概念にとらわれると，運動の連続になりにくいので，連続感のある流れを作り出せるよう助言する必要がある。

　今やるべきことが明確に伝わるよう，声をかけていく順番を整理しておく。

〈先生と一緒に課題を動く〉

①体に問いかける──最初に1人ずつ動くときには体の意識がもてるように声をかけていく。

　・腕は伸ばす？　もっと長く！　捻るならぎりぎりまで，いつも使わない筋肉まで使って。

　・足のスタンスは？　10cm開く。曖昧にしない。

②動きの流れを切らないように──声や太鼓で動きの伴奏をするようにする。

　・途中で切らないで，クルッと回る，つなげて（アクセントをつけたり，長く伸ばすなど）。

③イメージを広げる──そのため3つくらいの違ったイメージを体験させる。

　・すぐに動きの出そうなもの（例：スポーツ）。

　・気持ちの込められそうなもの（例：恋，苦しみ）。

　・6〜7人の群でできそうなもの（例：風，冬）。

●グループへのアドバイス

　ねらいである群の変化がつけられるようグループのイメージに合わせてアドバイスを行う。

〈空間を大きく広げるアドバイス〉

●世界遺産：いろんな所に旅行者が飛行機で飛んでいくアイデアいいね。

●カビルンルン，鳥インフルエンザ：バラバラにとび散っていくのね。

●バーゲンセール：遠くのほうから，それぞれがやってきては？

〈高さの違いを出すアドバイス〉

●スパイダーマン：高いビルの上から，だんだんに低くなっていくところが高さの差が見えていいね。

●バーゲンセール：勝ち誇った人と負けた人の高さの差が有効ね。

ダンスウォームアップ──円になって。ちょっと辛いところまで使うと，体に隙がなくて素敵！

世界遺産──1列に「集まる」もありだね……

たらこ

● 生徒から出てきたイメージ ●

世界遺産／バーゲンセール／ライオンキング／ターミネーター／カビルンルン／鳥インフルエンザ／おもちゃ箱／テニス／洗濯物／ねばねば納豆／はじけてとび散るたらこ

■扱い方の工夫

　ウォームアップで，手をつなぎ，仲間と関わるなかで「捻る」動きを体験させ，体の軸から末端まで隙なく神経をいきわたらせる感覚を開発しておく。2時間連続で，ていねいに作品づくりとして取り組むと，より充実する。

■板書やグループカードの工夫

　板書や掲示で流れやねらいを明示しておくと，グループの活動においてもねらいを貫いて指導していくことができる。グループ活動の際に，グループ活動用のプリントを準備しておくとよい。

〔中村なおみ〕

9 群（集団）の動きを手がかりに
大回り―小回り

ダンスキーワード
（DKW）
空間を曲線的に

■1 学習の目標

1. 曲線移動・円運動を利用し，全身を使って空間に自由に曲線を描けるようにする。
2. 体のバランスを保ちながら体を極限まで使い，円運動に必要な求心力・遠心力を体感する。

■2 学習の進め方

	学習活動	指導の要点と言葉かけ
導入	1. ダンスウォームアップ　　　　（10分） ・空気中に曲線を描き体を極限まで動かす。 　①指先でいろいろな円を描く。 　②体の部位でいろいろな円を描く。 　③移動しながらもっと大きな円を描く。 ・前後左右の移動	・指先に引っ張られるように大きく体を使って！ ・頭とか肩や腰，いろんな部位で円が描けるよ！
展開	2. 課題を動く　　　　　　　　　（10分） ・大きな円や小さな円を描く課題に挑戦。 ⑴板書を見ながらひと流れを確認する 　大きく回る―もっと大きく回る―小さく回る 　 ⑵3人組でひと流れを動く ・順番を変えて始める（例：2番から）。 ・何か思い（抽象的イメージ）をもって全速力で走って戻ってくる。 ⑶先生の言葉かけで動く ・イメージ例：「うずしお」「とり」など。 ⑷自分たちのイメージで動く 3. グループでイメージを出し合う（5分） 4. グループで創作　　　　　　　（15分） ・6～7名グループで題名をつけて創作。	・広い空間を有効に使って円を描こう。 ・円を描く人と止まっている人は，お互いにグループとしての意識をもとう。 ・最初は1番さん大きく円を描いて戻ってくる。次に2番さんがもっと大きく円を描いて戻る。最後に3番さん小さく円を描いて戻る（大きくはこのくらい，とバレーボールコートの半面くらいを走ってみせる）。 ・まず，その場でキリッと素早く回るからやってみよう。 ・次の人へつながるバトンタッチとスタートするときの力の入れ方にメリハリをもって動こう。 ・円を描く人は，求心力・遠心力を感じて！ ・止まっている人はどうする？――戻って来てほしいの？　冷たく突き放すの？　応援するの？ ・3人の気持ちが途切れないようにしよう！ ・渦潮に勢いよく巻き込まれるように！　渦の中心を意識して。 ・親鳥は，ヒナを見守りながら巣のまわりを旋回しているよ。急降下しながらエサをとって巣に戻るよ！ ・お互いにイメージを出し合ってグループで動いてみよう。 ・プリントにいろいろなイメージを書き出してみよう。 ・題名にふさわしい全身の動きと空間を利用して表現できるようにアドバイスをする。 ・始まり方と終わり方もはっきりと！
まとめ	5. 発　表　　　　　　　　　　　（7分） ・グループごとに小作品を発表。 6. まとめ　　　　　　　　　　　（3分）	・仲間とのつながりを感じて発表しよう。 ・見る人は，①全身で表現できているか，②移動の方法がイメージにふさわしいかどうか見よう。

洗濯—絡まる　　　　　　　　　洗濯—中流　　　　　　　　　迷路—まわりを感じて

洗濯—中心に引きこまれる　　　　　　相手との距離—1人をみんなが理解する

●学習の進め方のポイント

- 「大回り—小回り」は，「走る—止まる」の曲線移動と考えることができ，その発展形として位置づけることができる。ここでは特に，①空間の広がり，②個・群の力，③スピードのある移動で空気を動かすことを意識させ，表現の深さと広がりを体験させたい。

- 空間に曲線を自在に描けるようになるためには，曲線運動特有の身体感覚をつかむことが大切。その手立てとして，ウォームアップでは床だけでなく空気中にも体で曲線を描く体験をさせ，感覚づくりを行うと有効である。

- この学習では，グループのメンバー同士で動きとイメージのリレーをする機会が多く出現するため，スムーズなリレーとイメージの保持が重要となる。待機中には大回りをしている人との感じ合いを大切にし，特に視線をつなぐことをポイントにするとよい。そうすると引き継ぎがスムーズで，イメージが途切れない。

- スタート時の力強さ，戻るときの吸い込まれ方など，ポイントとなる場所への移動ではスピードの変化をつけると表現に幅が出てくる（徐々に速度を上げる，徐々にゆっくり，など）。

- 教師からイメージを提示するときは，自然現象的なものや抽象的なものなど，質の異なるイメージを提示したい。

●グループへのアドバイス

- 空間を広く大きく移動しているときは仲間と遠くに離れていても気持ちをつなげよう。

- 大きく回るときも小さく回るときも，戻ってくるまで必ずイメージを持ち続けよう。

- 強弱をつけて円を描こう。

- 洗濯機：水流の強いとき，弱いときの変化をはっきりと捉えよう。

- 惑星：宇宙の広さを感じて地球みたいな自転をしながら移動する惑星があってもいいね。

- 不安：抽象的だけれど人との距離を工夫してみよう（個と群への導き）。

● 生徒から出てきたイメージ ●

惑星／渡り鳥／秋風の中の風車／カモメの巣立ち／親子のつながり〜ツバメ〜／獲物を狙うハゲタカ／時計／きれいになった！（洗濯機）／そよ風に吹かれる紙飛行機／渦／風を受けて〜風車〜／休日〜回転木馬〜／帰ってこいブーメラン／相手との距離／不安／輪廻／めぐる想い／時の旅人／迷路

■場の工夫

・体育館にある球技用の円ラインを活用したり，床にさまざまな大きさの円ラインを引くなど，円運動の指導では円ラインを活用すると理解しやすくなる。

・3人組で練習をするときは，他のグループとの衝突を避けるために，例えば，体育館の四隅をスタート地点にするなど，各グループの配置に留意する。

〔三宅　香〕

10 はこびを手がかりに
序破急

ダンスキーワード
（DKW）

クライマックス

■1 学習の目標

1. 起承転結とは違った，だんだん盛り上がっていくはこび方を知る。
2. 体を精一杯使って極限まで動ききる。
3. グループで多様にイメージを広げ，力・人数・速さ・空間の変化を生かした小作品を創る。

■2 学習の進め方

	学習活動	指導の要点と言葉かけ
導入	1. ダンスウォームアップ　　　（10分） ・リズミカルなダンスで心身をほぐす。	・元気に，休まずに踊り続けよう。
展開	2. 先生と一緒に課題を動く　　（15分） (1)序破急とは何かを知る ・先生の説明を聞く。 (2)その場で ・手拍子で。 ・手拍子と足踏みで。 ・立ち上がってその場で。 (3)6人（〜7人）グループで「跳び上がる」を使って流れをつかむ。 ※時間があれば見せ合う。 ・集　合 (4)板書を見ながら盛り上がるはこびを確認する 〈板　書〉 力，強さ，人数などが だんだん盛り上がる 3. イメージを出し合う　　　　（2分） ・白い紙に書き出していく。出たアイデアはどんどん書いていく。 4. グループで題名をつけて練習する 　　　　　　　　　　　　　　（13分） ・一斉にリハーサルをする。	・「序破急」って，難しそうな言葉ですが，知ってますか？日本の能や狂言の展開にだんだんだんだん盛り上げていくような方法があります。「起承転結」とはまた違うはこびなんです。 ・お相撲の始まる前の拍子木の音を知っていますか？それを一緒に手拍子でやってみよう（最初はごくゆっくりとたたき，だんだん速く強くする）。では足踏みも入れてもっと盛り上げていこう。小さく，小さく，抑えて，だんだん，大きく，強く。じゃ，立ち上がって。上の方で（拍手），足の下，遠くの方，足音立てながら，あちこちで，パン，パン（だんだん強く速く声をかける）。 ・6人組を作ろう。今日は，背の順で1番，2番と決めます。先生が1番と言ったら1番の人跳び上がる，2番と言ったら2番の人ね。ちょっと思いっきり跳ぶを1回試しておこう。 ・（太鼓）用意，1番……（もっと高く！）……2番……3番……4番……5番……6番，1・3番，2・4・5番，6番，全員，全員，全員！（太鼓でだんだん速くなるように合図する）。 ・速さがだんだん速くなったり動きが大きく強くなったりして，動きが盛り上がっていくでしょう。 ・こんなはこびでどんなイメージをダンスにできそう？　火山なんてどう？　小爆発が始まってだんだん大きな噴火になって……。自然現象で他には？　心はどう？　大好きな人が向こうから来る。ドキッ　ドキッ　ドキドキドキドキ。 ・6人で，2分で紙に書けるだけ書き出そう。 ・どんなのがおもしろそうですか。 ・2分たったので，1つ選んで立ち上がって試してみよう。 ・各グループのイメージに応じて，「盛り上がりを何回か繰り返す」「最初をうんと抑えておく」とアドバイスをする。
まとめ	5. 3グループずつ発表をする　　（5分） ♪『Reich Exclusive Selection』（WPCR-19002）など淡々とした音楽がおすすめ。 6. 授業の振り返り・まとめ　　（5分） ・学習カードへの記入。	・見る人は，大きな拍手で応援しよう。踊る人は，大きくダイナミックに動いてね（約束の確認）。 ・どの作品のどこがよかった？

●学習の進め方のポイント

　最初は黒板の前で小さくそのはこびを体験することがポイント。生徒は，手拍子のときもすぐにスピードを上げたくなるが，教師の手拍子は大げさに，じらすくらいにためて間をあけ，そして小さな音から始め，だんだん大きな音で速く盛り上げていく。

　6人組にしてからも，すぐ跳び上がれるようにしゃがませておいて，太鼓をポンッとたたいてから，しばらく間をとって2つめをたたく。いつくるのかな，という感じの間から，だんだん速く，人数も増えるようにたたき，全員，全員，のところは，太鼓の音も教師の声も大きくしていくとよい。あまり長い時間だと，気持ちが途切れるので，速くなり始めたらサッと盛り上げて，短めに終わる。

　先生と一緒に動いてみるところで，あまりうまく生徒が動いてないようでも，イメージを出し始めると意外に動きが生まれてくる。グループになってから，息がきれるくらいまで動くよう，声をかけながら動かせばよい。それぞれのイメージに合わせて，いろいろな作品が生まれると楽しい。

●グループへのアドバイス

　グループのイメージに合わせて，うまく繰り返すようにアドバイスするとよい。
〈空間をうまく使うアドバイス〉
● 「地殻変動」を主題とするグループには，まず1回目は全員で，次に数か所に広がってシーンとしてから2回目の変動などもいいんじゃないかな。
● 「怒り」であれば，最初もっとバラバラで1人ひとりの怒りをだんだん盛り上げて，後で固まったら，もっと大きな怒りになりそうだね。
〈はこびのおもしろさをさらに引き出すアドバイス〉
● もっと最初を抑える工夫を。
● 「さくら」であれば，最初から全部散ってしまうのではなく，ハラッ…とひとひら，ハラッハラッ…のように始めたら，最後の華やかさが引き立つね。

手拍子で「序破急」を体験……だんだん速くなる

1番さんジャンプ！

2番，3番さんジャンプ！

全員，全員！

● 生徒から出てきたイメージ ●

地殻変動／恋の予感／ポップコーン／洗濯機／ストーカー／トイレ待ち／戦い／母の怒り／火事／台風発生／さくら

■扱い方の工夫
　イメージが湧くとある程度の長さをもった作品も創れるので，2〜3時間扱いで取り上げる題材としてもふさわしい。単元のまとめで，1時間目にじっくり創って，2時間目に仕上げをして，1グループずつ発表することもできる。
■板書やグループカードの工夫
　イメージがなかなか広がらないクラスのときには，これまでの先輩が創った成功しやすい事例として，ヒントを掲示するとよい。恋心，怒り，けんか，腹痛，火山，地震，ポップコーン，花火，野次馬などがおすすめ。

〔宮本乙女〕

11 ストーリーを手がかりに
○○な私—△△な私—それから

ダンスキーワード
（DKW）
作品のはこび

■ 学習の目標

1. はこびのヒントを手がかりに，デッサンをつなげて小作品を創る。
2. 気持ちを途切れさせることなく踊りきる。

■ 学習の進め方

<table>
<tr><th colspan="2">学習活動</th><th>指導の要点と言葉かけ</th></tr>
<tr><td rowspan="1">導入</td><td>1. ダンスウォームアップ　　　（10分）
・「サクラ」（P43 参照）</td><td>・思いついたイメージを心にもち続けて，踊る気持ちを途切れさせずに動こう。</td></tr>
<tr><td rowspan="5">展開</td><td>2. 課題の確認　　　　　　　　（5分）
⑴板書を見ながらひと流れの確認

　「○○な私—△△な私—それから」

⑵ブレインストーミング</td><td>・なんだかストーリーがひらめきそうなひと流れでしょ。"それから"どうなるのかしら？
・○○にはどんな言葉が入りそう？（聞き取って板書）
・いろいろな状況や状態を考えてみよう。なりたい私を想像するのもいいね。
・たくさん出たね。いくつかデッサンしてみよう。</td></tr>
<tr><td>3. 課題を動く　　　　　　　　（7分）
⑴先生のイメージでデッサン
・自由な私：自由の象徴"鳥"をイメージして動く。
・ブルーな私：気分が落ち込んだときの，体や表情の特徴を生かす。</td><td>・いろいろな高さで羽を閉じているポーズ…大空遠くを見つめて伸び上がる…翼を広げて飛び立とう！ 気持ちよく旋回…フワッとジャンプ，急降下…仲間とたわむれて，また大旋回。
・背中を丸めてうつむき気味，なんとなくけだるい。低いポーズからゆっくり回りながら立ち上がる。音を立てずに走って立ち止まって手を伸ばす，違う方向にもう１度。何かを求めるように伸びて……，急に腕と肩を落とす。２〜３歩後ずさってブルーなポーズ，高さはそれぞれ。</td></tr>
<tr><td>⑵仲間同士で
・4人が順番にリーダーになっていろいろな私を体験する。</td><td>・4人組。リーダーになったらどんな私なのかメンバーに伝えてから先頭で動こう。他の人は後について真似をする。リーダーさんの気分まで読み取って動こう。</td></tr>
<tr><td>4. 小作品にまとめて練習　　　（15分）
・質感の異なる「私」を組み合わせて。
・つなぎの部分に工夫を。
・題名をつける。</td><td>・グループで一番やってみたい「○○な私」を１つ決めたら，それがどんな展開になったらおもしろいか考えて「△△な私」を組み合わせ，小作品にまとめよう。
・まったく質の違う「私」が組み合わさると楽しいね。
・ストーリーの転換点が見ている人にわかるよう，一瞬全員で止まったり，今までと対照的な動きをしたり工夫して。</td></tr>
<tr><td>5. 発表に向けてリハーサル　　（3分）</td><td>・それからどうなったのかがラストのポーズでわかるように，しっかり止まってね。</td></tr>
<tr><td rowspan="2">まとめ</td><td>6. 2グループずつ発表　　　　（7分）</td><td>・気持ちが途切れずに踊れているかに注目して見よう。</td></tr>
<tr><td>7. 授業の振り返り・まとめ　　（3分）
・学習カードへの記入。</td><td>・ストーリーの流れがわかりましたか？ 踊って感じたこと，見て感じたことを記録しよう。</td></tr>
</table>

● 学習の進め方のポイント

　○○，△△に抽象的なイメージが浮かぶので，ある程度デッサン力がついた段階の生徒を対象としている。動きの自由度が高く，小作品にまとめるためのヒントが提示されているので，進んだ段階の生徒にとっては楽しく取り組める。

〈先生のイメージでデッサン〉

①抽象的なイメージをどのように動きにするかについてヒントを与える。

　・象徴的な事柄に置き換える。

　　例自由→鳥，熱血→スポーツのコーチ　等

　・そのような気分のときの体や表情・動きの特徴を生かす。

　　例ブルー→うつむき気味，背中丸い　等

　　　ハッピー→スキップ，ジャンプ，前向き　等

②動きを繰り返して印象を強める。

　　例違う方向にもう1度　等

③起伏のある小作品になるよう言葉で引っ張り，気持ちよく踊りきれる長さにまとめる。

〈小作品にまとめて…〉

①小作品にまとめるうえで必要な要素はたくさんあるが，細かい事柄はグループごとにアドバイス。

②全体に対しては，選んだ2つの「私」の質が似たものにならないようすること，転換点に工夫を凝らすことの2点だけアドバイス。

● グループへのアドバイス

●ストーリーを決めかねているグループには，1つ選んだ「○○な私」とまったく違う質感の動きが出てきそうな「△△な私」をいくつか提示するとよい。例えば，「セクシーな私」に「だらしない私」や「マッチョな私」を組み合わせる等。

吊り上げられる私　　　　　　閉じ込められる私

●「○○な私」がうまく動きで表現できていないグループには，"繰り返し""大げさな動き"で特徴を強調するようアドバイス。例えば，「その動き，いいね。もう1～2回見たいよ」等。

●「○○な私」から「△△な私」へのつながりがぎこちないグループには，転換のときに"1度みんなで集まってみる""手や足で音をたてて合図にする""一瞬全員の動きを止める"等のアドバイスで，踊る生徒の気持ちのスイッチをしっかり切り替えさせる。

● 生徒から出てきたイメージ ●

熱血な私／恋に恋する私／ズルい私／面食いな私／リアルな私／吊り上げられた私／這いつくばる私／セクシーな私／閉じ込められた私／ハッピーな私／あふれそうな私／素直な私／蠍座の私／我慢する私／ポジティブな私／賢くなりたい私／疲れた私／汗だくな私／ノリノリな私／今風な私／意味不明な私／不真面目な私／虫が嫌いな私／満腹な私　等

■扱い方の工夫

　初心の段階では，「私は○○」として扱うことができる。その場合は，選んだイメージの特徴を動きにする"デッサン力"と，起伏のある動きで"作品にまとめる力"を養うことがねらいとなる。

我慢する私　　　　　　スッキリした私――「前から見ると重なって　　　　ようやくスッキリ
　　　　　　　　　　　スッキリが見えないよ」とアドバイス

〔熊谷昌子〕

12 もの（小道具）を使って　見立ての世界

ダンスキーワード
（DKW）
見立てる

◼️ 学習の目標

1. 身近なもの（新聞紙，ゴム，いす，布など）から連想を広げて動く。
2. それぞれのものがもつ特性を生かして動きを広げる。
3. グループで多様にイメージを広げ，雰囲気を途切れさせずに小作品を創る。

◼️ 学習の進め方

<table>
<tr><th colspan="2">学習活動</th><th>指導の要点と言葉かけ</th></tr>
<tr><td rowspan="2">導入</td><td>1. 課題を知る　　　　　　　　（10分）
⑴「見立てる」とはどういうことかを知る

⑵ものの紹介：布，ゴムなど</td><td>・日本の伝統的な芸の世界には，「見立てる」というものがあります。（扇を細かくゆらして）さざ波，（ヒラヒラ動かして）桜吹雪，（逆さにして）なんに見えるかな？　富士山に見立てるんですよ。扇子なのだけれど違うものに見えてきますね。
・今日は扇子でなく，ここにあるいろいろなものを見立ててみよう。まず，布。持って走ったら？　何に見えるかな？　（風，獅子舞など）大きく動かすには，丸めて投げ上げたらどうかな？（爆弾，お化けなど）
（準備したものを動かしながら短く紹介する）</td></tr>
<tr><td>2.「見立て」て動く　　　　　　（10分）
・3人組で「もの」を大きく動かしながら，イメージの広がりを楽しむ。</td><td>・では，3人組になって，何か思いながら動かしてみよう。体も，ものも，場所も大きく使おう！
・何種類か試してみてほしいので，先生の合図で，違うものの場所に行ってください。
・でも，1回に試すものは3人が同じものを1種類。何個使ってもいいけど，1種類ね。

・BGMは，あまり起伏のない音を流しておく。
・配置した「もの」の場所に太鼓の合図で移動させる。1分ずつ，3か所くらい試す時間を確保する。
・動きが大きくならないようならば，教師が一緒に持って走ったり，転がしたりなど，きっかけを作る。</td></tr>
<tr><td>展開</td><td>3. 6人グループで小作品にまとめる（15分）
⑴3人＋3人の6人組を作る
⑵イメージの交換

⑶6人グループで小作品にまとめる

⑷リハーサル：全員で1回通す</td><td>・3人組でやったことを，6人になって，シートに全部書き出してみよう。イメージが思い浮かばなかったら，「グルグル」のように音や，「転がす」のように動かし方を書いてもいいよ。
・もし，書きながら他にも思いついたら，つけ足して書こう。
・1つものを選び，題名をつけて作品にします。ものはグループで1種類。決まったら先生に言ってから始めてね（教師は各グループを回る）。
・できたところまで，通してみよう。</td></tr>
<tr><td rowspan="2">まとめ</td><td>4. 見せ合い（2グループずつ発表）（10分）</td><td>・「見立て」ているイメージが伝わるかな？
・ものも体も大きく動かしているかな？
・大きな拍手で応援しよう。</td></tr>
<tr><td>5. まとめ　　　　　　　　　　（5分）
・学習カードへの記入。</td><td>・どの作品のどこがよかった？</td></tr>
</table>

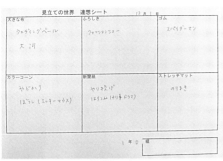

連想シート

くもの巣

ヤドカリ

獅子舞

● 学習の進め方のポイント

　もの選びでは，ボールがあるとボールそのもので遊びを始めてしまうことがあるので，初心の段階ではあえて外した。できるだけ発想の広がるようなもの選びを。

　ものの紹介のときに，

- 大きい布は3つの動きを紹介——エネルギッシュに（サアッと風を起こして走る，まとまって隠れる，床に置いてジャンプ！など）
- 他のものは1種類につき1つずつでよいが，体が変わるような使い方で，ちょっとずつ動かしてみせる。

　例生徒の後ろまで走るくらいに。

　　ゴムなら思いっきり伸ばして見せて。

　　ビニール袋：高く投げる，体も動かす。

〈連想遊びの約束ごと〉

- 1回に1種類。
- もともとの遊び方はなし（ゴムでゴム段，ボールでバレーボール）。

● グループへのアドバイス

- 立ち上がって動きながら考えよう。
- 出たアイデアは全部やってみよう。
- できたところまで見せて。
- 一番おもしろいところを繰り返してみようよ。
- 一番いいシーンに初めと終わりをつけるとよい。
- 布——大きく体も一緒に，走る。
- ゴム——伸びたゴムの外までもっと体を伸ばしたら。
- カラーコーン——かぶったり，背中につけたり，いろんな道具に見立てたりしてみよう（ギター，ドリルなど）。

大きな布 (黒，白，赤)	ふろしき (いろいろな色)	5cmの 幅広ゴム10m (白，黒)
カラーの ビニール袋 (ふくらませて)	カラーコーン	新聞紙

ものを5～6種類ぐらい体育館に配置

● 生徒から出てきたイメージ ●

〈大きな布〉波／パラシュート／結婚式／光と闇

〈ゴム〉スパイダーマン

〈カラーコーン〉ヤドカリ／ドリル

〈ビニール袋〉どろぼう／希望

〈新聞紙〉爆弾／フェンシング

〈ふろしき〉ファッションショー／バットマン／ストーカー

〈ストレッチマット〉海苔巻／ドラゴンレース

■扱い方の工夫

　3人組×2の6人組で，同じもの同士で組んで2つをつなげてもよし，違う種類で組んではこびをつくってもよし，少し長めの作品に仕上げて単元まとめとしても。ものにとらわれるだけでなく，全身を使って空間を広げ，イメージをふくらませるきっかけとして扱いたい題材である。

〔君和田雅子〕

群（集団）の動きを手がかりに

13 主役と脇役
——20秒間の主役を踊ろう

ダンスキーワード
（DKW）

ソ　ロ

　次は「ソロのテストだよ」と言うと生徒は「え〜！」と言って，力一杯大きな声で「嫌だ〜」と抵抗する。しかし，この授業は中学3年生にとって意外と「大好きな時間だった」と評価されていた。学習の初期には，仲間がいることは大きな支えになる。そして，だんだんに学習段階が進んでくると，生徒が個々に自分らしさを出せるようになってくる。その段階では，ぜひソロを体験させたい。ここでは脇役に支えられて，30秒間の主役を踊る。学習の進め方を紹介しておきたい。

■ 学習の進め方

	学習活動	指導の要点と言葉かけ
導入	**1. これまでの学習の復習**　　　（10分） ①ホワイトボードとその場で動きながら3つの題材を復習する。 　・「捻る—回る—見る」「走—跳」「走—止」 ②3人組で1人が1つの題材のリーダーになって動きで復習する。	・今日は，いつもと同じように友達と一緒に支え合いますが，独り立ちへの第1歩を踏み出しましょう！　「自分」1人だけで踊る「ソロ」に挑戦しましょう。 ・「私は○○」って思いながら，リーダーになってね。 ・それぞれの題材のDKWを思い出させる（メリハリ：体の極限・速さの極限）。
展開	**2. これまで学んできたひと流れをつなげて動く**　　　（10分） ①全部つなげて動く。 ②もう1度，通す。 ③少し長いひと流れを自分の一番なりたいものになって20秒間踊る。 それぞれが自分らしく，気持ちを込めて…… **3. 中間発表**　　　　　　　　（5分） ・3人が順番を決めて発表し合う。 **4. 主役（ソリスト）と群舞の相談タイム** 　　　　　　　　　　　　　　（10分）	・今度は1人ずつでチャレンジしよう。 「捻る—回る，捻る—回る—見る」「走—跳・跳—転」「走—止，走—止・止・止」 ・「私は○○」という題名で何か思いながら動いてみてね！ ・ここまでダンスの授業を重ねてきた皆さんは，自分の好きな動きやイメージ，得意な動きや作風がわかってきたよね？一番好きな得意な感じで踊ってみよう。でも，まったく正反対の感じに挑戦するのも新しい発見があるかもしれない。 ・題名は「私は○○」。 ・初め—少し長いひと流れ—ラストのポーズ。 ・題材は全部必ず入れる。 ・順番は変えてもいいし，気に入った題材を長くしてもいい。 ・でも，他の2人は座ってジーッと見てるのではなく，一緒にその世界を作るよ——伴奏する感じでソリストの雰囲気を盛り立てます。見ながら，ちょっとでいいから反応して動いてあげようね。 ・今度は相談して，少しお互いに決めておく部分を創ろう。例えば，「私は孫悟空だから，『きんとーん』って言ったら雲になってやって来て乗せてね」「私は汚れた川で苦しむ魚だから，どろどろヘドロになってまとわりついてね」とか。そして，ソリスト交替の部分は5秒間ポーズで止まることにして，必ず相談しておこう。
まとめ	**5. 今日の発表**　　　　　　　（15分）	・気持ちを途切れさせずに，踊れるでしょうか？　では，2グループずつ発表し合いましょう。

〔中村なおみ〕

第7章
クラス作品・運動会・部活動などに広げるアイデア集

この章では，積み重ねてきた学習を生かして
クラス作品・運動会作品，
さらには部活動作品へと広げる指導を紹介しています。
通年で取り組む授業をお持ちの先生や，
部活動・運動会などで生徒のアイデアを生かした作品を
創らせたいと思っている先生方，ぜひ基本的な学習（第1章）を
授業で取り上げた後に，チャレンジしてみてください。
生徒の表現力を新たに拓くことでしょう。
他者との関わり，視線や体の使い方，物語や絵画を手がかりとしてなど，
少し難しい題材もありますが，
実際に生徒に指導をし，実践から得た知見を生かして
学習指導案を作成してきました。

他者との関わりから

コンタクトを使って（人と関わって）

◼️ 学習の目標

1. 「あ，うん」の呼吸でアイコンタクトをとりながら踊る。コミュニケーションを深める（言葉のない世界で相手に自分の意思を伝える。そして，相手の伝えようとしていることを感じ取る）。
2. 2人組での動き，および2人組で体重をかけて支え合って崩れていく等の動きを即興で作り出す。

◼️ 学習の進め方

	学習活動	指導の要点と言葉かけ
導入	1. ダンスウォームアップ　　　　　（5分） 〈2人組〉 ①腰を落として両手を持って引っ張り合う。 ②背中合わせで座って立つ。 ③1人が床にお尻をつけ手を交差して上げる。1人がその手を持ってクルリと回す。反対に回してクルリと戻す。	①「はっけよい，のこった」だよ。うーんと腰を落としてね。思いっきり引っ張るよ。横にも，逆にもね。体が伸びて気持ちいいねー。 ②背中合わせで下に降りていきます。どうですか？　体重をかけすぎても，かけなさすぎてもうまくいきませんね。気持ちを合わせてやらないとね。もう1回。上手。 ③反対に回すと腕が絡まって回らないよ。よく考えてね。クルクル回るのは楽しいね。
展開	2. 課題を知る　　　　　　　　　　（2分） ・「コンタクト」とは？ 3. 先生と一緒に課題を動く　　　　（15分） (1)2人組で3つの動きに挑戦 　①引っ張って，転がして，起き上がる。 　②背中合わせで座って床を転がり立ち上がる。 　③お尻をつけてクルリと回して戻して引っ張り上げる。 (2)2人組が5mくらい離れて歩み寄り①の動きを動く。次に体育館全部に広がり，自由に出会った人と次々に①の動きを動く。自由な速さで動く。②③も同様。 (3)自由に歩いて偶然出会った人と①でも②でも③でも，好きなきっかけで好きなときにやりたいと思ったものを始める。 4. 先生のイメージで動く　　　　　（5分） ・「ライバル」をイメージして，今の動きを取り入れて即興で動く。 5. 2人組の動きを考える　　　　　（5分） ・引っ張る，体重をかけ合い支える，崩れるなどの動きを自由に作る。 6. イメージを出し合い創作　　　　（13分） ・1分程度の小作品づくり。	・『コンタクトから何を思い浮かべますか？』「コンタクトレンズ」「アイコンタクト」『では，……』（教師が1人の生徒を見つめる）『何を感じましたか？』「先生の愛……，ドキドキしました」『よくわかりましたね』「きゃー……（笑）」『今日は話さなくても相手の気持ちを感じたり，自分の気持ちを伝えたりしてみます。心を読み取りますよ』 (1)まず，2人組での①〜③の動きをそれぞれが逆の立場でもできるように練習しよう（右ページ参照）。 (2)先生の太鼓に合わせてお互いを見ながら歩いて近寄り，出会ったらすぐに①を始めます。きっかけの太鼓はありません。次にいろいろな所に歩いて行って，そこで出会った人と①を繰り返します。②③も同様。 (3)始めるタイミングやどの動作にするのかは，「あ，うん」の呼吸でやってね。心で会話します。アイコンタクトで自由に動きます。自分の意思を伝えましょう。 ・何の「ライバル」があるかな？　勉強？　部活動の選手争い？　恋のライバル？　火花が散っていますね。どんどんどんどん出会った人と自由に関わってみましょう。 ・出会った人と2人で関わった動きを自由に作り出してみよう──支える，抱える，引きずる，持ち上げる（ダイナミック，スピード，スローモーションを使って）。 ・6人組で，今動いた動きからイメージを出し合い1つの題を決める（1分程度の短い作品作り）。 ・右ページ「作品を創るときのアドバイス」を参考に。
まとめ	7. 1グループずつ発表をする　　　（5分） 8. 授業の振り返り・まとめ ・学習カードへの記入。	・見る人は大きな拍手で応援しよう。踊る人は，大きくダイナミックに動いてね。最後のポーズで5秒止まるよ。 ・提出の説明。

● 学習の進め方のポイント

① 2人で右手をつないで深く引っ張り合います。次に1人の人が右手の先で相手を回転させながら，相手を床の上で転がします。転がった人は起き上がって相手の目を見ます。お互いが逆の立場も練習。

② 2人で背中合わせになります。そこから少しずつ沈んでいきます。2人ともお尻がついたら，床を転がって，スックと立ち上がります。そして，向き合って，お互いの目を見つめます。1度やってみます。……どうですか？　背中合わせは，体重をかけすぎてもかけなさすぎてもうまくいきませんね。相手を感じ取りながら体重のかけ方を調整してみてください。床を転がるのは，転がりやすいやり方でいいよ。

③ 1人はお尻を床につけて座り，両手を交差して上げ，立っている人は手を交差せずに，お互いに両手をつなぎます。手をつないだままで，上の人は下の人を回します。次に逆回しをします。次に座っている人を引き起こして，お互いの目を見ます。案外近いですね。びっくりです。以上を，逆の立場になって練習。

● 人との関わりを深めることに重点を置いた教材

2人組になろう，3人組になろうと声をかけたときに一瞬の間がある子がいる。また，群で即興的に動くときの生徒たちの動き方や関わり方に，他者との関わり方がいまひとつと思うことがある。この単元では，もうひとつ心と体を解放して深く関わらせ，心で感じたことを素直に体で表現することの楽しさや，仲間と協力・工夫して1つの作品を創り上げる達成感・充実感を味わわせることを目標とした。

● 2人組の即興から

引っ張る，支える，崩れる

①引っ張って，転がして，起き上がる

②背中合わせで座って，床を転がり立ち上がる

③クルリと回して引っ張り上げる

● 作品を創るときのアドバイス

題名が決まらなかったら，ライバルでいいよ。○○のライバルとか。題を決めるときも相談するときも座らないよ。今までの授業で使った動きを使おう。1分くらいの作品でいいよ。ユニークな動き，2人組の動きをどんどん入れていこう。みんなで協力してね。最初のポーズと最後のポーズをきちんと決めよう。

● 生徒の感想から

別々の人と関わって相手に気づかったり身を任せたりすることがいかに難しいかがわかった。／目が合った友達と合図もなく一緒の行動をするのはなぜか少し緊張した。／目つきや動作で表現が大きく変わることに気がついた。／話さないで人と接することでさらなるコミュニケーションが生まれた。／イメージで動いているとアイデアが浮かびやすかった。／ダンスは心で踊るものだと思った。

■場の工夫

3つの動きの簡単な絵をホワイトボードに張っておくとわかりやすい。次の授業はこの小作品づくりを発展させて，2時間連続でていねいに作品づくりとして取り組むこともできる。また，クラス内発表をさせてよい作品を1つ選び，全員でその作品を踊るようにリーダーグループに指導させて，クラス作品にすることも可能である。

〔岡野芳枝〕

2 視線のゆくえ
インフォーカス―アウトフォーカス

❶ 学習の目標

1. 「走る―止まる」や「個と群」などの学習を発展させ，視線の方向や体全体で表現空間を広げる方法を学ぶ。
2. スピーディーな移動（走る・ジャンプ・這う）や，不安定な形で止まる工夫により，ダイナミックに体を使う。
3. グループで課題のひと流れを繰り返しながら，ストーリーを作り小作品に仕上げる。

❷ 学習の進め方

	学習活動	指導の要点と言葉かけ
導入	1. ダンスウォームアップ　(10 分) ・3 人組で三角形を作り，リーダーの動きを真似て次々にいろいろな動きに挑戦。1 曲終わるまで動きを止めない約束で，リーダーは順次交替しながら。	・今日は「走る―止まる」「個と群」「見る―見る―見る」の応用編。この課題を踏み切り板にすれば，かつてない名作が生まれる魔法の課題。チームワークでドラマチックな作品に挑戦してみよう。
展開	2. 先生と一緒に課題を動く　(12 分) (1)板書を見ながら，ひと流れを確認する リーダー走り出す―他もリーダーに続く―違う所にリーダー―再び追う―何かを見つけて 1 か所に集まる―それから……	・図示しながら，大まかな空間構成を生徒と一緒になぞってみる。 
	(2) 5 ～ 6 人のグループでリーダーを 1 人決める ・「リーダー走る―他続く―場所替えて」 (3)リーダーを交替しながらひと流れを動く (4)ひと流れの動きを繰り返しながら，自グループのスムーズな流れやイメージを徐々に固めていく ・イメージ例①　重い荷物をみんなで力を合わせて持ち上げる。 ・イメージ例②　目に見えない大切な物を，そっと上にかざす。 (5)半分ずつ見せ合い（隣グループと交替で）	・リーダー，サァーッと素早く走ってピタッと止まる。他のメンバーはリーダーをしっかり視線で追って……，そこに走り出す！ ・今のひと流れを，体にしみ込むまで繰り返してみよう。 ・グッと集まってみんなで何かを持ち上げるときは，掛け声をかけないでメンバーの気持ちを 1 つに合わせて。 ・リーダーさんが止まったら，他のメンバーはいっせいに走り出してもいいし，2 番さん，3 番さん……とズレて出発しても何かに見えてくるね。ポーズはリーダーの真似をしてもいいしまったく違っても OK。不安定な形で止まると素敵。最後はどんなふうに終わりたい？ ・見てる人たちも，オブジェのように存在していてね。 ・どんなふうに見えた？　もうストーリーができてるみたい。
	3. イメージを出し合う　(3 分) ・出されたイメージをホワイトボードにすべて書き出す。	・目に見える物（具象）も OK，でも心の中のこと，抽象の世界にもチャレンジしてくれたらいいな。
	4. グループで 1 つの題名を決めて創作する　(12 分)	・各グループのイメージを広げ，課題の流れにとらわれすぎず主題に合った動きをどんどん取り入れていくように助言。
まとめ	5. 1 グループずつ発表をする　(8 分) 6. 授業の振り返り・まとめ　(5 分) ・自作品の工夫と他作品の講評。 ・学習記録（内省）記入。	・踊るときは作品の世界に入り込んで表現，見るときは他作品のよいところを鑑賞しよう。

◉ 学習の進め方のポイント

　これまで「走る─止まる」「個と群」「見る─見る─見る」を学習していると，発展した作品につながりやすい。創作を積み重ねてきた段階のクラスでは，課題のひと流れを体感した後のグループ創作時には，主題に沿った動きや流れの自由なアレンジを促す。表現したい主題が鮮明になるよう，時には課題を飛び越えて独自の世界を作る雰囲気を育てたい。話し合いだけで段取りを決めたり，理屈や物語先行で体を置き去りにした創作にならないようポイントを整理しておく。

〈先生と一緒に課題を動く〉

①ひと流れを体感　教師の声かけなしでも，自然に動き出しスムーズに流れを追うことができるようになるまで，緩急をつけた太鼓で誘導する。

②極限まで　リーダーさん，止まるとこ工夫してごらん！　こんな難しい形したら，みんなも真似しなきゃ！　もっとすごい形で止まるとか？　風のように駆け抜けて，写真に写らないくらい。

③多様にイメージを広げる　リーダーが走り出すやいなや出発するとか，リーダーを追い越しちゃうとか。連なっても固まっても何かに見えてくるね。ラストも，あると思ったら，何だないのかってことでもいい。

◉ グループへのアドバイス

　課題のひと流れをもとに，各グループのテーマや表現がより自由に広がるアドバイスを。

〈空間の使い方の工夫〉

●「未だ知らぬ道」をテーマにするグループ──移動するときに這って前進すると，もがいてる感じがするよ。

●「隕石落下」のグループ──落ちてきた隕石を探すとこ，もっとずっと下へ掘るように体が床に潜っていくくらい下を見ると，スリリングな展開。

〈遅速の変化や繰り返し〉

●「時限爆弾」をテーマにするグループ──体のどこかがくっついて次々につながっていくのもおもしろいから，そこを繰り返してみたら？

●「くんくんくん」のグループ──ラストはすぐにコケないで，粘って低い姿勢で長引かせて，ゆっくり崩れると，悪臭の雰囲気たっぷり！

● 生徒から出てきたイメージ ●

低気圧／鬼ごっこ／流星群／河／魚の群れ／真実を追う／天の川／水たまり／隕石落下／未来への階段／噴火／親分と子分／旅人／心の隙間／お宝争奪戦／魔法のランプ／探偵／未だ知らぬ道／雪崩／スパイ／原始人の生活／時限爆弾／すすわたり／友情／WBC／煮え切らない想い／踏んづけちゃった！　何？

■扱い方の工夫

　リーダー役の活躍で，ダンス経験に差のあるグループでも作品を仕上げる達成感を味わえる。また，大テーマ（未来，夢 etc.）を掲げ，数時間かけて小グループの表現を生かしたクラスや学年（運動会）作品にも仕上げられる。

■学習を支援する環境の工夫

　より躍動的で緊張感のある表現を生むためには，体育館やグラウンドなど広い空間を使うことが望ましい。グループ活動時には，壮大でドラマチックな曲をBGMとして，さりげなく使用すると効果的である。

踏んづけちゃった！ 何？

コソコソの覗き見，低い姿勢で

よいしょ。捕まえたぞ

お宝ゲット！

挫折しても繋がる心の絆

上げた手のもっと上を見て

〔佐藤みどり〕

3 保つ—崩れる

群（集団）の動きを手がかりに

■1 学習の目標

1. 「保つ—崩れる」という動きを繰り返しながらイメージを発見し動きにまとめる。
2. 緩急の差を感じながら，身体感覚の違いを感じ，体を極限まで使う。
3. 人数の違いによっての時間的・空間的・リズムの変化を知る。
4. 内面までのイメージを広げ表現する。

■2 学習の進め方

	学習活動	指導の要点と言葉かけ
導入	1. ダンスウォームアップ　　　（10分） ・2～3人組でストレッチ。緊張・弛緩を呼吸のリズムを使いながら行う。	・今日は「伸びる—縮む」で学んだ「極限まで」を意識しながらウォームアップをするよ。身体感覚を意識して動いてみよう。友達と2人組でやってみよう。
展開	2. 課題を動く　　　　　　　　（10分） ⑴板書を見ながら，ひと流れを確認する ・走る—ポーズ・保つ—徐々に崩れる：起き上がって，走るから繰り返し。 （1人で→2人で→3人で→数人で） ・走る—ポーズ・保つ—一気に崩れる：起き上がって，走るから繰り返し。 （1人で→2人で→3人で→数人で） ⑵先生のイメージ例で動く 　クラスを2グループに分けて見せ合う ・イメージ例①「雪崩」 ・イメージ例②「挫折…そして」 ⑶グループで動く（6～8人で） 3. イメージを出し合う　　　　　（5分） ・紙に書き出していく。 4. 題をつけて小作品にまとめる　（12分）	・今日の課題は，「保つ—崩れる」です。 ・まずは，1人で走って，ポーズ。このときできるだけこの状態を保ちながら，徐々に崩れる。 ・呼吸を使って，体のどこの部分から崩れるかも考えてみよう。どこを一番保っていたいかも考えて。自分の気持ちも途切れずにつなげて。 ・一気に崩れる？　ゆっくり崩れる？ ・2人のときは，体のどこか触れてみよう。寄りかかってもいいよ。どちらかが先に崩れてもいい，高さの変化があってもいいね。 ・複数のときは時間差をつけてもいいよ。緩急の差があってもいい。フッと息を吐いたり。全員が崩れなくてもいい。 ・雪の重さに耐えかねて崩れていくのかな？ ・ラストは？　崩れたままなの？ ・それぞれが自分の思ったイメージで動いてみよう。 ・自然現象や生活の中にもヒントがあるよ。 ・人の感情にも注目してみよう。 ・各グループを回り，個々に作品に合う時間・空間の使い方を生かすアドバイスをする。
まとめ	5. 1グループずつ発表をする　　（8分） ・時間がなければ，数グループずつ。 6. 授業の振り返り・まとめ　　　（5分） ・学習カードへの記入。	・踊る人は，大きくダイナミックに動こう。 ・友達のどんなところがよかったかよく見ててね！

● 学習の進め方のポイント

「保つ」では，持ちこたえるときのバランス感覚やアンバランスでも持ちこたえる感じをつかむ。「崩れる」の過程では，自分の体がどこから，どのように崩れるかを感じてほしい。「ゆっくり」と「一気に」では身体感覚の違いがあることを知る。

2人，3人，グループでと人数を多くしていくことで，「支え合いながら崩れる」「1人が速く，その他は遅く」，あるいは「数人は保ったまま，他は崩れる」などの空間の変化にまで発展していける。

その中で相手がどう動くかをつかみながら動くことも大切な要素となるため，進んだ段階での学習と言える。

崩れてもなお保ち続ける，立ち直っていけることを意識させれば，ただ動きを追うだけでなく，内面を見つめることにもなりうる。「伸びる―縮む」のように，どの部位からどのように動かすかという意識をもたせることができる。

プレッシャー

重圧に耐える，耐えきれず…

人間関係――ギリギリのバランスで支え合う

● グループへのアドバイス

- 引っ張り合ったり支えたりしてもいいね。
- リフトを生かしてもいい。
- 寄りかかってもいいね。
- 繰り返し，繰り返し，続けてみよう！
- ジワジワとゆっくり，グッグッグーッと重圧に耐えながら，スーッとストンと，フッと息を吐くように（擬態語・擬音語を使ってイメージを引き出す）。
- 離れていても感じ合って動いてみよう。
- 関連性をもって動こう。
- あなたがこうしても，私はこうしたいという，意識をもって動いてみよう。
- 縦に伸びる空間や，横に連なるような空間も意識して。

━━ ● 生徒から出てきたイメージ ● ━━

雪崩／火山／崖くずれ／河の氾濫／防波堤突破／緊張／信頼／生活のリズム／積み木／ジェンカ／体型／食物連鎖／化粧／信頼／いじめ／人間関係／東京タワー／精神状態／仲間／ジェラシー／恋人の浮気／日本の風土／落雷／乱／狂気／ゆがんだ時間／異次元に迷う／ゆれる想い／はかない命／くもの糸／法則／日はまた昇る／くじけるな！／あなたと私／繰り返しシンドローム／天気／晴れのち……／プレッシャー／ストレス社会／守りたい／株価下落

■扱い方の工夫

・ウォームアップで，体の極限まで使いきる感じを思い出すため，「伸びる―縮む」を取り入れながら，1人での体験と友達と一緒に行うときの身体感覚の違いを意識させる。
・友達と一緒に引っ張り合ったり，リフトをしたりと今まで取り組まなかった動きの工夫も取り入れるとよい。

■学習を支援する環境の工夫

・板書や掲示で流れやねらいを提示すると，グループ活動の際，常にねらいを貫いて活動することができる。イメージを出し合うときに，紙を配布しグループごとに書き上げ，題に○印をつけてもらう。

〔津田博子〕

4 多様な感じを手がかりに
生きている地球

■1 学習の目標

1. 「生きている地球」から多様なイメージを見つけ，すぐに動くことができる。
2. 主張したい主題が鮮明になるように動きの工夫をする。
3. グループごとの作品をつなげてクラス作品としてまとめる。

■2 学習の進め方

	学習活動	指導の要点と言葉かけ
導入	1. ダンスウォームアップ　　　　（10分） ・体ジャンケンでリズミカルに動く。 ・3人組で順番を決め，リーダーを交替しながら，いろいろな「集まる―離れる」を行う。 　　1番リーダー：パーで止まる 　　2番リーダー：グーで止まる 　　3番リーダー：チョキで止まる	・音楽に乗っていろいろな人と体ジャンケン（12拍スキップ，4拍ジャンケン）。 ・捻ってパーで止まる。リーダーに続いて，高さを変えて，向きを変えてパーで集まる。 ・パーのままで離れて行ってグーで止まる。続いてグーで集まる。ひっくり返ったグー，高いグーもあるね。 ・グーで動いていってチョキで止まる。鋭く!!　一気に集まってチョキ。いろいろなチョキで。
展開	2. 先生と一緒に課題を動く　　　（15分） ⑴課題の確認をする 　「生きている地球」からいろいろなイメージを見つけて，グループ作品を創ろう ⑵3人でイメージを見つける ・イメージを出し合い，用紙に記入する。海，風，森林，フェーン現象，ダイオキシン，バクテリア，石油，オゾン層……。 ⑶先生と一緒に課題を動く ・見つけたイメージを，先生の言葉かけですぐに動いてみる。3人組でリーダー交替。 　自然の脅威：台風（走る―跳ぶ―回る） 　森は生きている：みんなで作る森―伐採される木―それから？ 　海底探検：泳いでいくよ，見つけたのは……いろいろな海の生き物 ・デッサンしながら，はこび，動きの質や変化，群構成について学習する。 3. 6人グループで動きづくり　（15分） ⑴グループで動きのイメージを見つける ・グループごとの動きにしたいイメージ：ペンギン，マグマ，四季，世界旅行，食物連鎖，美しい地球，日本誕生…… ⑵出されたアイデアを動きながら相談する	〈イメージのかみ砕きとしてのアドバイス〉 地球ってどんな惑星？　地球にはどんな生物がいる？　動物，植物……。21世紀に残したい自然，文化，生活は？いろいろな環境破壊も問題になっているよね。 ・みんなから出されたイメージを動きにしてみよう。 ・いっせいに台風で動くよ。風速50m。いろいろなものが吹き飛ばされる。猛スピードで。回りながら飛んでいく。 ・1番さん，いろいろな場所で幹になって。2番さん，その幹から枝を伸ばして。3番さん，さらに違う枝を伸ばして。巨大な伐採機が木を倒していくよ。3番さんから……最後は？新たな芽が出て終わりにしようか。 ・1番さんから潜って海底探検。最初に出会ったのは，大きなウミガメ。2番さん，泳いで行って珊瑚礁の群生。3番さんは何を見つける？ ・6人（3人＋3人）グループのイメージを鮮明にし，中核となる「感じ」が出るように，アドバイスをする。 ・マグマ：だんだんと上昇して，溜まったエネルギーが一気に噴出，吹き出したマグマが地表を覆い尽くしていく。 ・強調したいのは，どういうところ？　ペンギンの可愛らしさ？　題名はどうしよう？
まとめ	4. 2グループでできあがったところまで見せ合いをする　　　　　　（5分） 5. 授業の振り返り・まとめ　　　（5分） ・学習カードへの記入。	・見る人は，工夫されているところをしっかり見て，一言感想が言えるように。踊る人は大きくダイナミックに動こう（約束の確認）。

●ここがポイント

- ●「生きている地球」からイメージを広げるための
ヒント（イメージのかみ砕き, 写真資料など）
を準備しておく。「総合的な学習」で学んだ印
象的な事象や最近の感動的なニュースから発展
させると, イメージや動きはより鮮明になる。
- ●先生と一緒に課題を動く（動きのデッサン）で
は, 動きの質（P63「7Mv」参照）や群の構成
（全―群―個）を意識し, 多様な動きが生まれ
るように言葉をかける。
- ●グループ創作では, イメージを3つ以上見つ
けて動きにつなげていくことをアドバイスする
と, スムーズな動きづくりへ展開できる。1時
間目は1分くらいの作品を早づくりする。
- ●表したい主題が鮮明になるように, どんなふう
に？ どんな感じ？ を問う。例えば, 石油→
メキシコ湾原油流出→油まみれの鳥たち……の

ように。

●単元の展開

第1時：デッサン——多様なイメージからグルー
プの表したい題を選ぶ。

第2時：デフォルメ——中核となる動きを強調する。

第3時：はじめと終わりの工夫。

第4時：踊り込み。

第5時：発表と鑑賞。

■作品化の工夫

　クラス作品にするときは, それぞれのグループが捉えた運
動の質を押さえて, メリハリのある流れを教師が構成する。
例えば,「楽しい」イメージの後に,「鋭い」イメージを組み
合わせると効果的。また, グループがお互いに補助出演し合
ってもおもしろい（自然の脅威を表しているグループの動き
に合わせて, 見ているグループが伴奏をするなど）。全員で
踊る場面や, 個でバラバラに動く場面があるとさらに動きは
広がる。

■先生と一緒に課題を動く

自然の脅威：台風（激しさを強調して）——風
速50mでいろいろなものを吹き飛ばし, なぎ
倒し, 猛スピードで駆け抜けていく。「もっと
速く, もっとダイナミックに, デフォルメして」

森は生きている——6人で作る木。「低
い所からも枝が伸びるよ」

海底探検——3番さん, 見つけたのは？
……トビウオ

■グループ創作

嵐の海——穏やかな海…海の生き物たち
…突然の嵐…

木の一生——種から芽が出て…（はじ
めの工夫）

マグマ——だんだんと上昇して溜まってい
くエネルギーから, 流れ出し地表を覆い尽
くすマグマまで

●生徒から出てきたイメージ●

・森／海／空／山／砂漠	・川のせせらぎ／オーロラ	・雨／雪／雷／風／太陽
・地震／台風／津波／火山	・動物（陸の生き物・海の生き物）／ジャングル	
・微生物／植物／花／桜	・朝／夜／光と影／希望	・四季／過去・現在・未来
・ビル／大都会／機械／戦い	・人間の歴史／伝統／遺産	

〔茅野理子〕

5 夜の動物園

■ 学習の目標

1. 目に見える形（写真）を，目に見える別のもの（自分の体）に移し替えて動く（模倣する）。
2. 一流のダンサーの体の使い方（コツ）を盗む。
3. 小作品を発表する。小作品を鑑賞する。

■ 学習の進め方

	学習活動	指導の要点と言葉かけ
導入	**1. ダンサーのポーズ（写真）の模倣** （15分） ・男女別グループ（5〜8人） (1)写真のダンサーのポーズを模倣する ・順番に。 ・お互いに模倣ができているかチェックし合いながら。 (2)5つのポーズが素早く再現できるように繰り返し練習する (3)見せ合い（半分ずつ） ・太鼓の合図で次々ポーズを変える。	・（ダンスの専門雑誌をパラパラとめくりながら）今日はみんなに世界のトップダンサーの真似をしてもらいます。みんなが模倣をしたくなるような写真を選んできました（各グループに5種類の写真カードを配る）。 ・写真から，一流のダンサーの体の使い方を盗んでください。盗むコツは，細部までよく観察してそっくり再現することです。 ・スムーズに再現ができるように動きのリーダーを決めましょう。 ・どのポーズも，5秒ぐらいで完成させましょう。 ・失敗しても諦めない。すぐに再挑戦。
展開	**2. イメージをもって動く** （5分） ・「夜の動物園」をイメージしながら5つのポーズを続けて動く。 ♪「空に星があるように」／荒木一郎 **3. 小作品「夜の動物園」にまとめる** （15分） (1)先生の「はじめ」と「終わり」を動く (2)グループでポーズの順番を決める (3)「夜の動物園」にふさわしく移動の動きの工夫をする ・動物のイメージで。 ・移動の仕方を工夫して。 (4)通して動く **4. 作品発表** （10分） ・3〜4グループずつ発表する。 ・体育館の半面を舞台に見立てて。 ※暗幕があれば閉めて明かりの下で。	・今日の課題は「夜の動物園」でしたね。 ・今から「夜の動物園」にぴったりの音楽を流します。深夜の動物園を想像しながら動いてみましょう。 ・ポーズごとに場所を変えて。 ・先生が，簡単な「はじめ」と「終わり」を考えました。 〈はじめ〉グループごとに思い思いに固まって空を見る。身を寄せ合ったり，寝そべったり。 〈終わり〉全員が前に1列に並び，はるか遠くを見る。檻の外の自由な世界を想像しながら。 ・動物みたいに這ったり，飛んだり，泳いだりしながら移動しましょう。 ・いつも1列ではなくて，ギュッと固まったままで移動したり，パッと散ってから集まったり。 ・順番や動線を確認しながら最初から動いてみましょう。 ・ダンサー気分ですまして踊ってみましょう。 ・真夜中の動物園のシーンとした雰囲気を大事に。 ・他のグループを感じながら自分たちのペースで。 ・失敗しても声は出さない。臨機応変に続けて。 ・観客は，ダンサー全員が遠くを見たら拍手。 ・ダンサーは，観客の拍手が始まるまでは動かない。
まとめ	**5. 評価** （5分） ・学んだことや気づいたことを出し合う。 ・学習カードへの記入。	・スポーツとダンスの体の使い方の違いがわかったか。 ・小作品の創り方（構成，長さ）がわかったか。 ・ダンスの楽しさを見つけたか。 ・次回が楽しみか〈興味・関心，意欲〉。

● 授業づくり──ここがポイント！

〈写真選択のポイント〉

- 中学校で初めてダンスを学ぶ生徒でも模倣ができる写真を選ぶ。動いている瞬間を切り取った写真(例えば，ジャンプや連続回転)は選ばない。
- 学習者が挑戦したくなるような，少しだけ難しいポーズの写真を選ぶ。
- デュエットから群舞まで，人数の異なる写真を取り混ぜて選ぶ。

● 学習者に期待する気づき

- 模倣する対象がかっこいい！→模倣している友達もかっこいい！→自分もきっとかっこいいはず！　だから恥ずかしくない→拍手をもらうと気分がいい。
- 体の開発──ダンスはそんなに楽ちんではない，きついぞ。
- ダンスは，見えないもの（夜）が見えてくる。

● 「模倣」──指導のポイント〈ダンサーのここをしっかり観察してみよう！〉

■写真1

- 2人のダンサーの両手の組み方は？
- 男性ダンサーの右足と女性ダンサー左足は？

■写真3

それぞれ模倣するダンサーを決めて。
- 7人のダンサーの位置関係は？
- 自分が模倣するダンサーの頭の反らし加減は？　両手の出し方は？両膝の曲げ加減は？

■写真2

まず2人組で，次に3〜4人組に挑戦。
- 4人のつながり方は？
- 先頭のダンサーの頭は？
- 最後尾のダンサーの右足は？

■写真4

- 右手の上げ方は？
- 手のひらの位置はどこ？
- 胸の反らし方は？

※指導・撮影：NPO法人 MIYAZAKI C-DANCE CENTER
　協　　　力：宇都宮茂樹（宮崎市立大塚中学校教諭）
　舞台写真　写真1：『ダンスマガジン』2005年5月号，新書館，写真2：同2005年4月号，写真3・4：同2005年3月号
〔高橋るみ子〕

6 物語から
つうとよひょう

❶ 学習の目標

1. 民話から「つうとよひょう」の物語を取り上げ，その情景を思い浮かべてイメージを広げる。
2. 各景の動きをグループで分担して創作し，全体をつなげてクラスで1つの作品を創り発表する。

❷ 学習の進め方（1時間目）

	学習活動	指導の要点と言葉かけ
導入	1. 課題の確認 （5分） ・2時間でクラス作品を創る見通しをもつ。 2. ダンスウォームアップ （10分） ・いろいろな情景を先生の声かけでデッサン。	・「つうとよひょう」の物語から，クラス作品に挑戦。今までの学習も生かしながら協力して進めよう。 ・チラチラ降る雪から吹雪へ。大きく走る，跳ぶ，回る，転がる。だんだん速く，強く，ダイナミックに。 ・2人組で。遠くから走ってすれ違う―再び走って出会う，支える―支えられる，心を残して離れる，など。
展開	3. 物語のイメージを広げる （5分） 4. 5つの景の特徴や全体の流れを確認し，グルーピング（配役決め） （5分） 5. 各景ごとに動きを創る （20分） ・第1景　吹雪の日〜つるを助けて 　　　　　　　　　　（5〜10人） ・第2景　出会い（2人） ・第3景　機織り（5〜10人） ・第4景　疑惑〜見たい，見てはいけない 　　　　　　　　　　（5〜10人） ・第5景　悲しみ〜旅立ち（5〜10人）	・絵本などを見ながら，物語の世界のイメージを広げる。 ・やってみたい役を決める。 ・各景のイメージをふくらませ，動きにしていこう。 ・つると吹雪との関連は？　つるはどこから登場するの？　激しくふぶく雪がつるを覆ってしまうのもいいね。 ・どのように出会う？　2人の動作は大きく，なりきって。 ・糸が踊って布に織り上がっていくのね？　リズミカルに繰り返そう。列が移動していくのもいいね。機織りの動作はオーバーに。体の向きや高さも変えて。体全体で。 ・見たい気持ちがだんだん高まる様子はどのように表現する？　交互に前に進んで見るのはどうだろう？　よひょうの葛藤の表現は？　見てしまった「その瞬間」を強調しよう。 ・悲しみを全身で。走っても，脚を振り上げて回っても，反っても悲しく。つうとよひょうの結末をどうしよう？
まとめ	6. 各グループできあがったところまで発表 （5分）	・次回の予定を確認する。

（2時間目）

	学習活動	指導の要点と言葉かけ
導入	1. 課題の確認 2. ダンスウォームアップ （5分）	・各シーンを連ねて全体のクラス作品を仕上げる。 ・軽快な音楽などを用いて，各グループで自由に機織りシーンの動きを出し合って踊る。
展開	3. 各景の動きを創作 （15分） 4. 中間発表 （10分） ・各景の出と入，景と景のつなぎを確認。 5. 修正・練習 （5分）	・1時間目の続きを創り，まとめよう。 ・物語全体の表現，流れを押さえながら，自分たちのグループの動きを確認して踊る。 ・前後のグループとつなぎの相談をしよう。
まとめ	6. クラス作品の発表 （10分） 7. 授業の振り返り・まとめ （5分）	・自分たちの景の様子がくっきり出てくるように大きく動いて発表しよう。クラス全体の表現を感じながら踊ろう。 ・みんなで創り踊った感想は？

雪にまみれて

つるを助けて

●学習の進め方のポイント

　1時間完結の学習を積み重ねた後の学習には，クラス作品の体験が楽しい。日本民話として誰でも知っている「鶴の恩返し」のストーリーから場面を設定し，各場面を分担して創り，それらを連ねてクラス作品にしていく。負担なく気軽に取り組みながら，みんなで大きな作品を創り上げた達成感を得ることができる。

　細かい演技にとらわれずに，舞踊の展開を中心に進め，クラスの作品にまとめる。

　物語には，起承転結のような強さや質感の異なる場面が時間的流れの中に位置づき，起伏のある全体を形作っている。各景のイメージの底に流れる質感を大切に。また，今まで体験してきた学習を活用できるよう言葉かけをする。

〈第1景〉さりげない感じ，ダイナミックな感じ
　「走る―跳ぶ―転がる」
　「集まる―とび散る」「大回り―小回り」
〈第2景〉流れるような感じ
　「走る―止まる」「伸びる―縮む」
〈第3景〉楽しい・躍動的な感じ
　ステップや上半身の動きの工夫
〈第4景〉鋭い感じ
　「走る―見る」
〈第5景〉悲しい・寂しい感じ
　「捻る―回る―見る」

機織り

疑　惑

旅立ち

●グループへのアドバイス

● 配役はジャンケンで決めてもよい。また，同じつう役とよひょう役が，第2景以外にも出演したり，各景でつうとよひょうの役を決め，同一の衣装で一貫した配役を演出することもできる。余裕があれば，最後のシーンを全員参加で盛り上げるのもおもしろい。

● 各シーンは，イメージと質感がグンと押し出され，特徴が出るほど他のシーンも引き立つ。また，お互いに他のシーンにも目を配り，全体が途切れずに物語が流れるように協力し合う。

● つなぎでは，前のグループにかかるように次のグループが出てきたり，前のグループの終わりの動きを一緒に動きながら新しいグループが登場するなど工夫しよう。

■展開の工夫
　ここでは，あらかじめ全体の組み立ての大枠を示す方法を示したが，よく知られた話の中からどのように舞踊で展開していくか，そのこと自体を課題として設定していくこともできる。学年全体で，各クラスの作品を発表する機会を設けると，学内が盛り上がり，互いに鑑賞し交流する意義ある学習となる。また，必ずしもクラスで1つの作品とこだわらず，クラス内を大きく2つに分け，それぞれの「つうとよひょう」の作品を創るのもよい。クラス内で気軽に発表・鑑賞でき，自分たちにはない相手グループの展開や工夫を楽しみ，大きな作品の醍醐味を味わうことができる。

〔島内敏子〕

6　つうとよひょう　**119**

7 絵画から
私たちのゲルニカ

■1 学習の目標

1. 壁画「ゲルニカ」から感じ取れる動きを真似たり，イメージをふくらませたりして，心の叫びを表現する。
2. 群による「走る―止まる」から，ひと流れの動きを工夫し表現する。
3. 小グループによる表現をもとに，クラスで「私たちのゲルニカ」を踊り，まとまった作品を表現した喜びや達成感を味わう。

■2 学習の進め方（1時間目）

	学習活動	指導の要点と言葉かけ
導入	1. ダンスウォームアップ　　　　（6分） ・「みんなでピ・カ・ソ」――3人で1つの芸術作品を作る。	・「3人で1つのおもしろオブジェを作ろう」「1番が走ってはポーズ。2番，3番がそれを繰り返し，3人でおもしろオブジェを作り出すよ」
展開	2. 課題を知る　　　　　　　　　（8分） ・壁画が描かれた背景を知り，作者の気持ちや描かれた内容を感じ取る。 ・3人組になり「ゲルニカ」に描かれた誇張された動きや強い感情をその場で真似る。 ・連想した言葉，イメージを書き出す。 （省略も可） 3. 「ゲルニカ」のイメージを動く　（8分） ・「動くゲルニカ」をイメージして3人が順番に「走る―止まる」を行い，立体「ゲルニカ」を作る。それを繰り返し行う。 ・「走る―止まる」のひと流れで動く。 4. グループで「ゲルニカ」のひと流れの動きを工夫し，気持ちを切らずに踊る　（20分）	・「体育館を半分使って，ゲルニカの世界をクラス全員で創り出そう」「みんなが壁画に魂を吹き込むよ」などの目標を掲げ，意欲的に学習に取り組めるようにする。 ・つかんだ感情や精一杯の体の使い方を褒め，表現のポイントを知らせることで，自信をもって心の叫びを表現できるようにする。 ・「走る―止まる」のひと流れを活用して捉えたイメージをすぐ動きにできるようにする。「跳ぶ―転がる」をイメージに応じて加えてもよい。 ・思い思いのポーズで3人が集まり立体「ゲルニカ」になると，それだけで芸術作品になることを伝え，互いのポーズや動きを感じながら動くことができるようにする。 ・「ゲルニカ」から連想されたイメージを，動きにして踊れるようにする。
まとめ	5. 2グループ間の見せ合いと振り返り（8分）	・次回の予定を確認する。

（2時間目）

導入	1. 前時の「ゲルニカ」に全員で壁画を作るシーンを加えてクラス作品にする見通しをもつ　　　　　　　　　　　　（12分） ・壁面を利用して，順番に全員で壁画を作ってみる。 ・クラスの半分が壁画を創り，他の半分が見て，終わり方のイメージやアイデアをもつ。	・複数の3人グループが同時にゲルニカを踊り，最後は体育館の壁一面に「私たちのゲルニカ」を創って終わることを伝える（クラスの半分ずつ）。 ・壁面の一部に跳び箱などで無理のない高さや向きの変化が作れるようにしておく（1段，3段を置く）。 ・他のグループによる作品の流れを見て，作品全体をイメージしながら，グループの表現をまとめるようにする。
展開	2. クラス作品をイメージして，グループの表現を工夫する　　　　　　　（20分） 3. クラスの半分ずつで通し練習をする（5分）	・クラス作品「私たちのゲルニカ」を創り上げるという気持ちで，最後まで踊り通す練習をする。
まとめ	4. クラスの半分が発表し，感想を伝え合う　　　　　　　　　　　　　（10分） 5. 授業を振り返りまとめる　　　　（3分）	・極限の動きや立体ゲルニカなどの各グループの表現のよさや，全体で創り上げた「ゲルニカ」のよさがわかったか。 ・感動を味わい，達成感，一体感を感じられたか。

「ゲルニカ」ピカソ作　　　　　Ⓒ 2011-Succession　Pablo Picasso-SPDA (JAPAN)

■ゲルニカの背景

　スペイン内乱時，ナチス・ドイツ軍がゲルニカの町に無差別空爆を加え壊滅状態を招いた。ピカソは同年6月のパリ万博のスペイン館の壁画として「ゲルニカ」(3.5×7.8m)を完成させ，祖国の惨禍，戦争という愚行の不条理と悲劇を世界に訴えた。

🔵 ゲルニカの動きを真似る

〈極限や全身の動きを引き出す〉

　描かれているデフォルメされた動きや強い感情を捉え，心の動きを重ねた言葉かけを工夫することでなりきって動けるようにする。

● 何が描かれている？（やってみる）──殺された人（刀を離そうとしない握りしめた手），馬のいななき（激しく揺れるたてがみ，飛び出しそう），女（力なく動かない子どもを抱いて，苦悶の表情，天を仰いで泣く），火に囲まれ飛び降りる女（恐怖，つかもうとする手指），一輪の花（託された願い），光をかざしのぞき込む顔（ゆっくりと不安そうにのぞく）。

〈立体ゲルニカを創ろう〉

● 誰かが手を伸ばして助けを求めていたら，自分の動きやポーズは？　それに応えるように，あるときは拒絶するように，隣の人のポーズを感じてポーズをとるよ。

● 体のどこかが痛くなるまで極限に挑戦，指先や体から叫ぶ声が聞こえるように，体を捻って倒して。

● 3人の固まりが全体でどう見える？　意識してみよう。3人で1つの芸術作品を作るよ。

私たちのゲルニカを創る──クラスの半分の人数で

ゲルニカのイメージを動いてみる

● 生徒から出てきたイメージ ●

◆連想されたイメージ──五感に問いかけて

助けて／地獄／大人も子ども動物も／無差別／叫び／悲惨／平和への願い／飛行機の爆音／軍隊の足音／銃声／黒煙の臭い／爆破／建物が崩れ落ちる／真っ赤な炎／がれきが降ってくる／路がない／折り重なって倒れた人

■発展的な学習

　戦火の町「ゲルニカ」から，あるいは平和な町「ゲルニカ」を加えて両方から，イメージを見つけ，そのシーンをグループごとに選んで踊り，各シーンを章立てし構成する。最後は全員で大きな壁画になって，クラス作品「私たちのゲルニカ」を完成させる。

〔松本富子・落合裕子〕

創作ダンスから運動会作品へ

ジャングルに降る雨

■1 学習の目標

1. それぞれのグループ独自のジャングルのイメージを広げながら表現につなげる。
2. 群だからこそ表現できる空間の使い方を工夫する。
3. 作品のクライマックスを意識し，音と動きの関係を考え，エネルギーの増減を感じ取る。

■2 学習の進め方（1時間目）

	学習活動	指導の要点と言葉かけ
導入	1. ダンスウォームアップ　　　　（7分） ・体の部分をほぐした後，呼吸を意識しながらゆっくり，すみずみまで伸ばす。	・ゆっくりと体をほぐしながら動かしてみよう。 ・小さな芽が伸びていくように，徐々に体の外に伸ばしたら，またゆっくりと縮んでみて。 ・今度は硬い岩のように力を入れて固まるよ。徐々に解けて小さくなる。 ・風に吹かれるように大きく揺れたり小さく揺れて。 （「もっと大きく，もっと速く」と精一杯動くところまで声をかける）
展開	2. 課題の説明　　　　　　　　　（8分） ①ジャングルのイメージを広げる。 ②曲の提示。 　♪「打」／松田昌／『蜃気楼』 ③作品のはこびの説明。 〈3〜4人のグループで〉 3. それぞれの場面で動いてみる　（25分）	・「ジャングル」ってどんなところ？　何がある？ ・今日はあなたたちだけのジャングルを創ってね。 ・作品の始まりが1枚の絵のように，どんなジャングルが広がってる？ ・今日はこの曲でやるよ。 ・初めは静かなジャングル。だんだん激しくなって…どうなった？ 「ジャングルに降る雨」 音と動きのエネルギー 静かなジャングル → 風が吹いてくる → 雨が降ってくる → 水があふれる → 嵐になる → どうなった？
まとめ	4. 2グループ同士で見せ合い　　（5分） 5. まとめ　　　　　　　　　　　（5分）	・次回の予定を確認する。

（2時間目）

導入	1. ダンスウォームアップ　　　　（7分） ・前時の動きをそれぞれグループで思い出しながら動く。	・最後は自由。また初めの静かなジャングルに戻ってもいいし，もっと違うラストでもいいよ。他のグループとは違うオリジナルの作品をめざして。
展開	2. 2つのグループで一緒に創る　（28分） 　（8〜10人のグループで）	・動きと音の関係はどうかな？ ・どう動いたら見てる人に伝わるかな？
まとめ	3. 1グループずつ発表する　　　（10分） 4. 授業の振り返り・まとめ　　　（5分）	・それぞれのグループのいいところを見つけて感想を伝えよう。 ・みんな「ジャングル」というイメージからスタートしたが，まったく違って，それぞれが素晴らしいことに気づけたかな。

■運動会作品へつなぐには

「地球上に存在するさまざまなジャングルが荒れ狂う危機を乗り越え，平和で緑豊かな大きな1つの地球になる」という共通主題のもとに，1つにまとめる。

それぞれのジャングルで始めた作品を，最後の「どうなった？」という自由に創作する部分を全体で動いて，1つのジャングルで終わるよう作品として仕上げる。できれば効果音などを必要に応じてプラスする。

●導入の指導のポイント

ウォームアップの言葉がけは，イメージをもたせる言葉で。精一杯の動きが引き出しにくい場合は，「大きく思いっきり伸びて一気に脱力！」など，指導言語を変えてみる。

●グループへの指導のポイント

〈グループ活動を活発にするには？〉

● グループ間でどんどんアイデアが出るように雰囲気を作る──○○君はどんな風かな？　△△さんの木に吹きつけるとしたらどんな感じだろう？　出てきたアイデアはやってみようよ。

● アイデアを出して動きながら創る。出てきたアイデアはどんどん褒める──風はどうしたら表現できる？　雨は？　木が揺れると風が吹いたみたいだね。雨粒になってもいいし，足や手で雨の音を出してもいいね。

● スムーズに意見が出るグループは，何回も練習して創り上げていき，行き詰まったグループには教師の助言を求めるようにさせる。

● グループ内でできたとろころを見直し，教師に見せるなど，完成に向けて，繰り返し動いて仕上げていくよう指示する。

〈技能の指導〉

● イメージを広げる──どこのジャングル？　アジアのジャングルとアマゾンのジャングルだったら植物や動物も違うよね。

● 空間をすみずみまで意識して，立体的に使う工夫をさせる──どんな木にする？　何人かで立体的な木ができるかな。高い木に，低い岩や草があるとその違いがお互いを引き立たせるよね。空間全体のバランスも考えて。奥行きが出るように。

● ゆっくり動くところ，ジャンプや素早く動くところのメリハリを意識させ，エネルギーの変化を感じさせる──だんだん激しく走ったりジャンプしたら，エネルギーがあるように見えるよね。動きながら上下したり，スピードを変えたりすると動きの表情が変わるよ。

● 体の面を変化させて動くことを意識させる──もっと体を捻ってごらん。手はどうしたら青々と茂る葉になるかな。そこは木の根っこかな。

● 場面の転換はスムーズにとアドバイスする──波はどんな感じに動けばいい？　少しずつタイ

生い茂るジャングル

荒れ狂うジャングル

ミングをずらして動いても水が流れていくように見えるね。

● よい動きは何回か繰り返すということに気づかせる──おもしろいギャグは１回では物足りない，でも４回はくどいかも。動きの連続もちょうどいい感じを探して。

● ちょうどよいまとまり感を探すよう促す──作品は短いと感じると物足りないよね。長いと感じると無駄なところがある。ちょうどいい感じを，自分たちのセンスで決めて。センスのいいところを発揮して。

●生徒から出てきたイメージ●

ターザン／森林破壊に怒る森／サルやキリン，ゾウなどの動物／神々への祈り／豊かに大きく伸びていく木々／氾濫する川に流される動物／森を悠然と飛ぶ鳥／自然の怒り

■学習を支援する環境の工夫

・板書や掲示で作品のはこびを示しておくと，生徒もイメージしながら進められる。
・推薦音楽　♪「打」／松田昌／『蜃気楼』（D32R0066）

〔塚本順子〕

9 阿波おどり

フォークダンス・民踊から運動会作品へ

1 学習の目標

1. 阿波徳島に伝わる盆踊りの由来と特徴を理解する。
2. 「阿波おどり」の踊り方を工夫して（時間的な，空間的な変化をつけて）踊る。
3. 隊形を工夫し，互いの位置を確認して踊ることで仲間との一体感を味わう。

2 学習の進め方

	学習活動	指導の要点と言葉かけ
導入	1. 阿波おどりの由来と特徴の理解 （5分） ・VTR（現地の様子と踊り）を鑑賞した後，足首と膝を屈伸させ，リズムに乗る。 ♪『阿波踊りベスト』（KICH177）	・今日は徳島市に江戸時代から伝わる盆踊り「阿波おどり」を踊ります。 ・背筋を伸ばし，前傾姿勢になってリズムに乗ってみましょう。
展開	2. 踊り方を知る （15分） ①リズムに合わせてステップの練習 ②手を上に挙げて前進する ③手と足の協応動作の練習	・一斉指導。 ・膝でリズムをとりながら，右足爪先を前に出し，2拍目で右足を元の位置に戻します。左足も同じように前に出し，2拍目で戻しましょう。 ・両手を「前にならえ」して，そのまま上に挙げましょう。 ・両手を上に挙げたままで前進してみましょう。足を前に出すときに後ろに蹴り上げてから出すと感じが出るよ。 ・右足を前に出すときに右手を上から前方に下ろし，右足を戻したときに右手を上に戻します。 ・みんなで円になって踊ってみましょう。
展開	3. 動きに変化をつけて踊る （10分） ・時間的な変化や空間的な変化をつける。 ・グループで阿波おどりの動きを変化させ，踊る。	・阿波おどりの動きのひとまとまりは4拍ととても短いので，いろいろなバリエーションを見つけて踊ることができます。 ・高い姿勢や低い姿勢で踊ったり，横に大きく足を出して踊ったり，クルリと回ってみたり，動きをいろいろ変化させ，組み合わせてみましょう。
展開	4. 隊形を工夫する （10分） ・いろいろな隊形で踊り，いくつかをつなげる。	・阿波おどりは円陣で踊ることもできますが，2～3列になって隊列を作ったり，横1列で踊ったり，1か所に固まって踊ったりと，隊形を変化させることができます。 ・自分たちで隊形を工夫してみましょう。 ・始まりと終わりのポーズを決めてみましょう。
まとめ	5. 見せ合いと意見交換 （10分） ・動きの変化や隊形の工夫があったところを見つける。	・半分ずつ見せ合いをしましょう。 ・阿波おどりを踊った感想は？ ・どのような工夫があったかな？

■阿波おどりの由来

　阿波おどりは徳島の盆踊りとして，亡くなった人々の霊を慰めるために踊られたと伝えられている。残された史料から1798年には踊られていたことがわかっているが，江戸時代初期にはすでに踊られていたという説もあり，踊りの起源については明確にされていない。

　阿波おどりという名称は昭和初期に名づけられたと言われているが，最近，大正5年の新聞の見出しに阿波おどりと表記されているものが発見された。

●踊り方

〈第1段階〉

(1)姿　勢　まっすぐに立ち，膝を前に出すように
ゆるめ，上体を足のつけ根から前傾する。両手
は肩幅に広げ，前方の上に挙げる（肘は軽く力
を抜いた状態で）。

(2)リズムのとり方　阿波おどりのリズムは2拍
子。1拍ごとに膝を前に出すように上体を上下
させ，リズムに乗る。

(3)ステップ　リズムに乗った状態で，
　1拍目：右足を前に出し，爪先を床につける。
　2拍目：右足を元に戻し，体重を移動する。
　3拍目：左足を前に出し，爪先を床につける。
　4拍目：左足を元に戻し，体重を移動する。

〈第2段階〉

(4)前進する　ステップの2拍目と4拍目で右足
（左足）を元に戻さず，左足（右足）の前に戻し，
体重を移動することで少しずつ前進する。

(5)手足の協応動作　両手を上に挙げた状態から踊
り始める。
　1拍目：［手］右手を前方に振り下ろす。
　　　　　　　（左手は上に保つ）
　　　　　［足］右足を前に。
　2拍目：［手］右手を上に戻す。
　　　　　［足］右足を左足の前に。
　3拍目：［手］左手を前方に振り下ろす。
　　　　　　　（右手は上に保つ）
　　　　　［足］左足を前に。
　4拍目：［手］左手を上に戻す。
　　　　　［足］左足を右足の前に。

　※第2段階までは阿波おどりの基礎なので繰り返し踊
　　り，リズムに乗ってスムーズに踊れるようにしたい。

〈第3段階〉

動きのバリエーションをグループで考える。

●指導のポイント

阿波おどりの踊り方は単純で覚えやすいという
特徴がある。しかし，上手に踊るのは難しいと言
われている。そこで，第1段階を指導後，これ
を体育の授業のウォームアップに組み込み，毎時
間1～2分程度踊り，経験を積んでおくことを
提案する。次に，リズムに乗ることに慣れた時点

　　姿　勢　　　　　　ステップ　　　　　手足の協応

で，「第2段階　(4)前進する」を指導する。これも
授業のウォームアップの一環として毎時間1～2
分踊る。さらに，阿波おどりのステップに慣れた
時点で「第2段階　(5)手足の協応動作」の指導
を行う。ここまでを事前に指導し当該学期に第3
段階の指導に重点を置くと，グループで動きや隊
形の工夫をしながら上手に踊ることができる。

運動会に向けて，入場の仕方，隊形の変化，退
場の仕方等を生徒たちで決めて練習し，隊形を変
えるときには，掛け声をかけてみる。リーダーに
よる「ヤットサー」の掛け声に残りの者が「ヤッ
ト，ヤット」と応じ，それを合図に隊形を変える
ようにするとスムーズに踊ることができる。

以下は隊形変化の一例である。

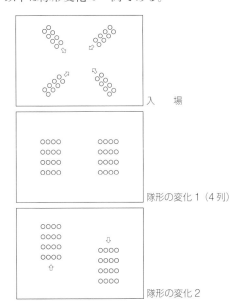

　　　　　　　　　　　　　　　　入　場

　　　　　　　　　　　　　　隊形の変化1（4列）

　　　　　　　　　　　　　　隊形の変化2

　※紙面の都合により「男おどり」と「女おどり」の特
　　徴については省略した。

〔中村久子〕

10 スポーツは日常だ！

現代的なリズムのダンスから運動会作品へ

■1 学習の目標

1. グループでオリジナルなフレーズを作り，リズムに乗って踊る。
2. 簡単なステップと振りを覚えて弾んで踊る。
3. 流れ（構成）の中で，自分のパートをしっかり踊る。

■2 学習の進め方

※〈 〉はカウント。

	学習活動	指導の要点と言葉かけ
導入	1. ダンスウォームアップ　　　（10分） ・先生と一緒にみんなでリズムに乗って弾んで踊る。 ♪「GOL」／『FEVER PITCH ～ 2002 FIFA World Cup Official Album』（EICP88） (1)ステップを覚える ・先生の振りを真似て踊る。 　「切って，切って，ガチャポン，ピッ」 ・声を出しながらリズミカルに。 (2)連続「キャイ〜ン」 ・両足で斜め後ろへスライドステップして，元の位置に戻る。 ・振りをつけて。	・「切って」：右へサイドステップ〈1・2〉。 　「切って」：左へサイドステップ〈3・4〉。 　「ガチャポン，ピッ」：右足をサイドステップして左足を揃える〈5～8〉。 　※同様に左足から〈1～8〉。 ・「切って，切って」：右手を包丁に見立てて，まな板に見立てた左手の甲をトントントンとリズミカルに切る。 ・「ガチャポン，ピッ」：左手で電子レンジの扉を下げて上げて，右手の人さし指でスイッチを押す。 ・「キャイ〜ン」：両手を脇で軽く握る→手のひらを内側に反らして後ろの空気を押す。
展開	2. オリジナルなフレーズを作って踊る 　　　　　　　　　　　　　　（15分） (1)スポーツの動きを取り入れたり，特徴を生かしたりしてグループの動きを作る 　・3～4種類の動きを組み合わせて。 　8拍×3　（CとD，Gパートを除く） 　Cパート　8拍×4 　Dパート　8拍×2＋6拍×1 　Gパート　8拍×2 (2)(1)で見つけた動きから8拍×1を作る 3. 全員で通して踊る　　　　　（10分） ・作品の流れ（構成）を説明する。 ・間奏の動きを動いて確認をする。 ・繰り返し動いて，作品の流れ（構成）を覚える。 4. 見せ合い　　　　　　　　　（10分） ・それぞれのグループが半数ずつ交替で踊る。	・A～Gのアルファベットの中から各自好きなものを選ぼう。A～Gの7グループに分かれて今日の活動をしよう。 ・グループごとにスポーツの動きでリズムダンスを作ってください。長さはパートによって少し違います。 ・動きにアクセントをつけてみたり，時にリズムを無視して表現したりして，印象的でかつ覚えやすいグループの動きを作ってみましょう。 ・(1)から印象的な動きを抜き出したり，つなげたりして，後半の〈8拍×1〉を作ります。 ・全体の流れを板書やプリントなどで示す。 ・他のグループと似ている動きがあれば，少し修正しよう。 ・他のグループが動いているときは，座ってリズムに合わせて手拍子。 ・自グループの動きや間奏の動きの1拍目から入れるように切り替えを素早く。
まとめ	5. 評　価　　　　　　　　　　（5分） ・感想や意見を出し合う。 ・学習カードへの記入。	・作品の流れ（構成）を理解し，自グループのパートをしっかり踊ることができたか。 ・運動会での発表に対する興味や関心を高めることができたか。

●授業づくり──ここがポイント

〈作品の流れ（構成）〉

①イントロ〈8拍×4〉「切って，切って……」

②前半〈8拍×3〉×6グループ：A～Fグループが次々踊る。

③間奏1〈8拍×4〉「ダウン・アップ」＋Gグループ

④間奏2〈8拍×2〉「切って，切って……」

⑤後半〈8拍×1〉×6グループ：A～Fグループが次々踊る。

⑥間奏3〈8拍×2〉「ダウン・アップ」＋Gグループ

⑦エンディング〈8拍×2〉

「ドーン」で全員ジャンプ

写真1　オリジナルダンス（男子）

●見て楽しいスポーツの続け方

- 似ている動きや振りが続かないようにする。
- その場で動くものと移動するものを組み合わせる。

［参考例］

〈A〉水泳やシンクロの動き

〈B〉卓球やテニス，バドミントンの動き

〈C〉ボクシングのいろいろな動き

〈D〉砲丸投げやハンマー投げ，野球の動き

〈E〉バレーボールあるいはサッカーの動き

〈F〉重量挙げやトレーニングの動き

〈G〉バスケットボールの動き

写真2　オリジナルダンス（女子）

●運動会の学年ダンスや全校ダンスへ発展させるポイント

⑴練習時間が十分に確保できない場合は，各クラスの授業の成果をそのまま生かして発表する。

- ・A～Gのパートは，全クラスのA～Gのグループがそれぞれオリジナルなダンスを踊る（写真1・2）。
- ・イントロと間奏，エンディングは全員で踊る。

⑵練習時間がある場合は，各クラスの授業の成果を運動会用に発展させて発表する。

- ・クラスごとに，A～Gの中から1パートを選び，クラス全員で踊る。例えば，Cパートを選んだ3年1組は，授業でCグループが創ったボクシングを題材にしたオリジナルダンスを全員がしっかり覚えて踊る（写真3）。

写真3　クラス全員で

- ・クラスの個性が出るように，新たな動きを加えたり，構成を考えたりして踊る（写真4）。

写真4　クラスの個性が出るように練習する

※指導：宇都宮茂樹（宮崎市立大塚中学校教諭）
撮影：NPO法人 MIYAZAKI C-DANCE CENTER

〔高橋るみ子〕

11 部活動作品に広げる
あなたの知らない川の中

◼ 学習の目標

1. 表現の中核となる動きは「個を生かして」，創出された「ひと流れの動き」を生かす。
2. 1人ひとりの動きを生かせる，「群―構成」や「主題―構成」を工夫して作品をまとめる。
3. 仲間とともに自分たちの考えや思いが伝わるオリジナルな動きによる作品を，技能や表現力を高めて群舞作品として舞台で発表し，踊る喜びを味わえるようにする。

◼ 学習の進め方

	学習活動	指導の要点と言葉かけ
は じ め	1. 動きの発見（動きのデッサン） ・思ったことをすぐ動きに。 2. 題材の決定 ・イメージをもって動く。	・それぞれが思いついた動きを，ひと流れに動いてみよう。 ・興味のある表現したい事柄をなるべく多く出して，イメージをふくらませて踊っていこう。 ・作品にしたい，仲間と創りたいものはどんなこと？
動きの創出　↓　変化工夫　↓　群構成　↓　作品のはこび　↓　踊り込み	3. 仲間と作品創作 〈例〉「妖怪」（人の知らない世界や想像の世界に存在する，奇妙なおもしろさ） (1)動きの足し算・連続・変化 ・題材にふさわしい動きの工夫。 ・動きの質の変化工夫。 ・動きの反復で数分の作品に。 〈例〉「蛇女」「河童」のイメージで各自が短いひと流れの動きを作成する。 (2)群を生かす工夫（群―構成） ・対応して（1人・2人・小群・大群）。 〈例〉「河童」のイメージで水の中で泳ぐ。1人ではできない動きをリフトで工夫する。 〈例〉集まる＋離れる，個＋群＋個，大回り＋小回り (3)作品のはこびを工夫する 〈例〉○○な私，△△な私，それから… (4)作品主題の確認，舞台発表の効果を工夫 〈例〉照明は緑青で水，空はオレンジで朝焼け色の感じに，水音とお囃子を工夫。 (5)作品を通して踊り込む ・表情を工夫して感じを込めて踊る。	〈例〉雪女，傘お化け，鬼太郎，蛇女，幽霊，河童 ⇒蛇女：蛇みたいな動きで移動するには？ ⇒河童：河童はお皿に水がないと生きられない。頭の皿を印象づけるには？ ・思いついた印象的なポーズや動きをひと流れの動きにしていこう。 ・作品の中核になる動きを見つけるよ。大切な作業です！ 〈例〉音のしない歩き方，ヘビのようなクネクネした動き，突然消えてしまうなどの錯覚をおこす体の動き。 ・動きの連続や繰り返しによって，起伏のある作品につなげていこう。 ・動きの方向，空間の使い方で，さまざまな変化が見られます。群の効果は表現性を高めます。 ・メンバーの個性を効果的に生かそう。 ・揃って踊ると迫力が増したり，バラバラで動くと特徴的な質感や印象が出たりします。主題に合った群の効果を工夫しよう。 ・印象的な作品のスタート，劇的なエンディングは大事。 ・作品でもっとも伝えたいことを確認しよう。 〈例〉空にまたたく天の川に憧れる河童の夢の実現を願う情熱を，明るく楽しい表現で見た人に伝えたい。 ・場面ごとに区切って，動きの流れや作品の最も大切な盛り上がりの部分を繰り返し練習しよう。
発 表	4. 作品発表 ・仲間と創り上げた作品を，舞台やホールで発表する。	・自分らしく感じを込めて踊ろうね。世界にたった1つのオリジナル作品です。皆さんの踊りはきっと見ている人の心をつかむよ。練習の成果を生かして観客と一体になろう。

● 作品の中核となる動きの発見

作品を振り返ろう⇨VTRに収録して題材にふさわしい動き，感じのある動きの表現になっているか？

河童は捨てられた人間の子どもの妖怪という伝説もあるそうだ。巻きつくのは子どもかしら？　背中についているのは甲羅？

● 作品づくりに行き詰まったら

〈作品を完成させるときの手順〉

①作品のはこびや流れをおおまかに決定する。
②個々の場面にふさわしい動きを選択する。
③場面ごとにふさわしい人数の設定や配分をする。
④作品のイメージを絵や文章にしてみたり，踊り手の配置等を図にしてみたりする。
⑤シーンや場面ごとに完成させる。
⑥動きの場面をつなげていく。

※クラス作品や体育祭などにも有効。
作品の前半は凝ったもの，後半は時間切れとならないように，分担して同時に作品づくりを進める方法が有効である。

〈授業作品・部活動での作品づくりに大切なこと〉

入門編，応用編に記載された学習方法は，ダンスに興味の高い生徒が集まる部活動の活動に最も必要である。常にクリエイティブな作業を織り交ぜていくことが豊かなダンス作品の創出につながる。

※作品創作の基本はすべて同じ。

● 作品構成の例

〈「あなたの知らない川の中」〉

バラバラな特徴的な動き（印象的な始まり）⇨グループごとの動きで小ユニゾン（作品の印象をふくらませる）⇨場面ごとにさまざまな空間構成を駆使して変化（空間の広がり）⇨水の中で泳ぐ浮遊感を2人組や3人組で表現（動きのバリエーション）⇨次第に群になって音のきっかけでさらに大きい群になる（ダイナミックな群のエネルギー）⇨全員ユニゾンの動きで作品の主題に迫る。最後の30秒をパワフルに，天の川に住みたいと願う河童の動きで。ラストは突然音をカットし流れる水音で水の中へ。

創作作品は世界にたった1つしかない仲間との思いの結晶である。どのようなジャンルであっても，作品創りは完成の喜び，協力の尊さ，踊る楽しさ，素晴らしさを感じることができる体験である。

■音楽の効果について

〈ヒップホップなどのリズム系作品の場合〉

作品を作るときは，気に入った楽曲のリズムや楽器の特徴に合わせてステップや動きを工夫する。

楽曲の小節を区切って振り付けの担当を分担すると，動きの種類が豊富になり，体育祭や文化祭のクラス作品などで，全員が作る楽しさを味わうことができる。また，完成に要する時間を短縮することもできる。

〈創作作品の場合〉

動きのリズムが音楽に制限を受けたり，作品の動きが音楽に左右されたりしないように創作の早い段階では，音楽を固定しないことを勧める。表したい題材やイメージに合ったひと流れの動きを作り，候補の曲を複数用意しておいて，動きの質，動きの変化を助けるもの，感じを込めて踊るための効果として活用をする。

作品に合わせて，効果音の活用や楽器演奏を行うなど自作の音響を作成するクラブが増えている。複数の音楽のよいところを取り出して，作品の動きに合うように編集することで，作品のオリジナリティが高まる。

川の中からこんにちは　　またたく星　　憧れの天の川

夢に向かって挑む河童（全日本高校・大学ダンスフェスティバル神戸）

〔原　弥生〕

12 部活動作品に広げる
国際都市東京

❶ 学習の目標

1. 授業での基本的な課題から1歩進んだ段階の課題を取り入れながら，部活動作品の創作方法を学ぶ。
2. 高度な技術と即興的に踊る力を習得する。
3. 「国際都市東京」を主題に，時間をかけて深みのある大作を練り上げ完成させる体験をする。

❷ 学習の進め方

	学習活動	指導の要点と言葉かけ
は じ め	1. 課題を確認し作品創作の見通しをもつ 2. ダンスウォームアップ ・「走る─止まる」「伸びる─縮む」「走る─跳ぶ─転がる」「集まる─とび散る」をイメージに合わせて踊る。	・これまでの学習からさらに進んだ段階の課題を取り入れて，「国際都市東京」を主題にクラブ作品に挑戦してみよう。 ・それぞれ基本的な学習，動きの質感の異なるイメージを教師が選び，そのイメージを投げかけながら即興的に踊らせる。始まりと終わりはポーズで。
動きの創出 ↓ 変化工夫 ↓ 構成演出 ↓ 踊り込み	3. 進んだ段階の課題 ①「走る─止まる─保つ─崩れる」「走る─止まる─保つ─素早く崩れる，走る─止まる─脚を振り上げる─保つ─徐々に崩れる」を行い，次に自分たちのイメージで。 ②「大回り─小回り」から，後に「走る─跳ぶ─転がる」を入れてイメージとかけ合わせて。 ③群（集団の動き）から「集まる─離れる」を「スクランブル交差点」のイメージで踊る。 ※2と3は，技能や表現力を高めるためにイメージや質感，人数などを変えながら，毎回練習時に行う。 4. イメージ出しから即興，フレーズづくり 「国際都市東京」という主題からどんなイメージやシーンがあるか出し合う。 ・出てきたイメージ，シーンから動きにつながりそうなものを選び，全員で即興的に踊る。 ・選んだイメージやシーンの中で自分がやってみたいものを各自選び，動きのフレーズを創作，フレーズを用いた即興を発表し合う。 ※発表の際はビデオカメラなどで記録するとともに，おもしろかった場面や動きなどの感想を言い合う。 5. 各シーンの動き固めと構成・演出の検討 始まり方，終わり方，シーンのつなぎなど，構成を考えつつ各シーンの動きを固めていく。 6. 部分稽古と通し稽古および曲，衣装，小道具の試しから決定まで	・①や②では，初め教師が太鼓でリードしながら全員で。次に，動きや流れが体になじむまで個々で練習する。その後，自分たちのイメージで踊る際には，半分ずつ見合いながら，仲間の踊り方，イメージの広がりを確認し合う（BGMを使用）。①の崩れ方はいろいろ工夫してみよう。 ・曲線を生かして3人組で大・中・小の円上を順番に走る。待っている2人も雰囲気を感じてその場で踊りながら。 ・まわりの仲間の動きや呼吸を感じながら，即興的に群で踊ってみる。2グループ，3グループに分けて見合ったり，全員一緒に踊ったり，群の人数を変えてみる。 ・1〜3人，多人数という人数で構成する国際都市東京のシーンのイメージを出させ，そこから動きにつながりそうなものを選び，課題の動きを取り入れつつ即興的に踊るよう指示する。 〈例〉 ①スクランブル交差点（1〜3人，多人数） ②東京タワーの像→崩れる（多人数） ③繰り広げられる東京のそれぞれのワンシーン（ウインドーショッピング，パソコンに引き籠る，孤独，流れる時間，すれ違い，桜，猫，ゴミ，祭り）（1〜3人） ④がんばっている東京（多人数） ・各シーンの特徴が生きるように，シーンの配置やつなぎを考えると同時に，全体を通して強調したい部分や山場を検討する。踊り方や動きの質感の確認をしながらの部分練習と，各シーンのつなぎの間などに注意しながら全体通し練習を行う。曲の編集，衣装，小道具の扱いについて検討する。
発 表	7. 作品発表	・発表会場の状態をチェックし，場当たり*を手際よく行う。 ・複数回上演する場合は上演中のコンディションを整える。

＊場面ごとのダンサーの立ち位置や動きなどを確認すること。

それぞれの東京　　　　コンクリートジャングル

● 作品創作の進め方のポイント

- 作品創作中の練習期間では，基本的な学習と進んだ段階の学習を毎回の練習で行いながら，技術を伸ばし，作品の中に取り入れる。

- みんなで出し合ったイメージやシーンの中から作品に合いそうなものを選び，即興的に踊ってみる。その際，イメージになるべく近い曲を教師が流しながら行うとよい。

- 即興で生まれた部分から繰り返し踊れるようなフレーズを作る。また，複数で踊るシーンでは，フレーズから同じシーンを踊る人と関わる動きにもつなげていけるよう試しながら動きを決定していく。

- 時間があれば，決定したシーンに，季節「春」「夏」「秋」「冬」のイメージを加え，動きの背景が感じられるように即興的に踊ってみたり，「彫刻を創ろう」のように，1人（「孤独」「迷い」）―2人（「デート」）―3人（「秋葉系」「観光」）―群（「雑踏」「満員電車」）など人数を変えた表現を試してみることもできる。

- 始まり方，終わり方，シーン間のつなぎやきっかけを動きながら決め，作品全体の山場や見せ場をどこにするか考える。

- 動きの質を向上させるために部分的に抜き出して練習をする。

- 各シーンのイメージや雰囲気を確認しつつ，気持ちを入れて全体を通して踊る練習をする。

- いくつか衣装案を考え，練習中に試しで踊りながら衣装を決定していく。

- 進め方は，作品発表までの部活動の回数によって計画するとよい。

● グループへのアドバイス

- 少人数グループの踊りが共存するシーンでは，互いに見合いながら，どのグループも生きるよう動きのタイミングや高さ，テンポ，質感や間などに変化を加え，バランスを見ながらいろいろ試す。特に，部分的に唐突にならないよう，グループ間で動きに関連をもたせつつ，シーンとしてのまとまり，表現したい世界を明確にする。

- グループで即興的に踊る際は，1人ひとりが集中してまわりと感じ合い，シーンの印象が増す

生き生きと躍動する東京

ように自分自身の踊り方を探るよう心がける。

- 日常動作を使うシーン，感情を込めて踊るシーン，ソロ，群舞など，シーンごとに何をここで一番伝えたいのか，内容がずれないように確認しながら練習する。

- 各シーンが単なる運動にならないように，踊るときの内面の状態，呼吸を明確にし，内面も含めて踊るようにする。

- 全体を通じて，質感や特徴，雰囲気の違いが引き立つようにしつつ，1つの作品に見えるよう前後のシーンのつなぎを工夫しよう。

● 生徒から出てきたイメージ ●

● 1人：カフェ／迷い／孤独／マンガ喫茶／不安／一人暮らし／引き籠り／栄養偏り／自由／寂しさ／親指族／ロボット／パソコン／迷子／携帯電話　● 2人：デート／カップル／テレビゲーム／ネット／英会話　● 3人：友達／カラオケ／ヤンキー座り／秋葉系　● 多人数：バイキングレストラン／雑踏／満員電車／つくろった世界／スクランブル交差点／コンクリートジャングル／夜の街／ゴミ／東京タワー／祭り／ネット社会／修学旅行／ネオン／高層ビル／バーゲン／交通渋滞

■展開の工夫

・ソロや群舞のシーンなど，人数の変化で構成にメリハリをつけながら，山場をどこへもっていくか，クレッシェンドしていく過程をどうするかなど，全体の構成をいろいろ試しながら決定するとよい。

・教師や生徒がシーンに合いそうな曲をいくつか用意し，適宜BGM的に流しながら作品の音楽を決定していくとよい。

〔笠井里津子・高野美和子〕

❖生徒の主体性を生かす発表会の運営❖

　生徒の手づくり作品は，発表の場でこそ輝きを増すものです。「素人の手づくりの焼き物でもきれいなショーウインドーに飾られたら，すごく立派なできばえに見えますよね。それと同じだと思います。みんなの前で踊って，拍手をもらったこと，恥ずかしかったけれど，とっても楽しくて，忘れられない思い出です」。こんな感想を書いた生徒がいました。

　クラス内での発表会でも，司会進行係，会場係，音響・ビデオ係など，運営の仕事も生徒同士で分担できれば，自分たちで作る発表会になります。できるなら，ちょっとだけ会場も工夫して，ホワイトボードにプログラムを書いたり，プログラムを印刷したり，ついたてや卓球台を使って舞台の袖幕がわりにしたりすると，雰囲気も出てきます。また，学年主任，担任の先生に招待状などを送って見に来ていただくのも素敵ですね。

学級（または学年）の発表会に向けて
――学習のまとめとしての発表と鑑賞の場を自分たちの手で――
上手に順番を決めておきましょう

【係の仕事】
　①プログラム係：プログラムの作成をしよう。
　②進行係：司会や進行を考えよう。発表前に各グループのコメントをつけたり，
　　発表後に感想を出し合うなど，楽しく発表が進められるようにしよう。
　③音響係：各グループが使う音楽を集めておこう。
　④ビデオ係：よい演技がしっかり撮影できるようにしよう。
　　※発表会後，VTRに収録した作品を鑑賞し合います。
　（審査・投票係：評価用紙を工夫して見合うのもよい）
【発表する際の心得】
　作品の感動が伝わるように精一杯気持ちを込めて踊り抜きましょう！
【鑑賞する際の心得】
　心の目で作品に接し，学んできたダンスキーワードを思い出しながら，作品のはこび，踊り込みなど観点を決めて評価し合おう。

　さらに，クラス作品に仕上げたり，文化祭や地域の発表会など，授業からさまざまな行事につなげて発展させる取り組みも可能です。

プログラム

観客―みんなで盛り上がろう

第8章
知っておきたいダンス学習指導の基礎・基本

この章では，ダンス学習指導の理論についてわかりやすく解説します。

ここに掲載した理論は，本書第1章から第7章までの
学習指導実践例の基礎となる考え方です。

各指導実践例の根底にある「ねらい」がおわかりいただけると思います。

指導にさきがけて，ダンス学習の目標の設定や内容の選び方，

単元計画の立て方，評価方法など，

知りたいところから読んでいただいてもかまいませんし，

実際に指導を始めてから，指導の方向性を確認したくなったときに

基本に立ち返って読んでみるのもいいでしょう。

体育教師として，ダンスの特性と学習指導の基礎・基本について

理解を深めていただき，他の運動領域と同様に，

楽しく充実した授業を展開していただければと願っています。

1 ダンスとは何か

■ ダンスと人類

　長い人類の発展の中で，ダンスは，常に人々とともにあったと言ってよいだろう。踊りのない民族はないと言われる。免疫学者である多田氏[1]は，人類は「踊る遺伝子」と言うべきものを持っているのではないか，と述べている。

　このような舞踊を，教育の中で展開するにあたっては，今一度，歴史的地域的に多様に存在してきたこの舞踊文化について，その固有の価値や人間にとっての意味・機能について再考し，今の時代の舞踊教育を構築する必要があろう。

　まず，踊りの原初形態を見てみよう。原始の人々にとって，踊りは生活と深く結びついていた。パプアニューギニア高地民族の戦闘舞踊の映像では，頭や腰に彼らの守護神である極楽鳥の極彩色の羽を飾り，ボディペインティングをした男性の一群が槍を手に，太鼓に合わせ腰を振りながら力強くステップを踏んでいる。部族の死活を賭けたであろう戦闘の勝利を祈願し，士気を高め戦略をも描くためにダンスは不可欠であったに違いない。

　このように神を意識し，通過儀礼などの折節に踊られ共同体の結束を導いた原初のダンスから，やがてダンスは，人々が自らのために踊って楽しむ娯楽のダンス，また，芸術的な表現をめざすダンスへと，変遷していく。

　多様に存在する舞踊については，さまざまな分類が試みられている。松本氏[2]は，〈自文化―異文化〉の軸として自国の背景を踏まえた文化の様相とその対極に異なる社会的背景の中に培われた文化を置き，また，〈民俗的発生と芸術的形成〉の軸として，基層社会から発生し，人々が集い交流する形式と美意識の洗練をもつ多彩な芸術的形成の両極のベクトルを設け，この2軸の交差により多様な広がりをもつ舞踊を分類した（口絵参照）。

　わが国の自文化で民俗的発生の特徴をもつ舞踊は，各地に伝承される盆踊り・民踊など，また，芸術的形成に至ったものは，能・歌舞伎などである。異文化としての舞踊では，民俗的発生としてフォークダンス，社交ダンス，ヒップホップダンスなど，また舞台芸術として，バレエ，モダンダンス，コンテンポラリーダンス，東洋のインド舞踊，タイ舞踊などが分類される。

　バレエを否定し，19世紀末に欧米に発生したモダンダンスは，芸術家の個性を尊重し内面を表現する舞踊芸術として，方法論や技法が整えられ，やがて世界に伝播し各国の土壌の上に作品が生み出されていく。すなわち，世界の一地域で発生した舞踊が普遍性をもち，汎世界的に理念と方法が共有され，各国で，追求されるダンスとなったのである。現在では，モダンダンスから，ポスト・モダンダンスを経て，同時代のダンスとも言うべきコンテンポラリーダンスが国際的に進行中であり，各種のメディアとも結びついて身体の諸様相を呈示するパフォーマンスが展開されている。

　情報化社会の進展とともに，グローバルに自文化・異文化の相互交流が行われ，また，若者の間に民俗的に発生したダンスが芸術舞踊に直ちに取り込まれるなど，ダンスは分類の枠を超え，今，ダイナミックに流動的に発展しているのである。

■ 文化としてのダンスの特性

　こうして多様に展開する舞踊の中にコアとなる特性を改めて考えてみよう。

　ダンスでは，身体運動を中心に人間相互の表現伝達・交流が行われることが，他の言語などの表現形式と異なる点である。S. K. ランガー[3]は，舞踊は，感覚的・情緒的生命の本質と型式などの，言語では容易には表現されない「内的生命」とも言うべき直接経験の流れ，生きた人間に感じられるままの生命が，ダイナミックなイメージとして表現されると言う。私たちが，自身の生命の脈動として感じる緊張と緩和，均衡と不均衡，リズムの一貫性，不安定ではあるが連続した統一性などが，シンボルとして動きで示されるのが舞踊であると考えられている。

　踊りの場では，「踊る」者相互，また，「踊る」者と「観る」者とで時空間が共有され，踊り手のうちに脈動する全身の生命感が直接的に受け渡さ

れる。こうして人間の今生きる生命によって形作られるダンスは，踊る者と観る者をつなぎ，継承されるものを残しつつも，また，常にその時代に新しく創成されていくのである。

ダンスの動きそのものを見ると，それぞれに固有な組み立てをもちつつも，どのダンスにもこの「内的生命」に通じる情調性・多様な質感，また，イメージ性の存在を認めることができ，これが豊かなノンバーバルコミュニケーションの可能性を保障していることがわかる。

❸ 学校体育におけるダンス

スポーツ運動学者，K．マイネル[4]は，人間の運動を日常運動系，労働運動系，スポーツ運動系，表現運動系の4つに分け，体育の領域では，スポーツ運動とともに，表出・再現を含む表現運動を養成する必要を述べている。

日本では，ダンスは，戦後，学校教育の中で体育の一領域として位置づけられ，スポーツの「競技性」，体操の「補強矯正と体力つくり」と並んでその「表現性」をもって質的に比肩しうる運動文化として認められてきた。細江氏[5]は，器械運動などの形があるものを学習していく求心型モデルと異なり，ダンスの学習は，「今，ここ」を大切にしながら創り出していく遠心型の特徴を備えている，と体育におけるダンスの特殊性に触れている。

ダンスが体育科から芸術科へ移行する世界的流れがある中で，新学習指導要領では，中学でのダンスが他の領域と同じく体育で必修になるなど，ダンスを包括し，体育自体の広がりと深さを志向しているのが日本の特色となっている。

❹ ダンスの教育的価値

舞踊の人間に対する教育的機能・価値を改めて考えてみたい。

① リズムに合わせて，思いっきり体全体を動かし，心身を解放して楽しく踊ることができる。踊ることは，体力・運動能力の向上とともに，ストレス発散，心身の癒しの機能をも有する。

② 自由にイメージを浮かべ，コンセプトをもって動きを工夫し，課題を解決して独自の美的表現を創り出す楽しさ・達成感を得る。動きや表現を探求する過程では，自己の身体や動き，内面

への気づきが深まり，また，外界の事柄などに対しても感受性が高まり，新しい発見ができる。

③ 互いに動きや作品を発表・鑑賞し合うことにより，言葉によらない象徴的な運動形象によるコミュニケーションを会得し，感性をひらいて他者の表現を受け止められる。

④ 仲間とともに踊り，創り，見せ合い，交流することにより，互いに協力し，相互理解・きずなを深めることができる。

⑤ 自文化の個性・アイデンティティに気づき，異文化への理解を深めることができる。

これらの教育的価値は，ダンスの「踊る」「創る」「観る」という心身をかけた活動そのものに内在する価値であり，また，これらのダンス活動を通しての人間形成的な価値である。

❺ 現代とダンス教育

21世紀に入り，情報技術はさらに進展し，携帯電話，インターネット，ゲームなどの浸透により，バーチャルな映像との接触や間接的コミュニケーションがますます幅を利かせている。実体験の中で心身をフル回転させて，感情―思考―運動を統合する経験が希薄になっている。また，今，日本は深刻な経済状況の中で閉塞感に覆われ，若者が安定志向のあまり内向きになり覇気がないと言われる。

混迷した，価値観が多様化した時代には，主体的に状況を捉え，判断し，切り拓いていくたくましさが求められよう。仲間とともに心と体丸ごとの関わりのなかで踊り創り交流し，課題を解決していくダンス学習は，こうした現代の社会状況の中で，大いに期待されるものであろう。

学校期のダンス教育を充実させ，卒業後も，学習体験を基盤に，生涯学習として主体的に生活の中でダンスを活用し楽しむ若者を育てたい。

■引用・参考文献
1）多田富雄「人はなぜ踊るか」，『舞踊』星雲社，2002
2）松本千代栄『ダンスの教育学 1 巻』徳間書店，1992
3）S. K. ランガー著，池上保太他訳『芸術とは何か』岩波新書，1967
4）K. マイネル著，金子明友訳『マイネル・スポーツ運動学』大修館書店，1981
5）細江文利他「今，学校体育は…」，『女子体育』50-1，2008

〔島内敏子〕

2 ダンス学習の目標

1 学習指導要領改訂の基本方針

(1)育成を目指す資質・能力の明確化

平成29年3月中学校学習指導要領改訂の告示により，新しい時代に求められる資質や能力を子どもたちに育むことを目指す保健体育科の目標，体育分野・保健分野の目標及び内容が示された。

「改訂の基本方針」は中央教育審議会答申を踏まえて示されたものであるが，育成を目指す資質・能力の明確化として，次のように述べている。

○予測困難な社会の変化に主体的に関わり，感性を豊かに働かせながら，目的を自ら考え，自らの可能性を発揮し，よりよい社会と幸福な人生の創り手となる力を身につけられるようにすることが重要である。

○生涯にわたり学習する基盤が培われるよう，基礎的な知識及び技能を習得させるとともに，これらを活用して課題を解決するために必要な思考力，判断力，表現力，その他の能力をはぐくみ，主体的に学習に取り組む態度を養うことに，特に意を用いなければならない。

○このため，学校が長年その育成を目指してきた『生きる力』をより具体化することによって，教育課程全体を通して育成を目指す資質・能力について，次の3つの柱から整理するとともに，各教科等の目標や内容についても，3つの柱に基づいて再整理を図る。

 ア 「知識及び技能」の習得
 イ 「思考力・判断力・表現力等」の育成
 ウ 「学びに向かう力・人間性等」の涵養

(2)保健体育科の目標及び内容

保健体育科の目標では「知識・技能」「思考力・判断力・表現力等」「学びに向かう力，人間性等」の3つの柱からなる育成を目指す資質・能力から，表1(1)，(2)，(3)のように述べ，目指す目標として掲げている。これらの目標の実現に向けて，体育や保健の見方・考え方を働かせる課題の発見的解決的な過程を通して，期待される資質や能力の育成を目指すものである。

表1 保健体育科の目標

> 体育や保健の見方・考え方を働かせ，課題を発見し，合理的な解決に向けた学習過程を通して，心と体を一体として捉え，生涯にわたって心身の健康を保持増進し豊かなスポーツライフを実現するための資質・能力を次のとおり育成することを目指す。
> (1)各種の運動の特性に応じた技能等及び個人生活における健康・安全について理解するとともに，基本的な技能を身に付けるようにする。
> (2)運動や健康についての自他の課題を発見し，合理的な解決に向けて思考し判断するとともに，他者に伝える力を養う。
> (3)生涯にわたって運動に親しむとともに健康の保持増進と体力の向上を目指し，明るく豊かな生活を営む態度を養う。

表2 体育分野の目標―第1学年及び第2学年―

> (1)運動の合理的な実践を通して，運動の楽しさや喜びを味わい，運動を豊かに実践することができるようにするため，運動，体力の必要性について理解するとともに，基本的な技能を身に付けるようにする。
> (2)運動についての自己の課題を発見し，合理的な解決に向けて思考し判断するとともに，自己や仲間の考えたことを他者に伝える力を養う。
> (3)運動における競争や協働の経験を通して，公正に取り組む，互いに協力する，自己の役割を果たす，一人一人の違いを認めようとするなどの意欲を育てるとともに，健康・安全に留意し，自己の最善を尽くして運動をする態度を養う。

体育分野の目標（表2）では，(1)運動に関する「知識・技能」，(2)運動課題の発見・解決等のための「思考力・判断力・表現力等」，(3)主体的に学習に取り組む態度等の「学びに向かう力・人間性等」が掲げられている。「体育の見方・考え方」に基づいて，育成を目指す3つの柱からなる資質・能力の目標に対応するよう改善されたものである。「学びに向かう力・人間性等」については，体育が従来より「態度」を内容としてきたことから，その特性を反映したものである。他教科では示されない資質・能力であり目標である。

(3)主体的・対話的で深い学びの実現

新要領では「何を教えるか」という知識の質や量の改善はもちろんであるが，学びの質や深まりを重視するため，「どのように学ぶか」が重要となる。

体育分野においても，一人ひとりが持っている資質・能力をのびのびと発揮し，主体的に取り組んだり，多様な他者との対話を通じて考えを広げたり，学びの質やその深まりを経験したりすることを重視する。求める「主体的な学び・対話的な学び・深い学び」の姿といえる。[1)2)] こうした学びの経験を重ねることによって，「生きて働く知識・技能の習得」や「未知の状況にも対応できる思考力・判断力・表現力等の育成」，また「人生や社会に生きる学びに向かう力・人間性等の育成」へと，向かうことができると考えられる。

(4)体育分野の内容と内容の取り扱い

体育分野の内容は，小学校から高等学校に至る12年間を4年ごとのまとまりで捉え，発達段階の系統性や重点化を踏まえて示されている。

今改訂では，小学校第1学年から第4学年を「各種の運動の基礎を培う時期」，小学校第5学年から中学校第2学年を「多くの領域の学習を経験する時期」として，すべての領域を男女共に必修で学ぶ。中学校第3学年から高等学校第3学年では，「卒業後も運動やスポーツに多様な形で関わることができるようにする時期」とした。

中学校第3学年及び高等学校第1学年では，「器械運動」「水泳」「陸上運動」「ダンス」のまとまりの中から1領域以上を選択して学ぶ。また，高等学校第2学年以降では，体つくり運動，体育理論以外の領域から2領域を選択して学ぶ。

体育分野では，運動やスポーツとの多様な関わり方を楽しむことができるようにする観点から，「自己の適性に応じた多様な関わり方を見いだすことができるように」，「体力や技能の程度，性別や障害の有無等に関わらず，運動やスポーツの多様な楽しみ方を共有できるように」，指導内容の充実を図ることや，その際に「共生の視点を重視して内容の改善を図る」としている。

❷ ダンス学習の目標

(1)ダンス学習の目標・内容

ダンス学習の目標は，体育分野の目標及び見方・考え方に立って具体化されている。中学校では，創作ダンス，フォークダンス，現代的なリズムのダンスを学ぶ。第1学年及び第2学年の目標は「イメージを捉えたり深めたりする表現，伝承されてきた踊り，リズムに乗って全身で踊ることや，これらの踊りを通した交流や発表ができるようにすること」である。第3学年の目標は「イメージを深めた表現や踊りを通した交流や発表をすること」である。

表3は，中学校のダンスの内容を示したものである。(1)知識・技能，(2)思考力・判断力・表現力等，(3)学びに向かう力，人間性等について，具体的な指導内容や学びの姿を記載している。

(2)ダンスの内容とその発展

ダンスの内容や指導上の留意点を以下に示す。

第1学年及び第2学年のダンスでは，創作ダンス，フォークダンス，現代的なリズムのダンスから，その特性や由来，表現の仕方等の特性の異なるダンスを内容として，踊る楽しさや喜びを味わい交流することを大切にする。「知識・技能」を身につけたり，「思考力・判断力・表現力等」を働かせたりして，自己の課題の発見やその解決にむけて工夫したりする。そして，自己や仲間の考えを他者に伝える。また，「学びに向かう力，人間性等」では，「ダンスに積極的に取り組み，仲間を援助したり話し合いに参加しようとしたり，違いに応じた表現や役割を認めようとする」等により，学びに向かう力をより高めたり，尊重し認め合うなどをする。こうして，豊かな関わりや学びが生まれることが期待される。

第3学年の「知識・技能」に関する内容では，ダンスの名称や特徴，用語等の知識や，表現技能や交流や発表の仕方，運動観察，体力の高め方等の行い方などについて新たに学ぶ。「思考力・判断力・表現力等」では，第1学年及び第2学年で示された内容を，「仲間」と共に，発見したり工夫したりして，考えたことを他者と伝え合う。「学びに向かう力，人間性等」では，自主的に取り組むとともに助け合い教え合い，話し合いに貢献し，一人ひとりの違いに応じた表現や役割を大

表3　ダンスの内容（中学校）

第1学年及び第2学年	第3学年
(1)次の運動について，感じを込めて踊ったりみんなで踊ったりする楽しさや喜びを味わい，ダンスの特性や由来，表現の仕方，その運動に関連して高まる体力などを理解するとともに，イメージを捉えた表現や踊りを通した交流をすること。 　ア　創作ダンスでは，多様なテーマから表したいイメージを捉え，動きに変化を付けて即興的に表現したり，変化のあるひとまとまりの表現にしたりして踊ること。 　イ　フォークダンスでは，日本の民踊や外国の踊りから，それらの踊り方の特徴を捉え，音楽に合わせて特徴的なステップや動きで踊ること。 　ウ　現代的なリズムのダンスでは，リズムの特徴を捉え，変化のある動きを組み合わせて，リズムに乗って全身で踊ること。 (2)表現などの自己の課題を発見し，合理的な解決に向けて運動の取り組み方を工夫するとともに，自己や仲間の考えたことを他者に伝えること。 (3)ダンスに積極的に取り組むとともに，仲間の学習を援助しようとすること，交流などの話合いに参加しようとすること，一人一人の違いに応じた表現や役割を認めようとすることなどや，健康・安全に気を配ること。	(1)次の運動について，感じを込めて踊ったり，みんなで自由に踊ったりする楽しさや喜びを味わい，ダンスの名称や用語，踊りの特徴と表現の仕方，交流や発表の仕方，運動観察の方法，体力の高め方などを理解するとともに，イメージを深めた表現や踊りを通した交流や発表をすること。 　ア　創作ダンスでは，表したいテーマにふさわしいイメージを捉え，個や群で，緩急強弱のある動きや空間の使い方で変化を付けて即興的に表現したり，簡単な作品にまとめたりして踊ること。 　イ　フォークダンスでは，日本の民踊や外国の踊りから，それらの踊り方の特徴を捉え，音楽に合わせて特徴的なステップや動きと組み方で踊ること。 　ウ　現代的なリズムのダンスでは，リズムの特徴を捉え，変化とまとまりを付けて，リズムに乗って全身で踊ること。 (2)表現などの自己や仲間の課題を発見し，合理的な解決に向けて運動の取り組み方を工夫するとともに，自己や仲間の考えたことを他者に伝えること。 (3)ダンスに自主的に取り組むとともに，互いに助け合い教え合おうとすること，作品や発表などの話合いに貢献しようとすること，一人一人の違いに応じた表現や役割を大切にしようとすることなどや，健康・安全を確保すること。

注　学習指導の内容を，(1)知識・技能，(2)思考力・判断力・表現力，(3)学びに向かう力・人間性等，から示している。
　　下線は，第3学年にのみある表記に付した。第1学年及び第2学年との表記の違いから，内容の変化・発展を推定することができる。

切にしようとする。

❸ 日本のダンス教育の特質と改革の歩み

　学校教育が新たな進展へと舵を切った今日までの学校ダンスの歩みを辿ってみる（表4）[8)9)]。

　外来文化の導入が進む明治14年，小学校の内容に「遊戯」が示された。子どもと女子の教育内容として，大正・昭和初期を通じて，欧米のダンスとともに，日本の唱歌や歌曲に動きをつけた，唱歌遊戯やダンス作品が創られ教えられた。外来の「韻律性」と歌詞の意味内容や心情を反映した動作を併せもつ遊戯やダンスは，日本人の文化的特質に受け入れられ，充実発展した。

　昭和16年以降の軍国主義下では，情調的表現は否定された。しかし，律動性を強調することで，ダンス存続の危機を乗り越えた。

　第二次世界大戦終結後の昭和22年には，「ダ

ンス作品を与え教える」から「ダンスを創り踊れるように引き出す」指導へと，目標，内容に大きな転換がなされた。当時の児童尊重主義を反映した子ども中心のダンスは，ダンス本来の特性への見直しであった。創造的な自己表現を中核とし，子どもが個性に応じて表現し，しかも小集団で協力して1つの表現を創り出していく学習は，日本独自の進展をとげ，現在へとつながっていく。戦後転換期の混乱の中で，創るために引き出す指導法について論議が重ねられた。昭和28年には，体育における小集団学習が登場し，ダンスによる実践も試みられた。ダンスの課題解決学習の萌芽期とも言える。体育の科学化の時代には，昭和33年に6領域の運動が教育の内容とされ，ダンス教材や技能の系統性が検討された。

　しかし，昭和39年の東京オリンピック以降，体力重視の中で，体育的価値を問う「ダンスは体

表4 学校ダンスの内容の変遷

	時　期	要領	体育の強調点	ダンスの内容	特　徴
体操科	1. 明治開化期 2. 明治大正期	M14 T 2 T15	M5 体術から M6「体操科」 学校体操教授要目の制定 改訂	M36 行進遊戯及び遊戯 行進運動及び遊戯 行進遊戯	小学校に「遊戯」を導入し唱歌との融合を工夫した。大正・昭和初期は，遊戯的審美的性質を拡大し発展させた。
体錬科	3. 昭和初期	S11 S16	改訂　領域内容の拡大 国民学校令より「体錬科」となり軍国主義へ傾斜	基本練習・唱歌遊戯・ 行進遊戯 音楽運動	《遊戯教材，多様な遊戯・ダンス書の充実》律動性を強調した作品を踊ることによってダンスは存続の危機を逃れた。
体育科・保健体育科	4. 第二次大戦終結	S22 S28	指導要綱　児童尊重主義，民主的な人格形成を標榜 指導要領試案	S22 表現 S26 基礎運動，表現・既成作品・作品の創作・フォークダンスの	児童生徒が工夫し表現するダンスへの転換《創るために引き出す指導法の検討》《小集団による問題解決学習の実践》
	5. 科学化時代	S33	系統による6領域の設定	表現・フォークダンス	ダンス教材や技能の系統性と指導の検討
	6. 体力の強調	S43	東京オリンピック成績不振 体力不足から体力重視	創作ダンス・フォークダンス	《S39・40・42 年，体育か芸術か，ダンスの体育的価値や意義を問う再検討を迫られた》
	7. 楽しい体育	S53	内容の精選，弾力的取扱い 運動の楽しさを味わう	創作ダンス	フォークダンスは取り扱い，3 年生領域選択《ダンス課題解決学習法の理論化と実証》
	8. 生涯スポーツ	H 1	運動領域区分の修正 個人差に応じた選択学習	創作ダンス・フォークダンス	男女1 年がダンス・武道のどちらかを選択《男女共習授業の実践研究》
	9. 生涯スポーツ	H10	内容厳選，一層の選択，個に応じた指導，学び方重視	創作ダンス・フォークダンス・現代的なリズムのダンス	「現代的なリズムのダンス」導入《ダンスの内容について論議が起こる》
	10. 豊かなスポーツライフの実現	H20	指導内容の体系化明確化，4 年ごとに発達段階設定	同　上	男女ともに中学1 および2 年生でダンス必修，3 年生以上が領域選択，領域のまとまりを変更
	11. 新しい時代に求められる資質・能力の育成	H29	育成を目指す3 つの柱からなる資質・能力の明確化	同　上	全教科にわたり目指す資質・能力を「知識・技能」「思考力・判断力・表現力等」「学びに向かう力・人間力等」から再整理

※松本（1969, 2010），宇土（1995），学習指導要領を参照し，筆者が作成した。《　》は要領外の特徴である。

育か芸術か」の論争が繰り返され，ダンスは再び危機に立った。

　昭和50 年代に入るとダンス課題解決学習法の理論化と実証が進められ，安定したダンス授業が行われるようになった。昭和53 年の学習指導要領以降，体育の内容選択が始まる。平成元年の要領では「ダンスと武道は，男女ともこのうちから選択して履修できる」とし，男子もダンスを選択できるようになった。

　次いで，平成10 年改訂では，「ダンスと武道の男女必修化」が検討されたものの，実現は見送られた。同改訂で「現代的なリズムのダンス」の導入がなされ，ダンス領域は選択幅を広げた。しかし，「現代的なリズムのダンス」の内容論議も起こった。平成20 年改訂で，1・2 学年男女が共に全領域を必修で学び，3 学年よりは領域選択によって学ぶことになった。男女の別なくダンスを学ぶ時代の出発であった。

　平成29 年3 月，中学校体育科学習指導要領の告示を受け，平成31 年（令和元年）より移行，

平成33 年（令和3 年）実施となった。新学習指導要領の改訂によって，新たな時代を生き，未知の状況にも対応できるよう改訂された，子どもたちの学びがスタートする。

■参考・引用文献
1) 田村学『深い学び』東洋館出版社，2018
2) 高橋修一「新学習指導要領における体育科・保健体育科のポイント」，『体育科教育学研究』34（1）：33-37，2018
3) 文部科学省『高等学校学習指導要領（平成30 年告示）保健体育・体育編／同解説』2018
4) 文部科学省『中学校学習指導要領（平成29 年告示）保健体育・体育編／同解説』2017
5) 今関豊一「『思考力・判断力・表現力』とは」，『体育科教育学研究』33（1）：37-42，2017
6) 文部科学省『体育・保健体育，健康，安全ワーキンググループにおける審議の取りまとめ（報告）』2016
7) 松本富子「2　ダンス学習の目標」，『ダンスの教育学』pp. 136-139，大修館書店，2011
8) 松本千代栄「松本千代栄撰集 第2 期3」明治図書，2010
9) 松本千代栄「日本における学校ダンスの歩み―故戸倉ハル先生を偲んで」，『第6 回国際女子体育会議報告』(社)日本女子体育連盟：118-128，1969

〔松本富子〕

③ ダンス学習の内容と方法

❶ 学習内容

　ダンス学習の基礎・基本となる技能（運動技能）の具体的内容は運動種目によって異なる。

　中学校第1および第2学年で見ると，フォークダンスは「特徴的なステップや動きで踊ること」が目標である。したがって，それぞれの踊りの「ステップや踊り方」が習得すべき基礎技能となる。

　しかし，創作ダンスや現代的なリズムのダンスは定型の動きの習得にとどまらず，それを活用・探求する創作学習に重点がある。生徒の創意によりイメージやリズムの特徴を捉えて自由に即興的に踊ったり，表したいイメージやリズムにふさわしい動きを創出し，変化とまとまりをつけて踊ったり，簡単な作品にまとめて見せ合ったりすることが目標である。そこで，生徒の創作学習の基礎となり，多様に応用・発展することが可能な，ダンス全般に共通するミニマム・エッセンスを基本の技能（運動技能・創作技能）として学ばせたい。

　本稿では，ダンスの創作学習の基本となる学習内容（技能）の考え方について紹介する。

⑴ 創作ダンスの学習の手がかり（学習テーマ）

　松本は「舞踊の構造・機能と要素化[1]」において，舞踊作品の批評用語分析からダンスを構成する要素として主題，身体，運動，変化，連続，群，構成，作品を抽出した。主題から作品までの各要素の流れは作品の創作過程そのものとも言える。そこで，これらの要素の組み合わせから創作ダンスの学習の手がかりを導き出した（図1）。

　これらの手がかりは学習指導要領解説に示されているテーマと対応している。

　①　主題─運動 ＝「身近な生活や日常動作」
　②　運動─変化─連続 ＝「対極の動きの連続」
　③　運動─情調 ＝「多様な感じ」
　④　群─構成 ＝群（集団）の動き
　⑤　運動─舞台効果 ＝「もの（小道具）を使う」
　⑥　主題─構成─作品 ＝「はこびとストーリー」

　①～⑥の手がかりをもとに，表わしたい主題のイメージと動きを結ぶ，集団の動きや主題の展開を工夫するなど，作品化に必要な技能を1つずつピックアップして学習することができる。

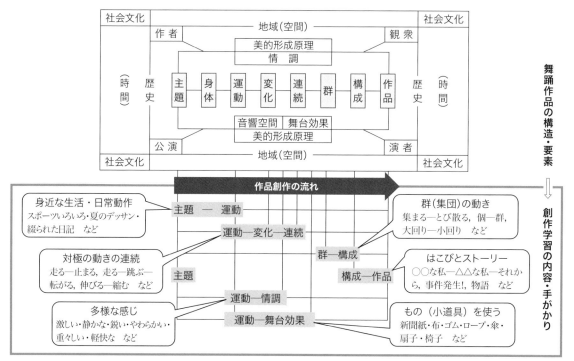

図1　舞踊の構造・要素と創作ダンスの学習テーマ（松本「舞踊の構造・機能と要素化」1987 に中村に加筆）

(2)創作ダンスで学ばせたい技能と目標

表1に創作ダンスのテーマや題材と，学ばせたい主な技能（運動技能・創作技能），目標を示すダンス・キーワード（DKW）の対応を示した。

例えば，「対極の動きの連続」の題材「走る—止まる」では水平移動における速度の変化を明確に表現する「メリハリ」が重要な技能であり，「跳ぶ—転がる」では高さの「ダイナミック」な変化と「ひと流れ」のフレーズ感を保って動くことが重要な技能である。具体的な走り方や跳び方の形は自由だが，速—遅，高—低，大—小，などの極限から極限への動きの変化を精一杯大きく明確に表現して動くこと（動き方，体の使い方）が基本

的技能と言える。また，「群（集団）の動き」の題材「集まる—とび散る」や「個—群」では仲間と「感じ合い」，「対応」したり「対比」させて動いたりして，「群構成」「空間構成」を効果的に活用できることが重視すべき技能である。

大切なのはどの題材を学習するかではなく，その題材を用いてどんな技能（運動技能・創作技能）を習得し，それを活用して自分らしい動きで表現し，作品にまとめ，踊ることができるかである。

これらの題材とDKWは必ずしも1対1対応ではない。例えば「ひと流れ」はダンスの動きのフレーズ感（心地よい表現的な動きのまとまり）を示しているし，「ダイナミック」「思いきり」は

表1　創作ダンスの題材と学ばせたい技能（運動技能・創作技能）

テーマ	題材例	主な運動技能	創作技能	DKW（技能の目標）の例
身近な生活や日常動作	生きている地球……気象・地殻変動	具体的事象の描写・表現	主題を見つけ対象の観察からそのものの特徴（動き・イメージ）を捉えて体の動きで表す	デッサン　特徴を捉えてすぐに動く
	お料理，理科の実験，生命の誕生	模倣動作，状態変化		
	スポーツいろいろ，働く人々	特徴的シーンの抜き出し		デフォルメ　動きを変形して強調する
	夏のデッサン，学校生活	動きの変形，誇張した表現		
	出会いと別れ，綴られた日記	感情表現		心情・思考　心情や価値観を捉える
	戦争と平和……思想・社会問題	抽象的概念の表現		
対極の動きの連続	走る—止まる	水平移動，スピードの変化	変化のある動きの連続「ひと流れの動き」からイメージ・主題につなげる	ひと流れ　動きのフレーズ感
	跳ぶ—転がる	垂直移動，高さの変化		
	伸びる—縮む	身体意識，大きさの変化		ダイナミック・思いきり　精一杯大きく動く
	捻る—回る	回転，身体の面の変化		
	保つ—崩れる	緊張—弛緩，力性の変化		メリハリ　違いを明確に動く
	見る—見る—見る	空間延長		
多様な感じ	激しい，力強い，躍動的な	動きの質（複合要素の変化）　速　さ：速—遅　強　さ：強—弱　形・軌跡：直—曲　大きさ：拡大—縮小　方向性：上下前後	質感のある動きからイメージ・主題につなげる　感情を伴った主題を表現する	動きの質　質感の違いを意識して動く
	静かな，弱々しい			
	鋭い，素早い，固い			
	やわらかい，流れるような			なりきり・感じを込めて　そのものの気持ちになって動く
	重々しい，安定した			
	軽快な，賑やかな			
群（集団）の動き	集まる—とび散る	集合—分散	群（集団）の構成を工夫してイメージ・主題を強調する	空間の変化　空間を大きく使う
	大回り—小回り	空間の広がり，移動軌跡		
	個—群，主役と脇役	人数の変化，関係性の表現		対比　相手との関係を強調する
	2人の関係，対決，対立する群	対立する動き，対応する動き		
	群像，密集—点在—連なる	高さの変化，群構成の変化		感じ合い　仲間の動きに呼応する
	ユニゾン—カノン—ランダム	時間・空間の変化		
ものを使う（小道具）	新聞紙，布	自在な変形，多様な軌跡	もの（小道具）を何かに見立てて表現する，動きを強調する	見立ての世界　ものの性質生かす
	傘，扇子	振る，回す，身体の延長		
	ゴム，ロープ	引っ張る，空間の延長		空間延長　身体ゾーンを広げる
	椅子，跳び箱	乗る，跳び越す，高さの効果		
はこびとストーリー	○○な私—△△な私—それから		はじめ—なか—おわり　徐々に激しく，盛り上げる　場面の変化・転換点　主題を効果的に展開する	中核　一番表したいことを中心に
	だんだん激しく……（序破急）			
	事件発生！（起承転結）			クライマックス　ドラマティックな展開
	物語			

表2 現代的なリズムのダンスの題材（リズム）と学ばせたい技能

リズム	題材例（テンポと使用曲の例）		主な運動技能	創作技能	DKW の例
ロック・ポップ	81bpm	「We Will Rock You」／Queen	全身でリズムを捉えて手拍子・足拍子・歩く・走る・弾む・跳ぶ・回る・振る・ねじる・膝の屈伸・転がる・伏せるストップモーションスローモーション裏拍子を捉える体の一部分を動かす	オリジナルの動き動きの組み合わせ向き・高さの変化進行方向の変化リズムの変化スピードの変化ひと流れのフレーズ群（空間）の変化仲間との対応・対比作品の展開（はこび）	オリジナルノリノリメリハリダイナミックアクセント踊り続けるひと流れリズムの変化空間の変化感じ合い
	128bpm	「ULTRA Soul」／B'z			
	140bpm	「Beat It」／Michael Jackson			
	152bpm	「残酷な天使のテーゼ」／Asuka			
ヒップホップ	88bpm	「道」／GReeeeN			
	95bpm	「ハピネス」／AI			
	102bpm	「Every Little Step」／Bobby Brown			
サンバ・レゲエ	96bpm	「Dura」／Daddy Yankee			
	110bpm	「風になりたい」／THE BOOM			
	120bpm	「ボラーレ」／ケツメイシ			

羞恥心をはねのけて精一杯大きく動くという態度にも関わる目標であるから，どのテーマや題材にも共通する最も基本的な技能の目標となる。また，「メリハリ」は動きの緩急だけでなく，「空間のメリハリ」「はこびのメリハリ」など，すべての表現に通じる技能の目標でもある。

　これらの技能をしっかりと定着させるために，各技能を学習するのにふさわしい題材を選んで1時間に1つずつ提示するとよい。DKW は次時以降も繰り返し言葉かけして意識させるようにすることで，生徒の心に残り，ダンス表現に必要な技能への理解を深めることができる。

⑶現代的なリズムのダンスの学習内容（技能）

　現代的なリズムのダンスでは，ロックやヒップホップなどの現代的なリズムの曲そのものが学習テーマ（手がかり）である。学習の題材は「曲」なので，どんなリズム，テンポ，イメージの曲を用いるかが重要となる。曲のジャンルは今流行りの曲であれば J-pop やサンバなどでもよい。生徒に親しみのある曲を用いると楽しく踊れる。

　各リズムの特徴を捉えて歩く・走るなどが運動技能となる。定型の踊り方はない。150bpm 程度の軽快なロックではビートを捉えて全身で弾んだり跳んだりして「ノリノリ」に踊る。130bpm前後のビートがはっきりしたロックでは動きを1つずつ止めるように「メリハリ」をつけて踊るとよい。100bpm 前後の重たいヒップホップではベースとなる強拍を捉えて全身で「ダイナミック」に上下に弾んで踊ることに加え，弱拍の裏拍子を刻んで素早く踊ることもできる。また，全身でリズムに乗るほか，首，肩，胸，腰など体の一部分でリズムを刻むこともできる。サンバなど付点リズムの曲は，腕や肩，胸，腰を揺らす・振る・回すなどすると楽しい。

　どのリズムでも動きを組み合わせて変化のあるひとまとまりの動きを作る学習では，倍速や 1/2倍速，スローモーションやストップモーションを用いて「リズムの変化」をつける，見つけた動きの向きや高さ，進行方向を変えて「空間の変化」をつける，「群の構成」や「仲間との対応」の工夫などが共通の創作技能となる。自分たちの「オリジナル」の動きを見つけ，これらの表現技法を用いて心地よい「ひと流れ」のフレーズを作り，作品の展開「はこび」に変化とまとまりをつけて，仲間と「感じ合って」踊ることが学習目標である。

　創作ダンスと同様に，技能の目標は DKW として提示し，1時間ずつ積み重ねて学習させることで技能の定着を図れる（表2参照）。

❷ 学習方法

　創作ダンスや現代的なリズムのダンスの学習では，踊る力（表現力）のみならず，作る力（創作力）やよい動きを見分ける力（観賞力）の育成が重要である。自らの創意に基づき，仲間と協同して自分たちの表現を探究する姿勢や，仲間の意見や動きを認め合う態度が求められる。まさに，「主体的・対話的で深い学び」そのものと言える。

　動きを作る力や作品を構成する力（創作力）を育成するためには，毎時の授業で少しずつ作る練習を積み重ねながら，ダンスの運動技能や創作技能について理解を深めていけるよう系統的に学習を組み立てることが有効である。本書が提案する「創作型ダンスの学習モデル」[2)]は，1時間の授業

創作学習モデルⅡ　１時間完結学習〈１時間で踊る・創る・観るの全体験を〉

分		学 習 活 動	ね ら い
0	踊る	◇集合・出席・前時の振り返り	
		①ダンスウォームアップ	心と体をほぐす
10		②課題をつかむ	「ひと流れの動き」の表現性を理解する
		先生の例で先生と一緒に動く	極限の動きへの挑戦
		自分のアイデアで自由に動く	動き・イメージ・リズムの多様化
20		③グループで動きやイメージの交換	動きのアイデアを共有する ＝互いのアイデアを認め合う
30	創る	④グループでまとめる	
		好きな動きやイメージを選ぶ	変化とまとまりをつける
		表現を工夫してまとめる	効果的な表現を工夫する
		通して踊ってみる	動きやイメージの探究
40	見る	⑤見せ合い・交流と意見交換	互いのよいところを認め合う 表現効果の確認と相互評価
50		◇まとめ・学習カードへの記入	◇学習評価，次時の課題

■は生徒の主体性の高まりを表す

創作学習モデルⅢ　（単元計画）
１時間完結学習を積み重ねる

	創作ダンス	現代的なリズムのダンス
1	オリエンテーション ウォームアップ	オリエンテーション ウォームアップ
2	もの（小道具）を使って しんぶんし	ヒップホップのリズムで 体じゃんけん
3	対極の動きの連続 走る—止まる	ロックのリズムで 動く—止まる
4	身近な生活と日常動作 夏のデッサン	ロックのリズムで ミニ発表会
5	群（集団）の変化 集まる—とび散る	床の動きを使って ブレイクダンスみたいに
6	はこび（主題の展開） 事件発生！	6 好きな曲を選んで(1) 7 作品創作(2)
	7 多様な感じ　　　(1) 8 生きている地球　(2) 9 作品創作　　　　(3)	8 作品発表会
	10 作品発表会	

図２　創作型ダンスの学習モデル（松本，1982 をもとに中村加筆・作図）

に「踊る・創る・観る」学習をすべて取り入れ，題材に内在する表現性（運動技能・創作技能）を手がかりに，自分たちの表現を創る課題解決学習であり，多様な題材（技能の課題）に取り組んでスパイラルに学習を積み重ねる学習方法である。

(1)創作型ダンスの１時間の授業の展開

　１時間の学習活動の展開は大きく５つの段階からなる（図２創作学習モデルⅡ参照）。
①ダンス・ウォームアップで心と体をほぐし，主体的に学習に取り組めるよう準備する。
②題材を手がかりに，基本的技能を含む「ひと流れの動き」を先生と一緒に動き，表現技能の要点を理解する。精一杯大きく動いて運動技能を高め，多様に動きを変化させて表現を広げる。
③②で作った動きを２～４人組でリーダーを交替しながら動きのアイデアを交換・共有する。
④③で交換した中から気に入ったものを選んでグループで動きを工夫して表現を深め，30秒程度の小作品（ひとまとまりの表現）にまとめる。
⑤グループ間での見せ合いや交流と意見交換をして表現の効果を確認し，次時への課題をもつ。
　このうち，②③④の展開は基本的な動きの習得学習から生徒主体の創作学習（活用・探究学習）へと段階的に進めるために考案され，多くの実践

でその有効性が実証されているものである。
　①～⑤の展開と時間配分は扱う題材や生徒の状態，学習の重点をどこに置くかによって変わる。例えば，創作ダンスの「群」の題材では先に数人のグループを作り，②③をまとめて学習するのがよい。また，「身近な生活や日常動作」の題材の場合，動きは下位題材により異なるので，②で下位題材のイメージを広げる活動から始め，そのイメージ例の「ひと流れの動き」を試すとよい。

(2)単元計画（創作学習モデルⅢ）

　毎時，多様な技能（技能を含む題材）を取り上げて１時間完結学習を積み重ねていくと，単元を通じて作品創作に必要な技能を系統的に学習することができる。図２では単元の後半でまとまった作品づくりと発表会を設定しているが，中学１・２年生の初めての学習段階や短い単元であれば１時間完結学習の積み重ねのみでもよい。
　単元計画の実践例は本章④を参照されたい。

■引用文献
1) 松本千代栄「課題化のしかた」，『女子体育』29（8），pp. 60-63，1987
2) 松本千代栄「舞踊課題と創作学習モデル—高等学校における実験授業研究—」，『日本女子体育連盟紀要 ’81』pp. 1-41，1982

〔中村恭子〕

4 単元計画の立て方と単元例

■ 単元計画とは

　体育分野の授業時数配当については，それぞれの領域について入学前にどの程度経験しているか，そして中学校でどの程度習熟を図るかなど，地域や学校の実態を踏まえながら計画する。

　ダンス領域は，中学校の第1および2学年で必修の領域になったので，1年，2年と単元を分けて行うか，1・2年のどちらかに少し長めに行うかなど，学校の実情や方針に応じて設定する。第3学年では，4領域（器械運動，陸上競技，水泳，ダンス）の中から1つを選択することになっているので，生徒選択制のダンス授業も可能である。

　高等学校では，第1年次に4領域（器械運動，陸上競技，水泳，ダンス）から1つ以上を選択，2年次以降は，球技と武道も加えた6領域の中から2つ以上を選択して履修することとなっている。生徒の様子や学校の事情によって，さまざまな計画が考えられる。

　中学校，高等学校ともに，ダンスの指導内容は，「創作ダンス」「フォークダンス」「現代的なリズムのダンス」の中から選択して履修できるようにすること，となっているので，生徒の発達や学年の段階などに応じて取り上げたい。

　学習内容を決定し，適切な時数をひとまとまり（＝単元）として，単元計画を立てる。

■ 単元を計画するポイント

(1)創作ダンス

　中学校で初めてダンスを学習する段階では，ダンスの全体像をつかめるように，1時間完結の授業を中心に組んでいくとよい（第1章参照）。題材は，ダンスに慣れていない段階では，スピード感やメリハリがあり，精一杯動くことで恥ずかしさを感じないで取り組めるものを選ぶ。また，動きとイメージをつないでいく体験が表現する力を高めていくので，運動からイメージを引き出す方向をもった題材と，イメージから動きを引き出す方向をもった題材の両方を組み込みたい。

　少し進んだ段階では，視線の生かし方，群の使い方や空間の広げ方，作品の構成など，単元の目的や対象とする生徒の様子で題材を選択する。

　単元のまとめとして，数時間かけてグループで作品を創り発表する形式をとれば，自主的な活動の中でグループの表現を追求することができる。グループに与える時間数は，初心の段階では短めに設定し，グループ活動の方法も含めて教えることが必要である。

(2)現代的なリズムのダンス

　創作ダンス同様，初心者の段階では，難しいステップをじっくり練習していくというスタイルよりは，簡単でノリのよいリズムに乗って，とにかく踊り続ける楽しさを味わわせることから始めたい。グループで工夫し，練習し，見せ合う活動も入れていきながら，1時間完結でいろいろなリズムを楽しむ方法を重ねていくとよい。進んだ段階では，学んだリズムを積み重ねて曲を仕上げたり，教え合って交流会ができるようにする単元も可能である。

(3)フォークダンス

　それぞれのダンスが生まれてきたいろいろな文化の理解も含めて，いくつか違うタイプの踊りを体験できる単元が構成できるとよい。本書では第5章に1時間完結（それぞれを2時間展開も可能）の授業を重ねていく提案をしている。

(4)複合した単元

　それぞれのダンスの内容のよさをうまく配列して，複合した単元も構成できる。

　導入の数時間に，やさしい現代的なリズムのダンスで仲間との交流を大事にした内容を行い，後半は創作ダンスのいろいろな題材を体験するなどがその例である。フォークダンスも簡単なステップで，仲間と次々交流できるような演目を経験して，クラスの誰とでも仲よく踊れるような空気を作れるよさがある。それぞれの教師が，目の前の生徒たちに必要だと考える力は何か，願うことは何かを考えながら，ぜひ工夫して取り組んでみていただきたい。

〔宮本乙女〕

単元例————その1

いろいろなダンスを取り入れた単元例

■対　象

中学2年生，女子。

1年のときに基本的な単元を体験している生徒。

■ねらい

踊る楽しみに加えて，イメージにふさわしい動きを1人ひとりが生み出せるようにしたい。具象的なイメージだけでなく，抽象的なイメージも踊って表せるようにしたい。

■特　徴

中心とするのは創作ダンスであるが，久しぶりのダンスであるので，最初はいろいろな音楽でたくさん動くことから導入し，単元の途中では，フォークダンスも取り入れてダンスの文化について体で感じる時間も入れる。選んだフォークダンスは，仲間と次々出会いながらステップを踏んで，リズミカルに踊り続ける曲目である。

最後には，体の使い方を，高い—低い—中腰と変えながら，しかも群で構成する「彫刻を創ろう」という共通課題からグループ作品を創り，発表会まで行う。少し欲張った単元計画である。

時	題材など
1	オリエンテーション　仲間と出会うダンス
2	いろいろな音楽で踊り続けよう
3	「ディズニーランド」楽しくデフォルメ
4	「走る—見る」視線の効果を生かして
5	「大回り—小回り」空間を広げて
6	フォークダンス「ヒンキー・ディンキー・パーリ・ブー」
7	「彫刻を創ろう」体を極限まで使って群構成
8	「彫刻を創ろう」グループ作品の完成
9	「彫刻を創ろう」クラス内発表会
10	VTR鑑賞会　よい動きとは……

[この単元計画で授業をしてみよう]

参照ページ▶1時間目：P8，P50　2時間目：P40，P41，P42，P46等からピックアップ　3時間目：P22やP88の手法でディズニーランドのアトラクションをデッサン　4時間目：P14の「止まる」を「見る」に　5時間目：P98　6時間目：P76　7時間目〜：P96　　　　　　　　　　　　　　　〔宮本乙女〕

単元例————その2

気軽にリズムを楽しむ短い単元例

■対　象

中学1・2年生，男女。

■ねらい

特定のステップ練習や既成の作品を練習するのではなく，リズムに乗って全身で自由に弾んで踊ることを，時間数が多くとれない実態の中でも実現していく単元の実例を紹介する。楽しくオリジナルなダンスを引き出したい。

■特　徴

毎時間違う曲を手がかりに動きの見つけ方，変化のさせ方，表現のポイントを理解させる。1時間目はビートがはっきりしたジョギング程度の速さの曲に乗って気軽に楽しむダンス。このダンスは，2・3時間目の最初にも継続してウォームアップとして行う。2時間目は，ビートがはっきりした少しゆっくりの曲で，必然的にしっかりと腰を落とすリズム取りが必要になるダンス。3時間目は，ウォーキング程度の速さでメリハリをつけて音に体の動きを乗せることができ，しかも，倍速とストップモーションの繰り返しが心地よい生徒に人気の曲。この3時間の実践を生かしてオリジナルの1分間作品を作る単元である。1分間作品作りの最も簡単な方法としては3時間目に作ったダンスを2グループで足し算する。生徒の力や時間に余裕があればチームを作り直して1，2，3時間目の使用曲のどれかを選んで学んだ動きをヒントに1分間の作品を作る。

時	題材など
1	オリエンテーション「体中でリズムを感じて」
2	「大きく弾んでじゃんけんダンス」
3	「ロックのリズムで動く—止まる」
4	学習を生かしてオリジナルダンスづくり
5	学習を生かしてオリジナルダンスづくり
6	リハーサルと見せ合い

[この単元計画で授業をしてみよう]

参照ページ▶1時間目：P8，P50　2時間目：P52　3時間目：P54　4時間目：P56，P64　など

〔宮本乙女〕

エネルギッシュな動きを引き出す単元例

■対　象

　高校2年生，男女。

■ねらい

　運動量を確保しつつ，ダンスの特性をつかませ，全身を使って表現することの楽しさ，仲間と作り出す新しい世界の発見に導けるようにしたい。

■特　徴

　どちらかというとダンスに苦手意識を持っていても体を精一杯使うことで恥ずかしさを忘れて取り組むことのできる単元である。高校生らしく，運動から導く表現では，少し長いひと流れを課題の連続として提示したり（走る―止まる・集まる―とび散る），エネルギーを発揮できそうなイメージ（スポーツ名場面，○○な感じ）から導く題材を取り入れたりして，さまざまな表現の要素を取り入れている。

　学習の目標，単元計画，ポイントは単純化・明確化して，学習の初めに生徒に提示する。最後の3時間で作品づくりと発表まで行うが，課題の総復習から無理なく作品のメインを創れるように配慮した。時間数や対象によってはスポーツ名場面や課題の連続をまとめの小作品としてもいいだろう。

時	題材など
1	オリエンテーション　「跳び越す・振り回す・上に乗る」ダイナミックな技で
2	「しんぶんし」遊ぼう・なりきって・見立てて
3	「スポーツ名場面」感動の瞬間をダイナミックに
4	「課題の連続」走る―止まる・集まる―とび散る動きを連続してひと流れに
5	「○○な感じ・10秒デッサン」特徴を素早く動きに　激しい，流れるような，鋭いなど
6	作品づくり①　課題の総復習　学習した課題を自由に使い作品のメインを
7	作品づくり②　はじめとおわりをつけ，印象的に
8	小作品の発表・鑑賞

［この単元計画で授業をしてみよう］
　参照ページ▶1時間目：P43　2時間目：P10　3時間目：P22　4時間目：P14，P18　5時間目：P94
〔君和田雅子〕

多様なリズムと動きの工夫を楽しむ単元例

■対　象

　高校1・2年生，男女。

■ねらい

　人気アーティストの振付ダンスの模倣に終始しがちな生徒に，どんな動きもダンスになること，全身でリズムに乗って思いきり大きくはっきり踊るだけでいいことを理解させ，動きや作品を工夫して踊る楽しさ，自己表現の喜びを味わわせたい。

■特　徴

　簡単な動きを繰り返して気軽に踊ることから始めて，毎時，多様なリズムを手がかりに動きの見つけ方，変化のさせ方，表現のポイントを理解させる。1時間目は気軽にリズムに乗って踊り続け，2時間目は簡単な動きの組み合わせの工夫，3時間目にリズムの変化とストップモーションも取り入れてメリハリのあるフレーズを作り，4時間目には3時間目に作った踊りで相手チームとかけ合いながらバトル形式の見せ合いを楽しむ。5時間目以降はアップとダウンのリズム取りや独立した身体部位の動き，床を使った動きなど発展的な技能にも取り組ませ，数時間かけてまとまった作品づくりに挑戦させたい。創作の条件として学習した表現のポイントを押さえさせるとよい。

時	題材など
1	オリエンテーション「体中でリズムを感じて」
2	「大きく弾んでじゃんけんダンス」
3	「ロックのリズムで動く―止まる」
4	「ロックのリズム」でバトル交流会
5	「ケンパー・グッパーからヒップホップへ」
6	「部位でブイブイ・キレキレダンス」
7	「床を使ってブレイクダンスみたいに」
8	作品づくり①　好きな曲を選び課題の復習
9	作品づくり②　群・空間・高さの変化を工夫して
10	作品発表会

［この単元計画で授業をしてみよう］
　参照ページ▶1時間目：P50　2時間目：P52　3時間目：P54　4時間目：P56，P66　5時間目：P60　7時間目：P62　8時間目～：P64
〔中村恭子〕

通年で取り組むダンス30時間の単元例

■対　象

中学3年生，高校1・2年生選択など，男女。

■ねらい

ダンスに対する先入観を取り除き，ダンスの楽しさを経験させ，ダンスに必要な要素を段階的に学ばせる。学年の集大成では仲間と時間をかけて作品を完成させ発表する喜びを味わわせる。

■特徴

全体を3つに分け，段階的に組み立てる。通年なので，1つひとつの題材を丁寧に押さえることができる。基本的に1時間完結の授業スタイルであるが，それぞれの時期のまとめには少し時間をかけて作品創作を行っている。3つに分けて学年ごと10時間ずつの単元としても利用できる。

①第1段階—基本

初めて取り組む，あるいは，しばらくぶりにダンスを選択するという設定で，年度の初めの導入は慎重に行いたい。楽しくリズミカルに踊れるフォークダンスから始め，創作ダンスと現代的なリズムのダンスについて，基本的な題材を中心に設定する。ダンスの楽しさに触れ，かつ，即興的に動きを出し合ってグループで創作して見せ合うという学び方を身につけられるようにする。

②第2段階—応用

第1段階で学んだ基本を軸に，課題の復習と視線・空間・群・盛り上がり・長いひと流れなどさまざまな要素を盛り込んだ創作ダンスの発展的課題に挑戦させたい。

③第3段階—単元のまとめ

前半は，今までの復習と体の使い方や群の構成を意識させたり，物を使ったりなどといった作品創作への橋渡しとなる題材を取り上げる。後半は，単元のまとめとして，5時間使って作品創作を行う。盛り上がりを強調させたり，手直しをしたり，踊り込みをしたりする時間をとり，完成度の高い作品をめざす。時間がとれれば，クラスで2作品くらい選出し，学年で発表会まで行えると単元のまとめとしてよい締め括りとなるだろう。

時	題材など
1	オリエンテーション　フォークダンス ヒンキー・ディンキー・パーリ・ブー①
2	ヒンキー・ディンキー・パーリ・ブー②
3	「しんぶんし」新聞紙と遊ぼう
4	「走る—止まる」メリハリをつけよう
5	「走る—跳ぶ—転がる」ダイナミックに
6	「伸びる—縮む」体の痛いところまで
7	「8421」リズムに乗って
8	「じゃんけんダンス」ダイナミックに
9	「ロックのリズムで動く—止まる」メリハリ
10	「ロックのリズムで」発表会　みんなでノリノリ
11	デッサン「北海道」学校行事での体験を生かして
12	デッサン「夏」特徴をたくさん見つけよう
13	「走る—見る」見るを生かして
14	「大回り—小回り」空間を広げて
15	「群れ」いろいろな群れをイメージして
16	「序破急」だんだん盛り上がる
17	「課題の連続」復習　少し長いひと流れに挑戦
18	「スポーツいろいろ」スポーツの動きを生かして
19	「スポーツ名場面集」ダイナミックで感動的に
20	「スポーツ名場面集」作品発表
21	「ダンスサーキット」課題の復習
22	デッサン「冬」特徴をたくさん見つけよう
23	「彫刻を創ろう」芸術作品を作ろう
24	「見立ての世界①」物を使って
25	「見立ての世界②」作品発表
26	作品創作「思い出のアルバム」 中学校3年間で印象に残っていること
27	
28	
29	
30	

[この単元計画で授業をしてみよう]

参照ページ▶1時間目：P6，P76　3時間目：P10　4時間目：P14　5時間目：P82　6時間目：P84　7時間目：P50，P8　8時間目：P52　9・10時間目：P54，P56　12時間目：P88　14時間目：P98　16時間目：P100　18時間目：P22　22時間目：P88　23時間目：P96　24時間目：P104

〔藤田久美子〕

5 表現技能の指導——よい動きを見分け・引き出す指導のポイント

■ 体育の教師ならではの「ダンスの授業」

本研究会では，中学・高校の「体育授業」の実践者をはじめ，幼稚園・小学校・大学の教員も共同し長年授業実践を積み重ね，「体育としてのダンス授業」を考えてきた。男女共修化に向かう時代には，共習での授業を先取り研究し，20年以上の実績がある。また，男子クラスへの授業や男性教員の授業などの実践研究も踏まえ，体育・スポーツを専門とする先生方がもっている動きや運動の感覚を生かした学習指導の方法，具体化された教材の研究を続けてきた。ここでは「よい動き」について，他の領域と共通する部分と，表現領域ならではの特性について述べたい。

(1)探究型授業の学習展開

「探究型」の学習は，生徒の主体的な取り組みの姿勢を保障しなければ成立しない。そこで，生徒が見通しをもち主体的に取り組みやすくするために，「創る学習のための1時間の授業の流れ」を実践してきた。

P143図2に「①ダンスウォームアップ，②課題をつかむ，③動きやイメージの交換，④グループでまとめる，⑤見せ合い・交流と意見交換」という組み立てを示した。「よい動き」を考えさせ，身につけさせるための学習展開はどの領域においても共通しているのではないだろうか。

例えば，球技の学習指導では，ボールと関わる個人技能だけをいくら練習しても，丸ごとのその種目のおもしろさを味わうことはできない。そこで，ゲームの中で生きてくる「よい動き」のつながりを学べるように仕組んだ簡易なタスクゲームが工夫され提案されている。個人の動きの流れ，他者との動きの連動など，「よい動き」を考えつつ身につけながら，ゲームという全体パフォーマンスをやさしい段階から質の高い方向に徐々に向かわせていこうとするものである。つまり，教師が教材化して小さく教え，生徒はそこから原理原則を学び取り，それをきっかけとして運動を多様に広げ，深めて身につけていく。この初歩的で簡易な段階から徐々に質を高めていくという考え方

は，本書で紹介するダンス授業と共通している。

(2)探究の方向性

「跳ぶ」という運動で「よい動き」について考えてみたい。ハードル走ではリズムよく速く走るための効率のよい跳び方があり，バスケットのレイアップシュートでのジャンプならばシュートが入るための跳び方のコツがある。勝負を競う種目では，勝つために効率のよい動きが求められ，こうしたほうがうまくいくという技術がすでにある。したがって，探究して見つけていく「よい動き」の方向は，「成果が上がるため」という同一の達成目標に向かっていくという性質がある。

一方で，例えば創作ダンスで「走る—跳ぶ」という題材を指導する際には，精一杯の跳ぶを体験させた後，自分は「どう表現してみたいか」を模索し選ばせる。例えば，石ころをイメージして跳ぶ生徒は体を小さく固めて跳ぶだろうし，風に飛ばされる洗濯物と思えば「ヒラリフワリ」と軽やかに，稲妻を思えば鋭く跳ぶことができる。ダンスの学習指導ではある方向に集約していくのでなく，多様な「表したい」方向へと「よい動き」が広がっていく点で，他領域と異なるだろう。この部分の違いが，「難しい」と言われるゆえんかもしれない。実は，教師が気づけていないだけで，「よい動き」は生徒の中に内在し，表出している。「よい動き」と思わず，見逃してしまっている理由は教師の側にあるのかもしれない。教師自身が身近にあるさまざまなものを動きとして観察し，「動きの多様性」を読み取る努力をしたい。

■ 「よい動き」を見分ける目は教師の価値観

ダンスも，球技と同じように多様な種類がある（口絵，第8章①参照）。教師の思い描く「ダンス」が，美しい，上手，統一感があって揃っている，完成度が高い等のイメージをもっていたり，ある限定されたダンスのジャンルに偏った経験しかなかったりすると，おそらく生徒にもそのダンスだけを期待することになるだろう。

教育，体育の中に「表現運動・ダンス」が位置

づけられている大きな理由は、「競う」「鍛える」とは違った価値として、「表現する」という体の価値を生徒に学ばせる意図がある。コミュニケーション能力の不足が子どもたちの問題として取り上げられている昨今、体で表現することを体感させ、豊かで生き生きとした表情のある体になってほしい。そう願ってダンスの授業をすれば、生徒の素朴でそれぞれの個性ある身体表現を感じ取れる。

つまり、生徒1人ひとりが「こう表現したい」と思うものを見つけ、体の動きに出すことができれば、それが「よい動き」なのである。美しくなくても、かっこよくなくても、なりきって全身を使って精一杯動けているかが見分けどころである。

❸「よい動き」を引き出す教師行動

髙橋らが示した体育授業における教師行動のうち、ダンスの授業では「直接的指導・マネジメント・相互作用・観察」について、どのように行われているのだろう。

(1)「直接的指導はクラス全体への問い」に

授業の前半（①ウォームアップ、②課題をつかむ）では、題材に内在する舞踊表現の原理原則を体に感じさせるように、「どう動きたいか？」「どんな表現をしたいか？」を教師が問い、生徒が動きで答える。特に②課題をつかむでは、次の2つの方向を意識しつつ、クラス全体に対して問いかける。

①動きとイメージの多様化

何も思わずに動いても新しい動きに発展しないが、何かイメージが閃いた瞬間に生徒がどんどん動き出すことがある。教師がいくつかの異なる例を挙げ、多様な動きの質を体験させることによって、自分なりの動きやイメージが想起しやすくなり、多様な動きが生み出される。

②動きの極限化

生徒の動きが、少しずつ極限へと拓かれていくよう言葉をかけていく。「大きく動いて」と言い続けるだけではなく、「○○にタッチ」「10cmくらい遠くまで」のように具体性のある言葉をかけたり、生徒が抵抗感をもたずに学びを進められるようなスモールステップアップの工夫を心がけたりして、極限まで体を使い切る感覚を体験させる。

実践にもとづいて、生徒がつまずかずに学習できる指導言語の事例を第1〜7章に多数紹介している。これらを実践してみた後には、短くテンポよくに加えて「順序よく」も大事なことがわかるだろう。また、第8章③に示した「ダンスキーワード」を繰り返し問いかけ、確認しながら進んでいくことで、さらに学びは深まり、質が高まる。

(2)「観察」そして「認めて褒める」（相互作用）

創作ダンスや現代的なリズムのダンスでは、作文や詩、または絵の指導と似ていて、生徒から出てきた表現を、ていねいによく観察し、まずは全身で受け入れたい。①ウォームアップでは、場合によっては、見本を見せつつ観察しつつ声をかけるという状況になる。それでも、「生徒だけにやらせる」のではなく、教師も中に入って一緒に動けば、体の動きで生徒を「認め」、「学び合う場」の雰囲気を作ることになる。

反対に、生徒がのびのび自らを表現し始めたときに、幼稚、単純、下手、つまらないなどの否定的な言葉や態度、視線は禁物である。生徒は教師の評価を繊細に感じ取り、表現を閉じ込めてしまう。教師は無意識な体の言葉にも十分気を配らなければならない。上手にできていなくても、少しでも動き始めたら承認する姿勢を大げさに表したい。認められ、その気になってくれば自然と動きが大きくなってくるし、学習内容も深まって上達する。

(3)高度な「マネジメント」力も必要

表現学習が楽しくなり自由な気持ちになるのと、ふざけるのとは異なる。この境界線を読み取り、導入のオリエンテーションでの学習の約束を確認しつつ、学習規律を確立したい。学習の内容を投げかけて問う姿勢はやわらかに、学習のマナー・態度への指導は毅然として行う。一斉指導で厳しく管理するより、高度な「マネジメント」力が必要と言える。生徒の豊かな表現を導き出すために、教師も豊かな体の表情、言葉の表情をもち、きちんと、やわらかな授業づくりを心がけたい。

後半の学習（③イメージと動きの共有、④グループ創作、⑤見せ合いと意見交換）では教師の「相互作用行動」に重きを置くことになる。本章⑤以降を参照していただきたい。

■参考文献
1) 髙橋健夫『体育授業を観察評価する─授業改善のためのオーセンティック・アセスメント』明和出版，2003
2) 稲垣忠彦・佐藤学『授業研究入門』岩波書店，1994
3) 佐藤学『教師花伝書─専門家として成長するために』小学館，2009

〔中村なおみ〕

6 グループ活動の指導 ──主体的な活動を支えるポイント

運動学習では，教師主導の一斉指導だけでなく，グループやチームの自主的な学習活動を充実させることが大切である。この活動場面を上手に支えることにより，1人ひとりが主体的に参加する対話的な学習活動を実現することができる。

■ グルーピング

他の種目では単元を通じて，固定のグループやチームを組んで，学習を積み上げていく形が多く見られるが，ダンスの授業では，その内容によって，グループを固定しない方法もある。特に創作ダンスでは，1人ひとりの創意をグループの創作に生かすために，最初の段階では，自分の考えをすぐに反映できる2人組，3人組ぐらいの人数から始める。群を生かした表現の学習では，もう少し多い人数が必要になる（第2章⑥心をほぐすグルーピングのポイント参照）。

■ グループ内の組織づくり

他の種目や教科，学級活動においても共通のことであるが，そのグループを組織的に動かすために，役割の分担をしたい。他の多くの種目のように固定して活動するグループであれば，リーダー，記録，用具，準備運動など，必要によって決めていくことができる。ダンスの場合も，固定メンバーで進めていく内容であれば，必要な係を設定してうまく活動できるように支援していきたい。

> 例創作ダンス・現代的なリズムのダンスの単元後半に固定グループで作品を創る。フォークダンスで毎時間学んでいくダンスを練習するグループを固定する．など。

一方，学習内容や生徒の発達に応じて，グループの人数を効果的に設定するため，毎時間違うグループを作る学習の場合がある。

以下，主に創作ダンスや現代的なリズムのダンスで，自分たちで創造し工夫する活動を活性化するためのマネジメントについて述べていく。

■ グループへの関わり方

教師の指導性を発揮して，学習者がすべき内容や課題を伝えたら，グループの活動に移るという学習の流れが多い。グループ活動の時間になったときに，まず，教師は全体を見渡し，活動がうまく学習者の手に渡っているかを確認する。最初に行うことは，全グループをできる限り短い時間で一巡することである。原則として，停滞しているグループから支援に向かう。座り込んでいたり，しんとしたりしているグループに働きかけ，活動を引き出す。よく動けているグループには，通りすがりでも「その動きいいね」「もっと大きく動くと素晴らしい」などの言葉をかけて励ます。

■ 具体的な働きかけ

2つの柱を意識して，働きかけをする。1つは，「グループでの活動の仕方を教えて主体的な活動を引き出す」こと。もう1つは，「技能に関する言葉をかけてよいパフォーマンスを引き出す」ことである。

(1)主体的な活動を引き出す
①仲間の意見を原則否定しない

グループで，たくさんのアイデアを次々出し合うブレインストーミングのときは，「1人ひとりが出したことを捨てないで，全部書いてくださいね」と，ルールを示す。

グループの話し合いで，これもだめ，あれもだめと進まないときには，「仲間のアイデアをだめと言うだけでなく，必ず自分が代案を出そう」「出た案はまずやってみよう」など，具体的に介入してみるとよい。

②1人1つは提案する

創造的な活動の中で，全員が自分の財産を出し合うことが大切である。誰か任せにならないように，全員が提案者になる。

③体で動きながら考える

「リーダーに続け」（第1章参照）は，ダンスの話し合いの仕方を端的に伝える効果的な方法である。言葉で提案し合って頭で想像するかわりに，そのときにリーダーになる者が，動きで提案し，それを他のメンバーがすぐに無条件に真似して一

緒に動きながら提案を受け止めていく。次々とリーダーが替わることで、全員が1つは提案することになる。この意見交換のやり方を、学習の初めのほうで、教師主導で繰り返しておくと、グループに任された時間のときにも、動きで提案してみんなもやってみる、という方法をとることができるのである。

　グループ活動になったときに、座り込んでいるグループには、「まず立ち上がろう」と言う必要がある。立って、動きながら提案できるように、教師もグループのそばに寄り添って、出た意見を一緒に動くことは、効果的である。

④活動が停滞したらできたところまで動く

　さっきまで動いていたのに、座り込んでいるグループには、「できたところまで1度動いてみよう」「できたところまで1度先生に見せて」という働きかけをする。自分たちでできそうなグループには、「半分ずつに分かれてできたところだけでも見せ合ってみよう」と言うのも効果的である。

⑤できてしまったらさらにもう1歩よくする

　「もうできた」と座り込んでいるグループには、「順に見せ合って修正してみよう」「先生に1度見せて」と、声をかける。

(2)よいパフォーマンスを引き出す

　活動が始まったら、教師は出てきた動きをさらによくする働きかけをしていく。その際、「極限」を引き出すことと、「多様化」を図ることを意識して声をかけていくことが大事である。

①極限を引き出すことを意識して

　今できている動きに対して「もっと大きく」「もっと素早く」「もっと遠くまで広がって」等のアドバイスが有効である。体を中途半端に使っていると、相手に伝わりにくいだけでなく、踊っている本人たちの気持ちにも隙ができる。体をしっかり使った動きを大いに褒めながら、極限を引き出そう。

　作品を創り出すと、作品のストーリーに思いがいきがちであるが、その日に学ばせたい技能のポイントを再認識させることも大事である。「メリハリが大事だったよね」「どこを一番デフォルメしているのかな」など、個々に声をかけていきたい。

②多様に広げることを意識して

　個々のグループに応じて、できるだけ多様な動きが出るようにしたい。創作ダンスであれば、「ど

んなイメージ?」「どんなタイトル?」、とまず問いかけてみる。そして、できるだけイメージを広げる言葉で、作品が高まるようなアドバイスができるとよい。作品の内容や構成で行き詰まっているグループには、動きを繰り返すこと、空間を広げることを頭に置いて声をかけるとうまくいく。「クラッカーなら全方向じゃなくて1つの方向にとび出すとか、2か所から広げたら迫力あるかもしれない」「今の雨の動きなら、その2倍か3倍くらいの回数繰り返すと激しく感じると思う」「1度襲っただけより、もう1度別の方向から襲ってみると、怖さが増していいのでは」等である。その際、教師が1つの方向に引っ張りすぎないように、できれば2つ以上の方法や、2つ以上のイメージを提案すると、学習者が選択できて、より主体的な取り組みが望める。

5 グループ活動のまとめ方

　球技で、作戦を立てたら、ゲームで試してみるように、ダンスでもグループで仲よく活動し、楽しくまとめられた成果を見せ合うことが多いだろう。せっかくよい作品ができても、見せ合うところでうまくいかなくて、達成感がもてないということもある。できるだけよいパフォーマンスが出せるような工夫が必要である。

　まず、グループに活動時間やこれからの見通しを与えることである。「あの時計で15分になったら見せ合う」「来週は発表なので、今日は、一番いいところだけは作って最後に1回通す」等。固定グループでじっくり作品を創る場合は、毎時間の達成目標を出していくことも必要である。また、リハーサルを必ず入れることである。「思いきり体を使って1回本番通り動く」というのを、教師の合図で行う。完成できなくても、ここまでできたというところを見せればよいとする。授業を重ねるうちに、短い時間でまとめていくのだということが理解できるようになる。

■参考文献
1) 出原泰明『異質協同の学び』創文企画, 2004
2) 宮本乙女・中村なおみ「授業で生かそう! 動きと指導のポイント　表現・ダンス」,『体育科教育』55-9, 2007

〔宮本乙女〕

7 学習評価と評定

❶学習評価の考え方

　学習評価とは，児童生徒の学習状況を目標（何ができるようになるか）に照らして振り返り，成果（何が身についたか）を確かめるとともに課題を明らかにし，児童生徒の学習改善につなげるために行うものである。また，児童生徒の評価から授業を見直し，教育内容（何を学ぶか）や学習・指導（どのように学ぶか，どのように支援するか）の改善につなげることをねらいとしている。

　指導・評価は目標・内容に準拠して行われるものであり，「指導と評価の一体化」が求められている。今改訂では，目標及び内容を求める資質・能力の３つの柱「知識及び技能」「思考力，判断力，表現力等」「学びに向かう力，人間性等」で再整理されたことに準じ，観点別学習状況の評価の観点も「知識・技能」「思考・判断・表現」「主体的に学習に取り組む態度」の３つに整理された。このうち，「学びに向かう力，人間性等」については「主体的に学習に取り組む態度」として観点別学習状況の評価を通じて分析的に見取ることができる部分と，個人のよい点や可能性，進歩の状況について評価する「個人内評価等」を通じて見取る部分があることに留意することが示された[1]。

　また，学習評価の方針を事前に児童生徒と共有しておくことは，「評価の妥当性・信頼性を高めるとともに，児童生徒に各教科等において身に付けるべき資質・能力の具体的なイメージを持たせる観点からも不可欠であるとともに児童生徒に自らの学習の見通しをもたせ自己の学習の調整を図るきっかけとなる[2]」とし，奨励されている。

　学習評価には，教師によるもの，生徒によるものがある。学習過程に応じて，学習の目標を具体化するために生徒の学習状況を診断的に評価する「診断的評価」，学習の推移を知るために毎時間の評価を積み重ねていく「形成的評価」，単元前後の学習状況を比較し，単元の成果と今後の課題を評価しまとめる「総括的評価」がある。１単位時間の学習においても同様に一連の評価を行う。学習は教師の授業構想，指導の反映である。教師は

目標を明確にし，実態に即した学習計画・評価計画をデザインして，教師による評価結果と生徒による評価結果を総合しながら改善を図っていきたい。

❷教師による学習評価

　教師は単元や１単位時間の授業を通して絶えず「見取りと評価」を行う。学習目標の設定は適切であるか，目標を実現するうえで学習活動は適切であるか，協力して互いに高め合えているか，課題の解決は成果をあげているかなど，見取りの視点をもって学習を捉え，評価し改善する。

　１単位時間の「はじめ」には，学習カードの記載例を紹介するなどして，生徒から見た学習状況を評価し本時の目標を導く。学習の「なか」では，できるだけ１人ひとりの学習状況を観察し，よさを認め賞賛する。つまずきがある場合にも，直接関わって問いかけ，フィードバックやアドバイスを与える。表１に示すように，絶えず生徒に肯定的に共感的に関わり，具体的な評価と支援を返すことが大切である。１単位時間や単元の「終わり」には「評価とまとめ」を行い，目標の達成状況や生徒の意欲を引き出す情報をクラス全体に伝える。他方，教師は学習カードの記載から個人の目標や課題，その解決状況などの情報を得るようにする。

表１　教師が行う学習状況の見取りと評価

【何を】
①知識・理解，②思考・判断・表現，③主体的に学習に取り組む態度（学びに向かう力・人間性）
【どのように】
・共感的に，肯定的に，具体的に行う。
・伝達性，生徒と教師の双方向性を大切に行う。
【フィードバックの事例】
・なりきってるね，気持ちまで伝わってくる。
・ピタッと止まれてる。この静寂がかっこいい。
・今日の目標は何だっけ？　そう，それが大事だね。
・アイデア独創的！　どこを強調するの？　なるほどね。
・仲間から出たアイデアはすぐに動いて試してみよう。

❸ 生徒による学習評価

生徒による評価には，自己評価，相互評価がある。評価を行うことによって自己の学習状況を理解し，その解決に向けて具体的目標をもって意欲的に取り組むことができる。表2は学習カードを用いて評価する例である。毎時間の共通目標として掲げられた具体的な評価の観点①〜⑥について自己評価を行う。どのような技能を大切にして学習するのか，どのように学習するのかが明確になることで，よりよい学習が期待できる。

一方，生徒の相互評価を生かすことで仲間との信頼性を高め，意欲的に目標を実現していくことができる。見せ合いの際に本時の目標に照らして「よいところ」を具体的に意見交換する，「一言メッセージカード」でコメントをもらうなどで喜びを感じ，自分のよさを確認でき，自信につながる。反対に評価する立場になることによって，仲間の動きやアイデア，グループを盛り上げる関わり方など，よさを捉える力や仲間に関心をもち大切に思う態度が高まることがわかっている。[3]

表2　学習カードによる評価欄の工夫

目標と評価の欄（6観点について4段階で評価）
①本時の学習目標や技能の要点が理解できた（知識） ②全身を使って精一杯大きく踊ることができた（技能） ③動きや群構成，展開を工夫できた（思考・判断） ④よい動きを見分けることができた（思考・判断） ⑤自分のアイデアや気づいたことを発言した（表現） ⑥積極的に取り組み仲間と協力した（主体的な態度）
一言メッセージカード欄（付箋紙を用いて） 　毎時，互いの「よいところ」を見つけて「メッセージカード」をプレゼント，受け取ったら学習カードに貼る。メッセージカードは作品の相互評価でも活用できる。

❹ 学習評価と評定の具体

ダンスの目標に準拠した評価規準の設定例（表3）について，A「十分満足できる」，B「おおむね満足できる」，C「努力を要する」で評価する。評価は，単元や題材など内容や時間のまとまりごとに，実現状況を把握できる段階で行うなど，場面を精選することが重要とされている。[4]

例えば，「知識・技能」については単元全体の目標とは別に，1単位時間の目標（創作ダンスの例：ひと流れの動きにまとめる，メリハリをつけて動く，群の構成を工夫するなど）を設定し，本時において何ができるようになればいいのかの重点を提示することで，生徒と教師の目標（ねらい）とともに評価の観点を焦点化することが有効である。これらの積み重ねから観点別評価を行うとよい。

評定については，目標に準拠した観点別評価規準に照らして評価した結果を，さらに5段階評価で総括する。具体的には観点別学習状況の評価結果を得点化し，合計点から5段階に評価にする。[4]

【引用・参考文献】
1) 中央教育審議会「幼稚園，小学校，中学校，高等学校及び特別支援学校の学習指導要領等の改善及び必要な方策等について（答申）」2016
2) 中央教育審議会初等中等教育分科会教育課程部会「児童生徒の学習評価のあり方について（報告）」2019
3) 松本富子「ダンス領域における課題解決学習の再評価」，『H16〜18年度科学研究費（基盤研究（C））研究成果報告書』2007
4) 文部科学省初等中等教育局長「小学校児童指導要録，中学校生徒指導要録，高等学校生徒指導要録の改善等について（通知）」及び「〔別紙2〕中学校及び特別支援学校中学部の指導要録に記載する事項等」2019

表3　ダンスの観点別学習状況の評価規準の設定例（中学校第1学年及び第2学年）　著者作成

知識・技能		思考・判断・表現	主体的に学習に取り組む態度
・ダンスの特性や由来について，学習した具体例を挙げている。 ・表現の仕方について，学習した具体例を挙げている。 ・関連して高まる体力について，学習した具体例を挙げている。	・創作ダンスでは，多様なテーマから表したいイメージを捉え，動きに変化をつけて即興的に表現したり，変化のあるひとまとまりの表現にしたりして踊ることができる。 ・フォークダンスでは，日本の民踊や外国の踊りから，それらの踊り方の特徴を捉え，音楽に合わせて特徴的なステップや動きで踊ることができる。 ・現代的なリズムのダンスでは，リズムの特徴を捉え，変化のある動きを組み合わせて，リズムに乗って全身で踊ることができる。	・自分の興味や関心に合ったテーマや踊りを設定している。 ・課題に応じた練習方法を選んでいる。 ・自分や仲間と考えた動きやアイデアを他の仲間に伝えている。 ・発表等の場面で，仲間のよい動きや表現などを指摘している。	・ダンスの学習に積極的に取り組もうとしている。 ・仲間の学習を援助しようとしている。 ・交流などの話し合いに参加しようとしている。 ・1人ひとりの違いに応じた表現や役割を認めようとしている。 ・分担した役割を果たそうとしている。 ・健康・安全に留意している。

〔松本富子・中村恭子〕

8 授業研究の進め方

■ ダンスの体験が少ない教師へ

ダンスの指導を重視していない教師に理由を聞いてみると，「自分に体験がない」「周囲にダンスの授業をする者がいない」という回答が寄せられ[1]，ダンスの楽しさやおもしろさを体験していないことやダンスの授業を見たことがないことと関係があることがわかった。このような回答から，ダンスに触れたことがないという教師には各地で開催されているダンス講習会に参加し，自らが踊ることでそのよさに触れてもらうように勧めている。また，ダンスの授業を見たことがないという教師には各地で開催されている研究大会等に参加を促し，子どもたちの生き生きと動く姿に触れてもらうことにしている。

しかし，ダンスを観ることや踊ることは好きだが，創ることは苦手だという教師の存在を忘れてはならない[2]。この場合，踊ることは楽しめるが，創作するおもしろさを味わっていないと考えられ，苦手なダンスをどのように生徒に還元したらよいかわからず，授業をうまく進めることができていない場合が多い。

自身が創作する楽しさを味わえるようになることが大切ではあるが，講習会で得た内容を子どもたちに正確に伝えていたか，生徒にふさわしく内容をかみ砕いて指導していたか等を検討する必要があろう。このような場合にこそ，自分の授業を振り返り，指導のどこに問題があるかを考える授業研究が必要である。

■ 授業研究とは

『学校体育用語事典』[3]には「『研究授業』が，研究的な意図のもとで授業を見せ，参会者がその理論や方法を学んでいくことであるのに対し，『授業研究』とは，授業そのものをよりよいものにするために，理論的，実践的な面から研究していくこと」とあり，「これまで自分が学んできたことや経験から，こうすればよい授業ができるだろうと考えて（仮説を立てて）実施し，何がよかったか，何がうまくいかなかったか，そしてそれはな

ぜか，どうすればよいか，という検討を加えて次の授業に生かしていくという過程が，教師にとっては重要な授業研究といえる」と記述されている。

青木は「1）クラスの全員を学習の中に引き込む授業[4]，2）子どもたちが学習に集中している授業，3）指導（学習）が学力化していくという手応えの感じられる授業，4）その指導（学習）が学力として積み上がっていく授業，5）子どもたちめいめいの学習について，その子らしいオリジナリティがうかがえる授業」が「いい授業」であると述べている。

クラスの全員を学習に引き込むことができたか，学習に集中させることができたかについては，教師自身が授業中，または授業後に判断をすることは容易である。しかし，指導が学力化していくという手応えを感じるためには，子どもの実態と指導がかみ合っていたかどうかを判断しなくてはならない。

そのためには，授業をただ振り返るだけでなく，第三者の視点から，客観的に何が問題であったか振り返る必要があろう。特に，ダンス指導経験が浅い教師にとっては見落とすことも多いので，他者による指摘を受け，それを解決して，次時に生かすことができるのである。

■ 授業研究の進め方

授業研究を進めるにはビデオなど視聴覚機器を使って授業を録画し，それをもとに仮説どおりに授業は進んだのか，うまくいかなかったのはなぜかを検証することを勧める。それは授業者も参加者と同じ目で授業を見ることを可能にし，どちらもが同じ基盤に立って考えることができるからである。

人数としては2〜3人から始めることができる。同じ学校種で同じ学年を指導する教師たちが集まり，交替で授業を見せ合うようにすれば，共通の問題について検討することができるので理想的である。しかし，学校種や学年が異なっていても，それぞれの立場で建設的な意見を述べていく

ことができるのであれば，ダンス学習に興味をもつ同志を募り，授業研究を始めることができる。また，指導的な意見を述べてくれる教師や指導者に授業研究会を牽引してもらうことができればより理想的である。

４ ビデオ等視聴覚機器による授業研究の利点

ビデオによる授業研究を行うことにより，授業者本人が自分の授業を第三者的な目で見ることができ，それにより，次のようなことが可能になる。
①授業者の発声，説明，動き等を知ることができる。
②授業時に見つけることができなかった生徒の動きを知ることができる
③授業は生もので刻々と移り変わっていくものであるが，ビデオ等は進行を止めて，巻き戻して繰り返し見ることができる。

次に，過去の授業研究会で具体的に指摘された問題点とその改善点（授業者・参会者の検討結果）のいくつかを以下に例示する。
①教師の説明が長すぎることが指摘されたが，そのことにより，言葉で説明しようとせず，板書や教師の動きそのものによって簡潔に説明することを心がけることが可能となった。
②授業時に，上手に動くことができない子どもに教師の目が向けられることが多く，計画したように授業ができないこと，その結果として，表現・ダンスの授業に対して悲観的な自己評価をしてしまうことが指摘され，その改善策としてビデオカメラの位置から授業を見ることが提案された。そのことにより，生徒が見つけたよい動きを見出すことが可能となるとともに，次時に教師の立ち位置から見にくい生徒の動きに配慮するようにもなった。さらに，がんばっている生徒の姿を見ることができるので教師自身のやる気を引き出すことも可能となった。
③授業時に繰り返して踊ることが少ないために動きが定着（学習化）しないことも問題点として指摘された。教師は授業時に次の段階に進むことばかりに心を奪われ，生徒の動きを定着させることをおろそかにしがちであるが，ビデオを巻き戻して見ることにより，何回繰り返して踊ったかを確認することができるので，次時には繰り返して踊ることができるように心がけ，同時に生徒への言葉かけに工夫ができるようになった。

５ 視聴覚機器を利用した教材研究の進め方

素材的研究として，すでに選ばれている個々の教材を対象にそれを学ぶ意味を考え，授業の中で生かされているかを検討できることを，「走る─止まる」を例として示すと以下のようになる。

まず，教師は「走る─止まる」の授業でのポイントが「水平移動の中での動と静の対比」であることを理解しなくてはならない。そのうえで，授業のビデオを見ることで，ポイントを押さえた授業であったかを検討することが可能となる。例えば，「スピード感がある走りができていない」「ピタッと止まっていない」等，動と静の対比ができていないことに気づき，どのような手立てをしたらよいかを考えることができた。

その解決法としては，太鼓のリズムを「トントン」から「タタタタタッ」と変えることにより走りに変化をつけたり，「足だけでなく，体も止めよう」「髪の毛も止めよう」「息も止めてみよう」等の言葉かけも見つけることができたのである。

自分の指導を振り返るということをせずに，ただ，授業がうまくいかないからダンスの授業は苦手であると思っている場合は，自分１人で授業を振り返るのではなく，仲間とともに学ぶ授業研究を大いに活用されたい。

■引用文献
1）安藤幸・中村久子「ダンス指導の現状と問題点─四国地区高等学校教員を対象として─」，『鳴門教育大学実技教育研究』第５巻，p. 49，1995
2）佐分利育代・中村久子・河上志保「ダンス指導実践に関わる現職教員の意識─中学校教員を対象として─」，『日本教育大学協会全国保健体育・保健研究部門第 12 回全国創作舞踊研究発表会研究紀要』p. 39，1992
3）松田岩男・宇土正彦編『学校体育用語事典』大修館書店，1993
4）青木幹勇『いい授業の条件』国土社，1989

〔中村久子〕

　次の２つのパターンについて，いくつかの学校の実践より紹介したい。それぞれの授業者が学習の目標を設定し，それに応じたチェック項目や内容を工夫している。
○個人カード……原則としてその時間中に提出できるように，３分くらいで書けるスタイル。
○グループカード……数時間使って作品を仕上げていくため，積み重ねが見られるスタイル。

■個人カード（中学校）

○○年度　DANCE CARD
1年（　　）組（　　）番　氏名

目標①恥ずかしがらずに堂々と
目標②思いきり体を動かそう
目標③友達の個性や表現を認めて楽しもう

持ち物は筆記用具
DKW：ダンスキーワード

回	課　題	評価　①②③の目標は５点満点で		回	課　題	評価　①②③の目標は５点満点で	
1	ダンスウォームアップ リズムに乗って 今日のDKW	３つの目標　①　点　②　点　③　点 自分の作品や，踊り方についてよかったことは？	いいなと思った人 名前： 理由：	5	集まる―とび散る タイトル メンバー 今日のDKW	３つの目標　①　点　②　点　③　点 自分の作品や，踊り方についてよかったことは？	いいなと思った人 名前： 理由：
2	しんぶんし タイトル メンバー 今日のDKW	３つの目標　①　点　②　点　③　点 自分の作品や，踊り方についてよかったことは？	いいなと思った人 名前： 理由：	4 5	スポーツいろいろ タイトル メンバー 今日のDKW	３つの目標　①　点　②　点　③　点 自分の作品や，踊り方についてよかったことは？	いいなと思った人 名前： 理由：
3	走る―止まる タイトル メンバー 今日のDKW	３つの目標　①　点　②　点　③　点 自分の作品や，踊り方についてよかったことは？	いいなと思った人 名前： 理由：	6	映像鑑賞会（他クラスの作品も見ましょう） ★一番いいと思った作品は？ 　　最優秀賞　（　　　　　）組の（　　　　　　　）という作品 　　優秀賞　　（　　　　　）組の（　　　　　　　）という作品 ★自分の作品の感想		

■個人カード（高校）

ダンス！　創って踊って見せ合おう！　個人記録票	No.　　　Name

評価……A：気持ちよく精一杯動けた　B：創意工夫ができた　C：協力してできた　以上３点を◎○△で記入

イメージと動き	学んだこと・感想
月　　日　　課題	
	自己評価　　A-　　　　B-　　　　C-
月　　日　　課題	
	自己評価　　A-　　　　B-　　　　C-

■作品創作シート（中学校）

まとめの作品づくり　グループカード　3日目　　記録者（　　　　　　　）

1　今日の作品づくりの目標　「踊り込もう！」

> ここまでは進めるぞ！

2　練習の仕方
　(1)出てきたイメージからどんどん動いてみる(動きながら提案)
　(2)止まらずに初めから通して何回も踊ってみよう
　(3)一番気に入った部分は少し凝る（繰り返す，揃えてみるなど）
　(4)全体を通してみる(順番に前から見てアドバイスしてみるといい)

3　できた流れをメモしておこう
　空間構成やイメージ

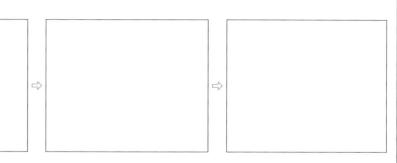

4　活動を振り返って
　感想・反省　ほか（先生に質問，ここはどうしたらいい？　など相談）

■グループ創作ノート（高校）

創作ノート	月　　　日　　記録者
活動，話し合ったこと，出たイメージ，動き，構成など自由に記録しましょう(図や文章で)。	活動の反省・感想

	評　　　価	
計画通りにできた	5・4・3・2・1
グループで協力した	5・4・3・2・1
何度も練習できた	5・4・3・2・1

■作品創作記録シート（中学校）

作品創作記録シート

今までの学習を生かし、「水」から表したい主題を見つけて作品を創る

班名
班員

創作の手順

1. 2年で学習した内容
・しんぶんしのパフォーマンス（見立てて・ドナウ川）
・走る・止まる、跳ぶ・転がる、絡る・回る－見る
・集まる－とび散る、彫刻を創ろう
・多様な感じ……流れる、鋭い・荒れ狂う」の10秒デッサンから小作品へ
・身近な生活や日常動作「スポーツ・お仕事・水・冬……」

(1)主題を出し合う 「水」からさまざまにイメージを広げて

(2)決定した主題

(3)主題の中核 もっとも表したいこと

☆主題を象徴した魅力ある言葉で題名をつけよう

(4)どんなはこびで──はじめ・なか・おわりをどんなふうに

(5)どんな動きで──課題をどこでどう生かして
・印象的な出だして──まとめ、おわりを考えて
・クライマックスがあるように──主題を盛り上げる大きくダイナミックな動きで──
・円や列を崩して自由な空間を使って、繰り返しを効果的に使おう

(6)作品と創作活動の評価
◎○△で記入
①グループ作品に満足している
②課題を十分に生かせた
③十分に練習を積んだ
④心を乗せて精一杯踊れた
⑤グループで協力して創れた

☆ひとこと感想

（参考：東京都立竹台高等学校，東京都立杉並総合高等学校，筑波大学附属中学校，お茶の水女子大学附属中学校他，
作成協力者：岡野芳枝，君和田雅子，中村なおみ）
〔宮本乙女〕

おわりに

　授業研究会で，お互いを生徒にして授業のアイデアを交流したり，それぞれの学校に出かけていって授業を参観し合ったりしながら積み重ねてきた実践は，自信を持って，これからダンスにトライする先生方にお勧めできる内容です…初版でそのように書いてこの本を世に送り出してから10年。多くの先生方や学生の皆さんに活用していただいていることに，感謝申し上げます。

　しかし恩師松本千代榮先生は，常に現状に満足することはなく，その先の課題を見いだし，次はこれ，次はこれと，私たち実践者に実践研究に終わりのないことを伝えて下さいました。その心を受け継ぎ，新学習指導要領（中学校平成29年告示，高等学校30年告示）に基づいた実践が現場で始まったこのチャンスに改訂版を発刊することを決意しました。多くの実践者の皆様と本書の中で再会できることを光栄に思います。読者であり実践者である皆様より，忌憚のないご意見や改善の提案，また，新たな授業の提案などをして下さることを心からお待ちしています。

＊

　最後になりましたが，本研究会の前身である清里研究会，日本女子体育連盟提案グループ，授業研究グループを立ち上げ，長きにわたり，私たち現場の教員の実践研究の内容と方法を示して下さり，現在も我々の授業や我々の生徒たちを温かく見守って下さっている，松本千代榮先生が，本書の前身である『明日からトライ！ダンスの授業』に寄せて下さった推薦の言葉をこちらに掲載し，心を新たに未来に向かいたいと思います。

全国ダンス・表現運動授業研究会　メンバー一同

2011年 初版に寄せて　「本書を推薦します」

松本千代榮

　ダンス男女必修の時代を迎えました。その学習指導の手引きとして本書を推薦します。

　顧みて，昭和22年，学校体育要綱（文部省）は「ダンス」の名称を採り，作品創作・作品鑑賞・表現技術を内容とし，民踊・参考作品を指導上の注意点に付記して，創作と伝承を踏まえた学校ダンスを出発させました。教材を教える教育から，自己表現を引き出す教育への拡充です。

　昭和30年には，竹之下休蔵先生を中心として3年間の授業研究が行われ，一つの方向が示されました。これを受けた全国の有志は，ダンスの「授業研究」に着目し，月例研究会と年1回の合宿研究を重ねて，創作学習の計画と指導の要点を明らかにしました。ダンスの「問題解決学習」の実証です。

　長年積み重ねた「授業研究の成果」として，ここに掲げられた事例を手がかりとし，一人ひとりの指導者がダンスを見つめ，学習者と共に，個と表現の喜びを更に新たに拓かれることを切望しています。　　　　　　　　　　（お茶の水女子大学名誉教授）

編　者
全国ダンス・表現運動授業研究会

編著者代表
中村　恭子　順天堂大学准教授
宮本　乙女　日本女子体育大学教授
中村なおみ　東海大学教授

執筆者（五十音順）

有川いずみ　白梅学園大学非常勤講師　　　茅野　理子　宇都宮大学名誉教授
岡野　芳枝　元東京都立美原高等学校教諭　塚本　順子　天理大学教授
笠井里津子　日本体育大学教授　　　　　　津田　博子　日本体育大学教授
君和田雅子　お茶の水女子大学附属中学校教諭　長津　　芳　元国分寺市立第七小学校校長
熊谷　昌子　大妻多摩中学高等学校校長　　中村　久子　徳島大学名誉教授
栗原　知子　お茶の水女子大学附属小学校教諭　原　　弥生　元神奈川県立座間高等学校教諭
佐藤みどり　小田原短期大学教授　　　　　原田奈名子　大谷大学教授
島内　敏子　日本女子体育大学名誉教授　　藤田久美子　國學院大學久我山中学高等学校教諭
高野　　章　元東京都女子体育連盟会長　　松本　富子　群馬大学名誉教授
高野美和子　日本女子体育大学准教授　　　三宅　　香　日本体育大学名誉教授
高橋るみ子　宮崎大学客員教授　　　　　　山下　昌江　元松戸市立八ヶ崎小学校教諭

動画編集
有川いずみ　白梅学園大学非常勤講師

改訂版　明日からトライ！ ダンスの授業 動画付き
© 全国ダンス・表現運動授業研究会，2011，2021　　NDC781/8, 159p/26cm

初　版第1刷　2011年　9月30日
改訂版第1刷　2021年10月10日

編　　者　　全国ダンス・表現運動授業研究会
編著者代表　中村恭子，宮本乙女，中村なおみ
発行者　　　鈴木一行
発行所　　　株式会社大修館書店
　　　　　　〒113-8541　東京都文京区湯島2-1-1
　　　　　　電話　03-3868-2651（販売部）　03-3868-2298（編集部）
　　　　　　振替　00190-7-40504
　　　　　　［出版情報］https://www.taishukan.co.jp

編集協力　　　　　　錦栄書房
装丁　　　　　　　　アップライン
口絵デザイン　　　　和田多香子
本文デザイン・DTP　加藤　智
印刷所　　　　　　　広研印刷
製本所　　　　　　　ブロケード